滕毅 著

南唐家国四十年

# 李煜

华文出版社
SINO-CULTURE PRESS

## 图书在版编目（CIP）数据

李煜：南唐家国四十年 / 滕毅著. —— 北京：华文出版社，2023.3（2024.2重印）

ISBN 978-7-5075-5788-6

Ⅰ．①李… Ⅱ．①滕… Ⅲ．①李煜（937-978）－传记 Ⅳ．①K827=432

中国版本图书馆CIP数据核字(2023)第028012号

---

### 李煜：南唐家国四十年

| | |
|---|---|
| 策　　划： | 胡　子 |
| 责任编辑： | 寇　宁 |
| 出版发行： | 华文出版社 |
| 地　　址： | 北京市西城区广安门外大街305号8区2号楼 |
| 邮政编码： | 100055 |
| 网　　址： | http://www.hwcbs.cn |
| 电　　话： | 总编室 010-58336239　发行部 010-58336267 |
| | 责任编辑 010-58336197 |
| 经　　销： | 新华书店 |
| 印　　刷： | 三河市龙大印装有限公司 |
| 开　　本： | 710×1000　1/16 |
| 印　　张： | 13.5 |
| 字　　数： | 163千字 |
| 版　　次： | 2023年3月第1版 |
| 印　　次： | 2024年2月第2次印刷 |
| 标准书号： | ISBN 978-7-5075-5788-6 |
| 定　　价： | 58.00元 |

版权所有，侵权必究

# 目　录

## 第一章　三十年来梦一场 / 001

　　杨吴天祚三年(937)七月初七,李煜出生。这一年,他的爷爷徐知诰(李昇)篡夺杨吴皇位,建立了南唐。徐知诰原本姓李,是一个孤儿,被杨行密收留,后来又成为杨吴权臣徐温的养子。杨吴天祐十五年(918),徐温的长子徐知训被大将朱瑾刺杀。徐知诰迅速填补权力真空,并逐渐进入权力中枢。杨吴顺义七年(927),徐温去世。此后,徐知诰又花了十年时间,扫除一切障碍并登基开国。

## 第二章　细雨梦回鸡塞远 / 016

　　徐知诰篡位后,改名李昇,并定国号为唐(史称南唐)。李昇治理下的南唐实力强大,是当时首屈一指的大国,但是李昇因为多种原因,并不向外武力扩张。他不太满意长子李璟,但又不想打破嫡长子继承制。他五十四岁那年,因为服食丹药意外去世后,李璟成为南唐第二任皇帝。

## 第三章　宴罢又成空 / 034

　　李璟是个文人,登基以后重用的也都是和他有一样喜好的东宫文学旧臣,对于那些犯颜直谏的直臣,他都敬而远之。南唐保大二年(944),李璟出兵讨伐陷入内战的闽国,并将其灭亡。南唐保大四年(946),吴越派军队出兵福州,支持造反的原闽国将领李仁达,南唐军队遭到惨败。战争前后持续数年,南唐国库亏空大半,所得到的仅仅是建州、剑州、汀州三个地方。李璟用人不当,赏罚不明的处事方式,让很多人忧心忡忡。

## 第四章　回首绿波三楚暮 / 051

　　南唐保大四年(946)12 月,后晋为契丹所灭,中原地区陷入混乱,李璟的军队主力却在遥远的南方,不能及时北上填补权力真空,不久后周建立,南唐失去了重返中原的时机。之后,楚国爆发内战,双方都向南唐求援,李璟趁机出兵吞并楚国,可惜不到一年,就被逐出楚地。南唐保大十二年(954),李煜成婚,新娘是周宗的女儿娥皇,多才多艺,婚后两人情投意合,琴瑟和谐,成为李煜人生中最为快乐的一段时光。

## 第五章　南朝天子爱风流 / 069

　　经历伐闽伐楚两次得不偿失的战争后,李璟终于决定回归到父亲的和平路线上来,但是他在政治和军事上依旧不能振作。南唐保大十三年(955),后周皇帝柴荣发兵征服南唐淮南之地。南唐与后周的战争持续了四年,南唐几乎到了亡国边缘,最终李璟被迫割让淮南十四州之地,并去除帝号,向后周称臣。此时的南唐国力已经一落千丈,随时面临亡国的威胁。

## 第六章　梦里落花谁是主 / 089

　　李璟的长子李弘冀在与吴越的战争中表现优异,被立为太子。南唐中兴元年(958),李煜的长子李仲寓出生,后周显德六年(959),后周皇帝柴荣去世,赵匡胤发动"陈桥兵变"成为北宋开国皇帝,他咄咄逼人的态度让李璟更加胆战心惊。此时的李煜依旧逍遥世外,他专心于书法等艺术,独创的"金错刀"书法尤其为后人仰慕。但李弘冀不久即因病去世,毫无心理准备的李煜成为南唐皇位继承人。李璟鉴于金陵与江北只有一江之隔,决定迁都南昌。

## 第七章　千里江山寒色远 / 109

　　北宋建隆二年(961),李璟留李煜在金陵监国,自己率文武百官南下迁都南昌,不久就在南昌去世,李煜成为南唐国主。他即位之后,外交上积极与赵宋交好,内政上则改革币制,铸造铁钱以解决财政困难,竭力革除弊政,任用贤臣,稳定了南唐急坠下落的国势,为南唐争取到了十多年的和平。北宋建隆三年(962),十国之一的南平、荆楚相继被赵宋吞并。

## 第八章　人生长恨水长东 / 127

　　李煜即位后,曾想重用韩熙载,为了规劝他,特地命人作画《韩熙载夜宴图》。陈乔、汤悦、严续、徐铉、潘佑等人成为李煜治国初期的重臣。治国之余,李煜和妻子周后复原了唐代名曲《霓裳羽衣曲》。北宋乾德二年(964),成为李煜人生中最不愿回首的一年。这一年,他的爱子和爱妻,在一个月不到的时间内,先后去世。年底,赵匡胤出兵讨伐位于四川的后蜀,后蜀不久灭亡,南唐的外部环境进一步恶化。

## 第九章　流水落花春去也 / 147

李煜礼佛跟时代风气、他个人的性格、学识和经历都有着很大的关系,并不能简单归结为佞佛,跟南唐的灭亡更加没有直接因果关系。大周后去世以后,李煜迎娶其妹为妻,是为小周后。李煜任用潘佑、李平主持改革,可惜因为用人不当,操之过急,激起广泛反对,被迫中止。潘佑、李平二人相继身死。南汉也被赵宋所灭。李煜主打求和牌,但也在悄悄备战。

## 第十章　几曾识干戈 / 167

李煜面对赵宋的威胁,主动降低国格,但在赵匡胤要求他入朝开封时,坚定地选择了拒绝。北宋开宝七年(974)11月,赵匡胤下诏讨伐南唐,三路大军同时出发,很快就攻破了长江防线。李煜主持金陵防卫战,宋军花了大半年时间,才于年底攻克金陵。

## 第十一章　最是仓皇辞庙日 / 186

北宋开宝九年(976),南唐灭亡,39岁的李煜作为亡国之君被俘虏,并押送至开封,开始了三年的臣虏生涯。无论是生活上的落差,还是待遇上的羞辱,都对他造成了巨大的打击。人生际遇的变化无常以及生命痛苦的本质,都让他一个人体会到了。他活得无比压抑,只能终日饮酒,即使喝坏身体,也无所顾忌。他的词风至此开始转变,无意中也为宋词的发展开拓了一个全新的方向。太平兴国三年(978)七月初七,李煜去世。

# 第一章 三十年来梦一场

## 出生便是帝王家

杨吴天祚三年(937),七夕,金陵,齐王府,一个男婴呱呱坠地。他就是后来成为南唐国主,被称为李后主的李煜。按照中国史书的习惯,著名人物往往都自带光环登场,要么是夜梦天神、红日入怀、异香满室等祥瑞之兆,传说宋太祖赵匡胤出生时红光满屋;要么就是长相让人过目不忘,比如蜀汉先祖刘备不仅耳朵大,两手下垂的时候还能超过膝盖。

李煜也不例外,史书记载他是"重瞳",即有两个瞳孔。尽管用现代医学来看,"重瞳"是一种眼科疾病,但在古代,却被认为是富贵之相。历史上有记载的"重瞳"只有六个人:仓颉、舜、重耳、项羽、高洋、李煜。每一个都是响当当的人物,仓颉造汉字;舜,三皇五帝之一;重耳即晋文公(春秋五霸之一);项羽乃西楚霸王;高洋是北齐皇帝。至于李煜,中国古代文学有两大巅峰,唐诗宋词,他就是宋词辉煌的先声。虽然他后来不幸成为亡国之君,但文坛地位难以撼动。

尽管自带光环,但跟他后来传奇且悲剧的命运相比,他的出生,并不引人注目。这一年政治舞台上最耀眼、最传奇的人,是他的爷爷,南唐开国皇帝——李昪。李昪当时的名字仍叫徐知诰,一身兼任吴国太师、大元帅、齐王,名义上的皇帝杨溥,不过是任他摆布的一个傀儡而已。徐知诰八岁的时候,还不过是一个寄人篱下的孤儿,如今距离皇帝之位仅剩下一步之遥。

当年正月,徐知诰下令建造太庙、社稷坛,改牙城为宫城,任命左右司马宋齐丘、徐玠为左右丞相,并设置文武百官。三月,他立长子徐景通——李璟(即李煜的父亲)为王太子。金陵城内,大街小巷到处都听到儿童们传唱童谣"东海鲤鱼飞上天",有人私下解释,"东海"是齐王徐知诰的爵名,即东海郡王,"鲤鱼"上天就是要成龙当皇帝,意思就是徐知诰要当皇帝。

不久之后,有天夜里,金陵城内突然响起钟声,很多老百姓从睡梦中被惊醒,以为发生了什么大事,纷纷惶恐不安。第二天一大早,就听说敲钟的人被抓到了,还是个老和尚。老百姓纷纷去衙门围观。徐知诰本人亲自组织公审,老和尚在公堂之上一点也不紧张,解释道:"不是故意吵醒各位,只是因为突然想到一首好诗,激动得睡不着,只好敲钟抒发一下心中的喜悦。"这下大家的胃口都吊起来了,什么好诗值得如此兴奋?

老和尚不慌不忙缓缓吟来:

徐徐东海出,渐渐入天衢。
此夜一轮满,清光何处无?

徐知诰听完之后笑道,"好诗好诗,恕你无罪",不仅当场释放了和尚,还重赏了一大笔钱。大部分围观群众目瞪口呆,表示一头雾水的时候,脑袋机灵的已经反应过来,"徐徐东海出,渐渐入天衢",不就是应和"东海鲤鱼飞上天"的谶言,暗示徐太师要当皇帝嘛。

舆论都造成这样,再看不出来就是真傻了。徐知诰的心腹们心领神会,纷纷上书请求他赶快称帝。吴国司徒、门下侍郎同平章事、内枢使、忠武节度使王令谋一把年纪,牙齿都掉光了,还拖着病体入宫劝说傀儡皇帝杨溥禅位。孤家寡人的杨溥无计可施,整天嘀咕,"吴国的国祚到头了",身边人只得宽慰他,"国家气数已尽,这是天意,不是人力所能改变"。

镇南军节度使、太尉兼中书令李德诚赶到金陵,率领百官联署,劝徐知诰不负众望,上顺天意,下体民意,早点接受禅位。由古至今,世界上最不费力的,就是锦上添花,一片劝进声中,号称山林隐士的沈彬也不甘寂寞,主动献上《观画山水图》,并题诗曰:

> 须知手笔安排定,不怕山河整顿难。

这一年年初,石敬瑭从洛阳迁都到开封。前一年年末,后唐河东节度使石敬瑭依靠契丹军队的支持,起兵造反成功,当上了皇帝,建立起五代当中第三个王朝——晋,史称后晋,并改年号为天福元年。他付出的代价是向比自己小十岁的契丹国主耶律德光称"父"和割让"幽云十六州"。前者让他成为臭名昭著的"儿皇帝",后者使得中原王朝失去保护河北平原的地理屏障,此后在与北方势力交手时总是沦为下风,收复"幽云十六州"成为中原王朝念念不忘的心病。

跟随石敬瑭车驾前往开封的,不仅有朝廷文武百官、后宫嫔妃,还有禁军将领赵弘殷和他十岁的儿子——赵匡胤。金陵到开封距离差不多六百一十公里,今天坐高铁最快只要四个多小时,但在南唐升元元年(937),却分别属于两个国家。如果一切按部就班的话,李煜和赵匡胤两人的人生之路几乎没有悬念,也不会有任何交集:李煜出生就是帝王家庭,一生锦衣玉食,诗酒年华;赵匡胤将会子承父业,成为五代乱世中的一名职业军人,征战四方刀口舔血。

但他们所生活的十世纪,最大的特征就是不确定。

这是一个王冠坠地、等级崩解的时代,也是一个草根逆袭、平步青云的时代。面对权力的诱惑,忠诚变得廉价,亲情荡然无存,王朝国度更迭无常,皇帝成为高危职业。从朱温弑杀唐朝末代皇帝开始,走马灯一样换了多个皇帝,每个朝代顶多只能传两代人,最短的皇帝在位半年不到,最长的在位十年,平均下来,每个皇帝在位时间不到五年。

李煜出生这一年,距离唐朝灭亡已有整整三十年,原先的唐朝疆域内,分布着若干个大大小小的国家。这是中国历史上又一个大分裂的时期,即"五代十国"。《水浒传》开篇有一首诗,"朱、李、石、刘、郭、梁、唐、晋,汉,周,都来十五帝,播乱五十秋。"说的就是这段时代,"五代"即中原依次出现的五个王朝,后梁、后唐、后晋、后汉、后周。"十国",即先后出现的十个地方性割据小国,即吴、南唐、吴越、楚、前蜀、后蜀、南汉、南平(荆南)、闽、北汉。

江湖不问由头,英雄不问出处。这些国家的建立者,大都来自社会底层。伴随着唐朝的崩溃,凭靠世家大族出身或是读书入仕改变命运的通道,都不得不让位给武力,让草莽英雄们找到了出人头地的机会。不管出身如何,农民还是马贼,只要手头有兵,就能称帝称王,所谓"天子,兵强马壮者为之,宁有种耶?"

譬如吴王杨行密,早年是山贼;闽王王审知是河南农民;吴越国王钱镠年轻的时候,靠贩卖私盐为生;楚王马殷,第一份工作是木匠。当然,还有曾经在寺庙寄食的孤儿徐知诰。

这一切,要从一场相遇说起。

## 别人家的孩子

一个人的命运,当然要靠自我奋斗,但是也要考虑到历史的进程。即使已经过去近四十年的时光,当徐知诰坐在龙椅上,看着眼前弯腰肃立的文武百官时,依旧能想起他六岁那年第一次见到杨行密的那个清晨。当时的他,是一个被濠州开元寺僧人收留的孤儿,靠着僧人的施舍,过着饥一顿饱一顿的日子,完全没有任何未来可言。

灰暗且绝望的人生,在他见到杨行密后戛然而止。一个是六岁的孤儿,一个是手握重兵的大唐淮南节度使,两人的生命轨迹在这一刻相遇。过了这个下午,徐知诰的命运将因为眼前这个人而发生神奇的转变。

徐知诰,原本姓李,徐州彭城人,生于唐僖宗文德元年(889)。那时的大唐王朝日薄西山,各个藩镇不关心民生,整天忙着打仗兼并。皇帝的政令不出大明宫,"自国门以外,皆分裂于方镇矣",朝廷对这些飞扬跋扈的割据势力束手无策,普通的老百姓如同蝼蚁一般生活。

他六岁这年,朱温率军进攻徐州,父亲李荣在战乱中不知所终。年幼的小李,跟随伯父李球、母亲刘氏一起逃难到濠州,伯父、母亲相继病故后,只得栖身濠州开元寺,像很多孤儿一样,在乱世中艰难苟活下去。

唐昭宗乾宁二年(895),淮南节度使杨行密攻取濠州,在当地名刹开元寺拜佛的时候,偶然发现了小李。杨行密注意到这个小男孩不仅相貌奇特,而且质朴聪明,满心喜欢,决定将他带回家中收作养子。濠州就是今天的凤阳,三百多年后,有一个叫朱重八的人也在凤阳城西南凤凰山日精峰下的於皇寺出家为僧,后来改名朱元璋,成为明朝的开国皇帝。濠州的两座寺庙,先后走出两个皇帝,也算是中国历史之最。

小李被杨行密带回扬州后,并没能进入杨行密的家门,因为杨家人尤其是杨行密的长子杨渥看不起这个无父无母的孤儿,不屑与他兄弟相称。杨行密没办法,只好把他托付给了徐温,说,"这个小孩相貌不同于常人,将来必定大有出息,可惜我的儿子不能容他,只好托付给你。"从事后的发展看,这次小小的意外,应该是命运女神再一次地垂青于他。如果真的成了杨行密的养子,小李或许永远不可能写下自己的传奇。

徐温当初也是私盐贩子,虽然没什么武艺,不能冲锋陷阵,但却很有谋略,在以草莽好汉为主要构成的杨行密团队中,显得颇有远见。当初杨行密攻克宣州后,所有部下都忙着抢劫金银财宝,只有他去开仓放粮,赈济老百姓。徐温资历老(杨行密创业团队"三十六英雄"之一),又不掌握军队("未尝有战功"),从古至今这种下属最让人放心。杨行密任命他为衙内右直都将、左长剑都虞候,掌握侍卫亲军,保护杨行密及家人安全。

就这样,小李转而被徐温收养,并改姓为徐,名知诰。晚唐五代是中国历史上收养义子风气最盛的时期,豪强们有三五个义子可以说是司空见惯,比如晋王李克用手下的"十三太保",就全部是义子。收养义子最多的是前蜀皇帝王建,相传有120人,其中有名有姓的有40多人。这种风俗最早起源于胡汉杂居的河朔地区,后来逐渐成为乱世中一种壮大实力和培养心腹的手段。小李变成小徐的同时,杨行密的事业也正处于一个急速上升期。

唐昭宗乾宁二年(895),杨行密被唐朝廷拜为检校太傅、同中书门下平章事,包括扬州、润州(镇江)在内的淮河以南、长江以东各州都成为其势力范围。唐代中叶以后,朝廷的生存基本依赖淮南等东南八道的赋税收入,所谓"国家用度尽仰江淮,若漕运阻绝不通,则上下皆无以供给"。润州是江河交汇处,大运河在这里穿城而过,汇入长江,来自江南的粮食都在这里集中,再从北岸的扬州伸向华北腹地。掌控大唐经济命脉的杨行密很快就成为各方势力觊觎的对象。

两年后,中原地区最大的军阀朱温派遣大将葛从周、庞师古统率大军分兵两路南下进攻淮南,结果惨败,庞师古战死,出发时七万人的大军,最终活着逃回开封的不足一千。战事结束后,杨行密写了一封信给朱温,信中用轻蔑的口气说,"庞师古、葛从周太差了,你自己带兵来跟我决战还差不多。"

击败朱温后,杨行密声势大振,不仅守稳了淮南的基本盘,还向东攻占了苏州、常州,又出兵向西夺取光州、黄州、蕲州、鄂州,此后又多次击败朱温,成为阻挡其南下的定海神针。朱温及其后继政权既不能夺取淮南,也就意味着失去了统一天下的财力物力,五代十国的分裂局面也就只能继续维持下去,直到后来有人能打破这个平衡为止。

在被收养后,已经改名徐知诰的小李,终于不用再担心饿肚子。但他很快发现,自己又转而陷入了一种比饿肚子还要紧张的人生。和所有寄人篱下的人一样,小李不管做什么事,都要小心翼翼,如履薄冰,时时察言观色,生怕讨别人不开心,或担心做错什么事情。他除了要无微不至地侍奉养父母,还要处理好和他们亲生儿子之间的关系。

九岁那年的一天傍晚,徐温让他掌灯时,他随口吟成咏灯诗:

一点分明值万金,开时惟怕冷风侵。
主人若也勤挑拨,敢向尊前不尽心?

明着讲灯,实则希望养父像对灯一样善待自己,一个九岁的小孩能写出这样语带双关的诗,着实让徐温刮目相看。精诚所至金石为开,徐温此后果然更加用心栽培这个送上门来的孩子。随着年岁渐长,徐知诰也确实没让徐温感到一丝失望和不满。有一次,徐温得了重病,徐知诰和妻子王氏不眠不休在床边照理。徐温不管何时从昏睡中醒来,只有徐知诰夫妇坐在身边服侍。徐温让他管理府中事务,不仅各项事情处理得井井有条,而且任劳任怨,经常加班加点,阖府上下没有人不说他好话。

史书上说,徐知诰长得高大威猛,宽额高鼻,仪表堂堂,"及长,身七尺,方颡隆准,修上短下,语声如钟,精彩铄人",不仅喜欢读书射箭,走起路来龙行虎步。在养父徐温眼中,他就是传说中"别人家的孩子",以至于他教育儿子们时,经常说的一句话就是:"你们做事能像徐知诰一样吗?"

## 孤儿当上了皇帝

历史学家柏杨在研究中国古代历史王朝更替的时候,提出过"柏杨瓶颈":即每个朝代的建立都有瓶颈危机,就像瓶子一样,当一个王朝传位到第二代或第三代继承人的时候,就处在瓶颈时期。出现危机的原因很多,大多数是因为王朝刚刚建立,需要时间积累威信,新政施行也需要时间验证,人事布局还未稳定,再加上皇帝本身的领导才能未臻成熟,出现任何稍大的震动都会使新政权倒塌。

唐昭宗天复二年(902),杨行密被唐昭宗封为吴王,官拜东面诸道行营都统、中书令,因为国主姓杨,为了区别三国时期的孙吴,又被叫作杨吴。唐哀帝天祐二年(905),杨行密病死于扬州,时年五十三岁。今天从合肥出城往北开车六十里路,有一个叫吴山镇的地方,镇子的西北郊坐落着一座古色古香的小庙——吴王庙,庙背后就是杨行密的陵墓——兴陵所在,当地人将这座小山一样的陵墓称之为"吴山"。杨行密当过农民、当过兵,参加过叛乱,有勇有谋,一生当中几乎从没打过败仗。他死的时候,吴国已经成为南方实力最强、面积最大的割据政权,假如老天让他多活几年的话,五代十国或许是另外一个走向也未可知。

杨行密死后,杨吴政权很快就遭遇了柏杨所说的"瓶颈危机"。他的儿子杨渥不仅欺凌蔑视父亲的一帮老部下,还试图剥夺他们的权力。唐哀帝天祐四年(907),左右牙指挥使张灏、徐温发动兵变控制杨渥。第二年,张灏、徐温合谋杀害杨渥。不久之后,徐温又诛杀张灏,扶持杨行密的次子杨隆演继位。此后,国中大权逐渐被徐温所掌控。

杨吴天祐六年(909),徐温决定物色一个人去治理升州(今江苏南京)并训练水师,他自己则继续留在广陵(今江苏扬州)控制朝政。徐温之所以经营升州,不仅是看中地理位置的重要性,内心深处还有一个想法,就是在广陵之外,营建一个属于自己的根据地。徐温虽然名列杨行密三十六兄弟,但排名却是最后一位。杨行密时期的很多老臣宿将仍在,对他独揽大权心存不满,尽管已经制服刘威、陶雅、李遇等老兄弟,其他人仍然让他不得不暗自提防。随着徐温的权力越来越大,迫切需要的,就是一个值得信任且有能力的班底。这个时候,"别人家的孩子"徐知诰自然就进入了徐温的视野。

杨吴天祐六年三月,徐知诰被任命为升州刺史,这一年,他才二十岁。很多人在这个年龄,还没机会进入官场,而他起步就已经很高了。徐知诰此时还不知道的是,他和他的家族,将和南京这个城市从此结下不解之缘。

此时的升州早已没有六朝时的恢弘,隋开皇九年(589),隋朝大将韩擒虎率军攻克建康(今江苏南京)后,隋文帝杨坚为了永绝后患,下诏"平荡垦耕"城邑宫室,昔日富丽堂皇的六朝宫城、府第名园、亭台楼阁全部被夷为平地,辟作农田,供百姓耕种,数百年繁华刹那间烟消云散。

对于优秀的人来说,只怕你不给他平台,一旦有了平台,就如鱼得水。徐知诰到任之后,就专心经营升州,并尽心恢复。当时的地方官大多都是职业军人,尤其擅长横征暴敛,百姓生活苦不堪言。徐知诰经营升州时,一切反其道而行之。他不仅勤奋好学、敬重文人,自己也很注重勤俭节约,执政非常宽容仁爱,老百姓提到他,都竖起大拇指。作为一个二十多岁的年轻人,尤其显得难能可贵。

经过徐知诰的精心经营,昔日破败的升州逐渐恢复了六朝时的风采。徐知诰主持的城建工程从杨吴天祐六年开始动工,一直到杨吴武义二年(920)最后完工,前后花了十多年。徐知诰不仅手笔很大,规划也充满了先见之明,不仅整体南移城市,改变了六朝建康城只包容宫殿衙署的旧格局,还把石头城及秦淮河下游两岸最为繁盛的商业区及人口集中的富庶区全部划入城内。令人称叹的是,徐知诰在规划道路建设时,不仅路面铺砖,道路两侧还开排水沟,并杂植槐树、柳树作为行道树,简直引领时代之先。

修缮后的城墙周长达到十二余公里,基阔三丈五尺,顶宽二丈五尺,高二丈五尺,开城门八座,除东西南北四个城门外,另外开辟上水门、下水门、栅寨门、龙光门。后来北宋的江宁府、南宋的建康府、元朝的集庆路(今江苏南京)都是以徐知诰规划的升州城为治所所在。元朝末年,朱元璋攻克集庆路,并改名为应天府,此后在这里称帝,并再次扩建成为明代都城,其实最初的蓝本都来自徐知诰。杨吴天祐十二年(915),徐温被吴王任命为管内水陆马步诸军指挥使、两浙都招讨使,兼侍中,封齐国公,并总领升、润、常、宣、歙、池六州之地。他起初在润州建立霸府,来升州巡视时,惊喜地发现徐知诰治理下的升州市面繁华、府库充实,顿时决定抢为己有。不久,徐温把长子徐知训留在广陵,一则监视吴王杨隆演,二来锻炼行政能力,自己则移镇升州遥控朝政,并将其改名为金陵。

杨吴天祐十二年,徐温任命长子徐知训为淮南行军副使和内外马步都军副使,不久,又擢升为吴国内外马步都军使、昌化节度使、同平章事。在这期间,徐知诰被从升州调到润州(今江苏镇江)为团练使。一个在朝廷中枢,一个在地方转圈,这就像是一个家族企业,外人再有能力也只能做到高管,自家儿子水平再差也是作为接班人来培养。徐知诰再吃苦再努力,待遇和亲生儿子还是不一样。可惜虎父犬子,杨行密和徐温都是一时豪杰,生的儿子却是竞相比烂。

传说中的"坑爹"往往具备的特征就是:喜欢惹事,也敢惹事,只是惹事后,自己的能力解决不了。这种人,通常都存在智力、能力上的缺陷。按照这个标准来看,徐知训简直就是一个"坑爹"的典型。徐知诰在升州广收人心培养班底,获得了朝廷内外一致好评。徐温给了徐知训最好的平台,指望他继承基业,他却把从上到下的所有人得罪了一遍,最终把自己送上不归路。

他在广陵正事不干,整天以凌辱吴王杨隆演为乐。两人一起演戏,徐知训自己扮演主角,吴王扮演僮奴,头发扎两个丫角,穿个破旧衣服当跟班。还有一次,徐知训和杨隆演一起到禅智寺赏花,徐知训酒喝高了,就开始臭骂杨隆演,直到把杨隆演都骂哭了,还是喋喋不休。杨隆演的左右随从担心徐知训情绪失控,想偷偷带杨隆演离开。没想到徐知训更加恼羞成怒,拿起铁锤当场砸死了杨隆演的一名亲信。杨隆演被吓得呆若木鸡,一动不动,徐知训这才骂骂咧咧地回家睡觉去了。

李德诚是最早跟随杨行密的老部下,时任抚州刺史,徐知训听说他家的女伎才色双全,就跟他讨要。李德诚婉拒了徐知训,说他家的女伎都是既老又丑,实在不配侍候贵人。徐知训看信后破口大骂,说李德诚连几个家伎都不肯给,分明是瞧不起他,发狠要杀了李德诚,连同他的妻室一同夺过来。李德诚赶紧花重金买了几个美女送往广陵,才把这件事摆平。

徐温经常夸徐知诰能干,导致徐知训更加嫉恨徐知诰。有一次,徐知训召集几个兄弟喝酒,徐知诰因故没参加,徐知训大发雷霆,扬言道,"讨饭的家伙不想喝我的酒,难道是想试试我的剑吗?"

不过徐知诰是一个善于隐忍的人,历来欲成大事者,大都懂得隐忍,亦懂得什么时候才是最好的时机,特别是实力不如对手的时候。徐知训此后几次三番想暗杀他,他都选择了息事宁人。恶人自有恶人报,徐知训很快就碰到了命中的克星。

朱瑾是淮南名将,有万夫不当之勇,其雄武倜傥,有吞噬四方之志,二十岁的时候,就已经威震中原。他成为唐朝册封的泰宁军节度使时,徐温还只是一个私盐贩子而已。杨行密之所以能建立吴国,有一大半的功劳来自朱瑾。徐知训年幼的时候跟着朱瑾学习兵法,俩人有师生之谊。杨吴天祐十三年(916),宿卫将李球、马谦挟持吴王杨隆演,以勤王的名义发动兵变,召集库兵讨伐徐知训,几乎攻破宫门。朱瑾正好从润州来到扬州,顺手率部击溃乱兵,不费吹灰之力便擒斩李球、马谦,救了徐知训一命。

可就是这样一个救命恩人加师生之谊的长辈,徐知训也要往死里得罪。你的就是我的,我的还是我的,大概就是徐知训的人生信条。他听人说朱瑾有匹名马,大咧咧地开口就要,朱瑾很不客气地拒绝了他,心想"我在中原争夺天下的时候,你还在穿开裆裤呢"。没想到徐知训遭到拒绝之后,竟然派刺客去刺杀朱瑾。结果朱瑾三下五除二把刺客都团灭了。事后朱瑾也没声张,就当没有发生。

按理说,这事到此为止也就罢了。然而徐知训这种坑爹货永远不知道"挫折"二字怎么写,他就是属于那种根本没有脑子,能力二流不到,偏偏特能惹事的奇葩。"我打不过你,可是我的官比你大",他到徐温那里打小报告,并强迫吴王在泗州设置静淮军,然后下诏把朱瑾外放过去担任节度使。五代十国时期,突然外放很有可能就是死刑命令的前奏。后梁太祖朱温就是在任命次子朱友珪为莱州刺史之后,被后者反过来弑杀。熟知历史的朱瑾到此时终于明白,宁可得罪君子不能得罪小人,徐知训是决心要他的命了。

杨隆演是傀儡,徐知诰是养子,李德诚是地方官,都只能让着徐知训。朱瑾不是这样的人,武人的血液依旧在身体里燃烧,既然忍无可忍,无法再忍,不如先下手为强。相比于徐知诰在金陵的表现,徐知训完全没有一点点政治手腕可言。他甚至嗅不到空气中危险的味道,杀心已下的朱瑾为他摆下了有去无回的鸿门宴,他却依旧欣然赴宴。杨吴天祐十五年(918),朱瑾以临别赠送宝马为由,邀请徐知训来家中赴宴,席间趁其不注意,将其当场击杀。

人贵在有自知之明,庸人缺乏的,恰恰是自知之明。可以说,正是徐知训这种四处咬人的疯狗性格,决定了他不知道天高地厚,不知道江湖凶险,更不知道进退的行事风格。这种做人风格发展到最后,要么自己丢人失份儿,要么丧失回旋的余地,直接被人一刀反杀出局。

徐知训带来的家仆听说主人被杀,吓得一哄而散回去报信。朱瑾割下徐知训的首级,随即来到吴王府,找到杨隆演说,"我今天为国去贼,为民除害",希望杨隆演抓住机会振作一把,里应外合铲除徐温势力。

所谓"贼"是窃国,"害"是蠹民,朱瑾连口号都代杨隆演设计好了。此时徐温人在升州,徐知诰在润州(今江苏镇江),吴王只要登高一呼,未必不能趁机铲除徐温在广陵的势力,利用长江天堑,接管扬州的控制权,营造既成事实。

可惜机遇只适用于勇敢的人,杨隆演看到徐知训的人头,吓得魂不附体,用衣服遮住自己的脸,颤抖地说:"这事是你干的,我什么都不知道。"朱瑾气得暴跳如雷,"婢女生的儿子果然不足共事",将徐知训头颅狠狠地抛在地上。此时徐知训的亲兵接到消息已经追杀到了吴王宫城门外。朱瑾势单力薄,只好翻墙而逃,结果不小心摔断了腿。眼看追兵将至,朱瑾长叹一声,"我一人做事一人当",便挥剑自刎了。

徐知训的死亡,意外导致了吴国中枢的权力真空。关键时刻,徐知诰之前暗插的心腹马仁裕,第一时间把消息传到润州。徐知诰迅速以讨平叛贼为名率兵渡江,抢在徐温之前进入广陵,控制朝局造成了既成事实。当徐温来到广陵时,尽管一切已经尘埃落定,但长期栽培的长子意外被杀,还是让他决定大开杀戒,诛戮所谓的朱瑾同党。徐知诰赶紧劝阻,并且罗列了徐知训欺凌吴王、臣僚的种种言行,徐温这才稍微平息怒气,所有幸免于难的人内心感激徐知诰。

与此同时,徐知诰还给徐温设了一个局。徐知训的府中有一个密室,徐知诰直等到徐温来后,才带他去当面开启,结果发现里面做的是徐温等人的木偶,而且都被用刑具捆得结结实实,尤其是徐知诰等兄弟还被设计成被斩首的模样。徐温看了之后,气得大骂,"这条狗死晚了"。这个密室之前从没打开,徐知诰还很有先见之明似的请徐温先看,恰好里面还是证明徐知训罪恶的证据,这就很让人遐想徐知诰在其中的作用,毕竟徐知训是长子,一切都是靠徐温的庇荫,并没有太多的理由要这么做。

不管如何,徐知训的死还是深深刺激到了徐温,此后直到死,他再也没有迈出篡位这一步。他提拔二儿子徐知询,同时又不肯采取严可求的建议除去已经势大的徐知诰。道理他不是不懂,但同时代那么多活生生的例子就摆在那里,无论长子,还是次子,能力都不如徐知诰。自古至今,硬把能力不行的人推上重要的位置,不仅害人,也必将害他自己。徐温的最后十年是在彷徨、苦闷和听天由命中度过的。

尽管吴国彻底变成了徐家天下,杨家只是象征意义,有人劝他干脆取而代之,徐温回答说,"当初先王(杨行密)临终前本想传位给刘威,是我极力反对,才传位给烈祖(杨渥),当时先王在病榻上就落泪了,如今我如何忍心做这种事情"。杨吴顺义七年(927)十月,吴国大丞相、东海郡王徐温去世,寿六十六岁。此时,他的头上已经有七个头衔,一人之下万人之上,但和曹操、高欢、宇文泰等一样,他始终以权臣自居,完成了对杨行密的承诺。

徐温如果篡位,可以把帝位顺理成章地传给亲生儿子。但他并没有,所以权力再大也不过是个权臣,当他死后,新一轮的争斗就开始了。徐温死后不过九天,他的亲生次子徐知询就继为诸道副都统,镇海、宁国节度使兼侍中,辅国大将军,检校太尉,守中书令,金陵尹,以控制吴国上游。徐温尽管容忍了徐知诰的存在,但也给徐知询留下了足以自保的底牌。毕竟徐温已经经营金陵多年,不仅城市地理位置重要,还有大批忠心的部下。

不过徐知询同样是个不学无术的纨绔子弟,当初徐知询在宣城为官的时候,聚敛苛暴,老百姓被折磨得苦不堪言。据说他有一次进宫侍宴的时候,席间上演优伶戏,有个伶人假扮鬼神,旁边就有一人问:"你是谁"。答:"我是宣州的土地神,因为父母官进京,把我跟地皮一起刮来了。""刮地皮"的典故就是由此而来,徐知询的官声之差可见一斑。不仅如此,史书中说徐知询不仅懦弱、缺乏远见,而且待弟弟们很薄情,因此几个弟弟都跟他离心离德,向着没有血缘关系的徐知诰。这样的人很快就被徐知诰斗败,被远远地打发到洪州(今江西南昌),封东海郡王。杨吴大和六年(934),徐知询在郁郁寡欢中病死。

多年前,徐温跟杨行密夸徐知诰,意思就是这孩子英俊杰出,其他人的孩子都比不上他,结果真的是一语成谶。徐氏父子消失后,再也没人能够阻挡徐知诰称帝的步伐。杨吴顺义七年十一月,也就是徐温去世一个月后,在徐知诰的策划下,吴王杨溥正式称帝,追尊历代帝后,大赦,改元。从吴王到吴帝,杨溥依然改变不了"工具人"的身份。他存在的唯一作用就是不停地给徐知诰加官晋爵,为他在权力之路上不停地铺砖,直到无限靠近皇位那天。杨吴大和六年(934)十月,吴国皇帝杨溥下诏封徐知诰为大丞相、尚父、嗣齐王,赐九锡。杨吴大和七年(935)十月,杨溥下诏封徐知诰尚父、太师、大丞相、天下兵马大元帅、齐王,以升、润等十个州为齐国。徐知诰装作诚惶诚恐,推辞不受。

杨吴天祚二年(936)正月,徐知诰在金陵建立大元帅府,设六部,长子李璟为太尉、副元帅。同在南方的闽国、南汉等国都遣使者前来,劝徐知诰称帝。不久,徐知诰改名徐诰,"知"字去掉了,等于告诉天下:我和徐温的儿子们,不再是兄弟关系。

南唐升元元年(937),十月初五,李煜快满百天的时候,徐诰连续推辞三次后,终于"勉为其难"即皇帝位,改年号为升元,同时改金陵为江宁府。因为他的爵位是齐王,所以新王朝的国号为齐。以开国皇帝的封爵作为新王朝的国号,是元朝以前的惯例,如刘邦是汉王、曹丕是魏王,李渊是唐国公等。

徐诰即位后,给禅位的前皇帝杨溥赐了一个尊号:"高尚思玄弘古让皇帝",感谢吴帝让出皇位的高风亮节,不过这只是一个安抚人心的花招罢了,被篡位的皇帝能保住性命的都没几个,哪能继续住在皇宫。杨溥是个聪明人,主动请求皇帝让自己搬家。

南唐升元二年(938)五月,杨吴最后一个皇帝——杨溥,按照徐诰的旨意,从广陵崇德宫迁居到润州丹阳宫。扬州到镇江一江之隔,登船之前,杨溥潸然泪下,吟诗一首:

> 江南江北旧家乡,三十年来梦一场。
> 吴苑宫闱今冷落,广陵台殿已荒凉。
> 云笼远岫愁千片,雨打归舟泪万行。
> 兄弟四人三百口,不堪闲坐细思量。

此时还不满周岁的李煜并不知道,这首诗因为太过凄凉,和几十年后他的境遇又太过相似,以至于之后的很多人都忘记了原先的作者,误以为是李煜所写。

不过当时无论是谁,都不可能想到,李煜未来会成为南唐的帝位继承人。

# 第二章 细雨梦回鸡塞远

## 认祖归宗

李煜出生两年不到就改了姓,从徐从嘉变成了李从嘉。为什么要改姓?事情得从他爷爷说起。自从六岁那年成为徐温的养子后,小李变成了小徐,这一变就是将近四十年。

他最初的名字,早已和他死去的父母一样,消失在时间长河里。徐温家中从上到下,都称这个捡来的男孩为"彭奴"。

古人不写自传,所以永远没有人知道,与徐温父子相称的这四十年,小李内心感受如何,夜深人静的时候会不会梦见亲生父母。成为孤儿往往能更加深刻感受到人间冷暖,他或许对徐温有感情,但也长期活在后者的阴影之下,更不要说徐知训几次三番试图谋害他。养子的身份让他进入徐家,一连串的意外之后,他白"捡"了至高无上的皇帝之位。但另一方面,养子的身份,也意味着几十年来,寄人篱下的不堪过往。

我们无法洞察徐诰的内心,但却能看到他的行动。

他当了皇帝之后,最迫不及待的事,就是要通过改姓来洗去身上的徐氏痕迹。

当然改姓这个事自己不能提,否则会背上忘恩负义的名声,毕竟现在所拥有的一切,都是因为他姓徐,并且代表徐温家族。

他只能在各种场合暗示部下,自己想要认祖归宗。这个世界上有三种东西是永远存在的:物质、能量和马屁。只要处于上位,就总有人哄着,抬着。你不提,有人抢着提;你不急,有人比你急。

大臣们很快心领神会皇帝的心思,南唐升元三年(939)正月,在群臣的反复呼吁声中,徐诰"终于顺从民意",下诏恢复李姓,并改名李昪。"昪"的意思,就是前程如日光般明亮。

他希望一手建立的新王朝像他的新名字一样,如同红日初升,前程远大。

然而就传统君臣大义而言,篡位终究是不光彩的行为,徐温犹豫了一辈子,始终不敢跨出最后一步,就是怕在历史上留下污名。

对于李昪这样一个心性谨慎,做事力求完美的人而言,"篡位"这种事情既然已经发生,那就不仅要洗白,还要让它无可挑剔。杨行密收留他的时候,李昪才七岁不到,是一个无依无靠的流浪儿童。包括他自己在内,没有人能说得清楚他早年的家世。

一张白纸,才可以画最美的图画。对于李昪来说,此时需要的只是一支画笔。

由于和灭亡不久的唐朝皇帝一样,都是姓李,李昪宣称自己的血统来自李唐皇室,以此证明自己取代杨吴并非篡位,而是物归原主。

唐朝延续将近三百年,子孙繁衍众多,到处开枝散叶,找祖先不像抓阄那样简单。李昪定下的标准是:不仅要血统纯正,还要名声显赫。有大臣提议说是唐玄宗第六子永王李璘的后人,但有反对者认为李璘因为叛乱被唐肃宗所杀,于是李昪放弃了尊李璘为祖的念头。

经过大臣们的认真研究和反复讨论之后,李昪决定奉唐太宗第三子吴王李恪为先祖。李恪才能突出,英武果断,母亲是隋炀帝的女儿,身上有隋唐两代皇室的血统,深受李世民钟爱,一度差点被立为太子。

唐高宗李治即位后,把他陷入冤案并迫害致死,唐中宗时得以平反昭雪。他的孙子李祎在唐玄宗时战功卓著,屡次击败吐蕃、奚、契丹等外敌,曾经担任兵部尚书、朔方节度大使。李祎的儿子李岘更是个超级牛人,多次担任京兆尹,五次登上相位,六次官拜尚书,七次担任专门大使。《旧唐书》中称他是唐朝宗室中最贤良的一位。

攀上这样的先祖,李昇终于心满意足。

就这样,杨行密捡来的孤儿,成了大唐太宗皇帝李世民的嫡系子孙。尽管后来不少史家都对此存疑,比如司马光在《资治通鉴》中,就明确说李昇的家谱是伪造。

但这些都已经无关紧要,老百姓并不需要真相,他们只需要精彩的故事。

改姓之后便是更改国号。

齐王,是徐温被杨吴皇帝册封的爵位,"齐"作国号只是权宜之计。既然江山本来就是李家的,李昇又是血统纯正的唐室帝胄,新王朝国号改为"唐"自然顺理成章。

如此一来,李昇的帝位继承法统,绕过了杨行密和徐温,而是来自李渊、李世民所建立的唐朝,所谓的篡位之说,也就不复存在。

这是史上第三个以"唐"为国号的王朝。为区别李渊建立的唐朝,李存勖建立的后唐,史称由李昇建立的唐为南唐。

至此,南唐代吴名正言顺,俨然作为唐王朝的血脉传承,定都江宁,屹立于江淮大地。

徐诰改成李昇,所有子孙也一并跟着认祖归宗,包括刚刚学会走路的李煜。徐温的几个儿子屁颠屁颠打报告,要求跟着改姓,结果回复就俩字:不准。

"吴王好剑客,百姓多创瘢;楚王好细腰,宫中多饿死",出乎李昇意料的是,他洗刷徐温和杨行密痕迹的操作,很快就演变成了一场轰轰烈烈的向新王朝表忠心的改字运动。

在那些善于揣摩心意的大臣们看来,"吴"和"杨"两个字会让人想起被取代的前朝,显然政治不正确。于是他们争先恐后上书,请求朝廷下诏更改府、寺、州、县的名称中的"吴"和"杨"字。

还有人情绪激动地表示:"阳"也不行。

人生如戏,全靠演技,东都留守判官杨嗣仅凭一人之力,就把这场运动推到最高潮:上书请求同意他改姓"羊"。

消息一出,满朝哗然。

还好李昇比较清醒,知道继续让这些马屁精折腾的话,他本人也要成笑话了。他赶紧宣布,此类改字请求一概不予批准,这场因为认祖归宗引发的闹剧才偃旗息鼓。

历代封建王朝,因为拍马屁引发的闹剧总是反复上演,譬如王莽热衷祥瑞、道光喜欢裤子打补丁等等,问题是闹剧的终点往往都是演变成喜剧,甚至是悲剧。

要想避免这种结果,基本上取决于君主的冷静程度。

一个人如果冷静,就不会干蠢事;君主冷静,国家往往比较安定,老百姓过得也安逸。

多年如履薄冰的养子生涯,迫使李昇养成了遇事冷静的性格,只有这样才不会轻易犯错。这个优点,并没有因为当了皇帝而更改。

对于李昇来说,认祖归宗只是一个小插曲而已。身为南唐皇帝,他还有很多大事要做,其中最重要的一项就是如何定位国家未来的发展方向。

偏安江南?还是一统天下?

## 兵强马壮者为天子

自古王业不偏安,既然国号为唐,很多人认为,就应该拿出大唐王朝的风范和担当。有人建议,"江淮一带连年丰收,武器粮食都不缺,现在北方多灾多难,陛下你肩负中兴唐朝的使命,更应该带兵北伐恢复疆土"。

此时的南唐,是南方首屈一指的大国,国土广阔,"其地东及衢、婺等州,南至五岭,西至湖襄,北据淮河,共三十多州,地数千里",不仅江淮一带尽为国土,长江沿线除了湖湘、荆州、襄阳以外,也尽在掌握。

此外江淮一带本来就是大唐朝廷财赋的重心,安史之乱前,北方人口占全国的六成不到,安史之乱以后,南方人口占了全国的七成不到。"军储国计仰给江淮",历经杨行密、徐温父子三代经营之后,"旷土尽辟、桑拓满野",经济实力雄厚、人口户数滋长。

放眼天下,南唐既具有地理优势,又有强大的国力,进可以图谋中原,退足以自保。

当时北方有石敬瑭的后晋,南方有吴越、楚、后蜀、闽等国。李昪无论选择何种战略,都将深深影响五代十国的发展方向。出人意料的是,李昪既没有北上,也没有南下,而是选择了原地观望。

前面说过,善于隐忍是李昪最显著的特点,更是能登上皇位的经验。

他从小生活在养父的阴影之下,要想生存下去,唯有如履薄冰地确保不犯错误。因为他只要错一次,也许就是万劫不复。即便徐温的长子徐知训要杀他,也只有忍。

徐知训死后,徐温对他的猜忌始终存在,身边的亲信,如宰相严可求等人,不停地请求用徐知询取代徐知诰。身处这样的环境,李昪只能小心翼翼地隐藏锋芒,前后熬了十年,才等到徐温的死讯。

哪怕徐温死后,他已经大权独揽的情况下,依然谨慎行事瞻前顾后。比如从杨吴顺义七年(927)徐温去世开始算的话,徐知诰又花了整整十年时间,一步一步收拢人心,才最终登上皇位,成为南唐开国皇帝。

这一年,他四十八岁,距离当初被收养,已经整整过去四十年。很多人简单地以为他是运气好,但不知道的是,当年的彭奴能变成李昪,能坐上龙椅,本身已经是无数努力的结果。正是靠着隐忍,李昪才能成为那个笑到最后的人。

如今当了皇帝,面临强敌环伺的局面,李昪的第一反应,还是忍。

他相信出手就会露出破绽,只要坚持不出手,就不会有破绽,也就不会失败。

只要忍,也许就会出现机会。

他对臣下解释说,战略重点在北方,要耐心等待时机。当中原发生变局的时候,就果断出兵北上,等平定中原后,再回头南下削平南方诸国。

归纳起来,就是"静止观望,先北后南"。

李昪的判断是,如果南唐北伐,南方的小国肯定不敢轻举妄动。反之,如果南唐试图先吞并南方,万一中原王朝趁机发兵南下,则会形成腹背受敌两面挨打的局面。

当时北方动荡,后梁、后唐都是两三代而亡的短命王朝,所谓"朝成夕败,有如逆旅"。南方诸国虽小,但都是些难啃的硬骨头,而且自古以来都以长安洛阳为正统所在,夺取中原众望所归,李昪制定这样的战略自有道理。

但问题在于,李昪在实际操作过程中,表现得太过于执着这个战略,在别人眼中,简直就像是不知道变通。

南唐升元四年(940),位于福建的闽国发生内战,交战双方各自求救于南唐和吴越国。李昪不仅没有趁机派军队介入,坐收渔翁之利,反而派大臣去主持双方讲和。

隔了一年,南汉皇帝刘䶮派使者来南唐,邀请共同出兵征伐楚国,平分它的国土。

李昪再次拒绝。

吴越国,位于南唐的东南方向,从地缘上讲,是南唐的心腹大患。几十年来,两国之间打了好几仗,南唐略占上风。南唐升元五年(941)七月,吴越国都城杭州发生大火,宫殿、府衙、仓库几乎被火烧光。国王钱元瓘也被熊熊烈火吓得精神失常,仅仅过了一个月就死了。

哪怕是最鸽派的大臣,也认为这是天赐良机,纷纷劝李昪赶紧发兵攻取吴越,为后世提前消除祸害。

李昪的答复是:"怎么能利用别人的灾祸攻打他的国家呢?"不仅如此,更让大臣们气得吐血的是,他还派使者去慰问,并接济吴越国,运输救灾物资的车队排成了长龙。丞相宋齐丘气得大骂他是"田舍郎"(土鳖),整天就知道守着自己的一亩三分田。

李昪反应倒也大度,呵呵一笑,并不生气。

因果定律告诉我们,任何事情的发生,都有其必然的原因,但大部分时候,原因不止一个。

李昪为什么对发动战争这么抵制?

纵观他的一生,除了性格谨慎以外,我们会发现一个尴尬的事实:他不懂军事。

唐末五代时期，天下大乱，狼烟四起，是一个靠武力说话的时代。所谓"兵强马壮者为天子"，谁的拳头硬谁说话。五代十国当中，几乎所有的开国皇帝都是武人出身。

杨行密年轻时双手能举百斤，日行三百里，杨吴的地盘就是靠他一刀一枪厮杀出来。李存勖二十三岁不到，就在三垂冈一战成名，其后十多年内，灭梁、燕，败契丹，"举天下之豪杰，莫能与之争"。

其他如石敬瑭、郭威、柴荣、赵匡胤等人，分别是后晋、后汉、后周、北宋的开国皇帝，也个个武艺了得。

唯独李昪是一个另类，他之所以称帝，不是靠武功，而是靠权谋。徐温刚开始只是让他管理家务（反倒是让朱瑾辅佐亲生儿子徐知训，跟后梁打过几次仗）。他后来步入政坛，一直走的也都是行政路线。除了杨吴天祐十五年（918）徐知训被杀后，他率军渡江进驻广陵外，一辈子居然从未亲自指挥过军队。史书中说李昪年轻时喜欢射箭，大概也就是作为一种体育运动而已。

战场和军队对他而言，是一个极其陌生的领域。

如果放手让武将去自由发挥，他难免担心功高震主。五代时期，延续唐代以来藩镇割据的传统，最飞扬跋扈最难驾驭的就是武将，领头造反更是家常便饭。毕竟硬币抛起时，谁也不知道落下来后，究竟会是哪一面朝上。

几十年来，这样的例子反复上演，李昪不想步那些失败的统治者后尘。他解决的办法就是推行"以文驭武"的策略，抬高文官地位，尽可能不启兵衅的同时，刻意压制武人。

正因如此，从杨吴乾贞三年（929）收回徐知询的兵权开始，在他当政的十多年内，南唐（杨吴）作为当时屈指可数的大国，竟然没有发起一次对外战争。

杨吴大和五年（933），建州（今福建建瓯）大户吴光遭到闽国中军使薛文杰迫害，一怒之下带领上万人投奔杨吴。信州刺史蒋延徽率军队配合吴光进攻闽国，战事打得很顺利。第二年正月，就在吴军快要攻克建州的时候，徐知诰（李昪）的撤军命令来了。事后，他还派使者前往闽国主动表示和好。

几百年后,宋高宗赵构也是抱着同样的心态,发出十二道金牌召回胜利在望的岳家军。不仅如此,为了杜绝武人跋扈,赵构宁可签下屈辱的和约,也要杀掉让他觉得"危险"的岳飞。

南唐升元四年(940),后晋安州(今湖北安陆)节度使李金全投降南唐,前去接受投降的南唐边境将领、鄂州(今湖北武昌)屯营使李承裕等人发现有机可乘,擅自带兵占领安州,结果被晋军击败并俘杀,部下两千多人成为俘虏。

事后,石敬瑭可怜这群南唐俘虏,主动提议遣返回国,没想到李昪一口拒绝,"都是些主动挑起战争,贪图军功的坏人,你们一切依法处置"。

五代十国时期没有诺贝尔和平奖,如果有的话,肯定没有人能跟李昪争。

当宋齐丘讲他是田舍郎之后,他这样回复宋齐丘:"朕誓以后世子孙,付之于天,不愿以力营也。大司徒其勿复以为言。"(宋·史温《钓矶立谈》)

意思就是,"丞相你们都闭嘴吧,我就是不愿意打仗,后代子孙的命运,就交给老天决定吧"。

问题来了,后代子孙中谁来担起这个责任呢?

## 尴尬的太子

五代十国期间,政坛有两大特色,除了前面提到过的收义子以外,还有一个就是皇位兄弟相传。中原王朝的皇位传承制度,来自西周以来的"嫡长子继承制",这是宗法制度下家族与皇朝延续的最基本的制度。"兄弟相承"的继承制度起源并流行于北方游牧部落,因为那里自然环境恶劣,人口死亡率高,生存竞争激烈,需要年富力强且有战斗经验的人担任首领。成吉思汗幼年的时候,父亲被塔塔尔人毒死之后,部落里的人就迅速抛弃了他和他的家人,并重新选择首领。

唐末藩镇割据以来,天下大乱,战事不断,假如继承人愚蠢幼稚、行事鲁莽的话,极易让整个王朝(家族)陷于灭顶之灾。梁、唐、晋、汉、周五个朝代,几乎都是两代而亡。

一个王朝能否国祚绵长,完全取决于第二个皇帝的统治能力。迫于严峻的地缘环境,兄弟相传的继承制度,也逐渐被中原王朝所接受。如楚国、吴越等国,都采取了兄终弟及的继承制度。儿子们之间能力高低是一方面,在统治者看来,年龄大小更加重要。

李昪先后生了五个儿子,分别是景通(南唐中主李璟)、景迁、景遂、景达、景逿。长子李景通生于杨吴天祐十三年(916),当时李昪正在升州担任刺史。三年之后,次子李景迁出生。

李景通是嫡长子,但他身上的文艺气质远远盖过了帝王气质,吟诗作词,酷爱山水,把玩乐器,对治国之道毫无兴趣,没有一点理想中人君沉稳冷静的样子。

搞政治和搞文艺是两个不同的赛道。文人一般都情感丰富而且细腻,但往往不具备冷静的头脑,没有客观和理性的性情,内心世界过于单纯和张扬。

这样的性格在处事谨慎,不喜张扬的李昪看来,全是缺点,距离皇帝的标准很远。

相比之下,次子李景迁天资聪颖,读书过目不忘,长得又帅("姿仪清秀,风度儒雅"),尤其是行事谨慎,在性格上很像李昪。

一般而言,为人父母都会偏爱性格跟自己相似的子女。李昪也特别喜爱并且着力栽培次子景迁。他不仅为景迁迎娶吴国皇帝杨溥之女上饶公主,当他出镇金陵时,又任命景迁为司徒、同平章事,并留下宋齐丘、王令谋辅佐,监视皇帝杨溥。

杨吴大和七年(935),距离篡位只有一年多的时候,李昪把景通招到金陵,同时任命留在国都扬州的景迁为太保、平章事,代理国政。哪怕就是一个瞎子,也能看出来李景迁才是李昪中意的继承人选。

不过让李昪意想不到的变故出现了,年仅十九岁的景迁意外得了重病,并且很快就去世了。即便如此,他大概还是不放心长子景通(937年改名李璟)的能力,又任命老三景遂(生于920年)为门下侍郎,参知政事。很快,老四景达(生于924年)又因为能力突出进入了他的考察范围。

兄弟三人中,景通唯一具备的,不过是长子这个优势。

这一点,李璟本人也是心知肚明。他能做的,只有保持低姿态,以此赢得李昇的好感。

一番纠结过后,李昇出于稳定国家的需要,决定暂时向嫡长子继承制妥协。南唐升元四年(940),李昇立长子李璟为太子,李璟不知道是福是祸,坚决辞让。李昇同意了他的请求,但下诏朝廷内外向李璟致书的时候,按照太子礼节施行。

对统治者来说,挑选继承人是一个头疼事。自古以来,皇帝们几乎都本能地反对明确谁才是继承人,因为这样会在朝中树立另一个效忠对象。此时的李璟,名义上是太子,但最后选谁来继承皇位,李昇还是举棋不定,纠结不已。

李璟自己,大概也没有抱太大希望。

没想到这个谜底,很快就因为李昇的突然去世而揭晓了。

## 突如其来的终点

南唐升元七年(943)二月,李昇做了一个奇怪的梦。他在梦中遇到仙人,服用其赏赐的仙丹后,腰不疼了,腿不酸了,手也不抖了,就连满头花白的头发,也重新乌黑。

"可惜只是一个梦",醒来之后,李昇想着变回年轻的场景,心中不无懊恼。

日有所思,夜有所梦。

他已经五十四岁,却从来不肯好好享受帝王生活,就像苦行僧一样,大夏天出去视察,哪怕是热得直流汗,既不打伞也不用扇子。他唯一的热爱就是工作,不停地批阅奏章,处理公事,几乎就是一个工作狂魔。日积月累,工作压力犹如一把双刃剑,不仅让他越发感到精力不够用,而且加速导致身体机能下降。很快就是各种大大小小的毛病纷纷找上门来,健康问题开始集中爆发。

"人到中年不得已,保温杯里泡枸杞",古往今来无数人到中年的男人,都曾被或将被这个问题困扰,只不过如今轮到李昪而已。

巧合的是,当天上午,方士史守冲来到宫中,向李昪敬献金丹,称可以延年益寿强身健体。李昪大喜,认为神仙已经托梦暗示,于是毫不犹豫地开始服用所谓的金丹。

李昪不知道的是,自古以来,受丹药毒害的人,可以说是不计其数。这是因为古代方士炼丹过程中,发现用丹砂、硫磺等炼制的金丹,入火百炼不消,入土千年不朽,入水万年不腐。方士们错误地认为金丹被人体吸收后,就能起到坚固人体的作用。实际上,丹砂、硫黄、铅锡等毒性极大,人吃下去等同于服毒。

服食所谓的金丹后,李昪本来还算可以的身体迅速恶化,就连精神也开始不太正常,动不动对大臣们乱发脾气。

很快,李昪的背上长了背疽(背部急性化脓性蜂窝织炎),这也是服食丹药的后遗症之一。古代没有抗生素,一般人得了背疽之后,如果得不到及时治疗,病菌就会爆发式发展,深入侵入人身体,患病者几乎十死九生。"盖未有能得全其生者",仅仅过了十几天,李昪就已经卧床不起。

晚唐五代以来,有一个政治传统,就是皇帝一般都会在临死才确定继承人。二月二十二日,李昪病情严重恶化,派人去东都广陵(扬州),召四子成王李景达进宫,没想到太医吴庭绍抢先一步把消息透露给齐王李璟。李璟匆匆进宫的同时,派人快马加鞭去追回召见李景达的诏书,一直到秦淮门外才追上送信的使者。

躺在病榻上的李昪当然不知道这一切,其实李景达即使收到诏书,大概也已经来不及赶过来。死神留给他的时间已经不多了,"这就是天命吧",李昪长叹一声,打起精神托付后事给长子李璟。

临死之际,他后悔不已,"我服用金石丹药,本来是想延年益寿,没想到更加伤害生命"。

李昪一生曾经有过很多身份,孤儿、养子、丞相、皇帝,但此时此刻,他只是一个白手起家攒了许多家产,但又对后代不放心的父亲。尤其是这个喜欢吟诗作词的长子,"皇家仓库德昌宫里储备了价值七百多万钱的军械、金帛,你一定要固守成业、善交邻国、保全国家"。

这是一笔惊人的巨额财富,光看数字可能很多人没概念,宋太祖赵匡胤为了收复燕云十六州,拼命攒钱,搞了一个"封桩库",每征服一个国家,就把国库里的金银财宝搜罗走。结果他攒了一辈子,死的时候,库房里的钱还不如李昪留下的多。

当天傍晚,李昪去世,时年五十四岁。

他死后被谥为"光文肃武孝高皇帝",庙号烈祖,史称南唐先主,葬于南京中华门外西南约二十五里的祖堂山。

生前受到万民敬仰,死后能流芳百世,是所有中国古代皇帝的人生理想。

理想丰满,现实骨感。

雄主好大喜功,往往不恤民力,"边庭流血成海水,武皇开边意未已",赫赫武功不过是以无数平民百姓的生命为筹码。汉武帝前后两次征伐大宛,付出几万人的生命代价,只换来三千匹汗血宝马。隋炀帝三征高句丽,损兵折将几十万。唐明皇征伐南诏,前后三次,损兵折将十五万。

一个生在和平年代的人,很难理解在战乱中长大的人的痛苦。反之,一个生在战乱中的人,也会无比渴望与羡慕和平年代。

当被劝北伐的时候,李昪跟大臣感叹,自己六岁即失去父亲,漂泊于泗州(今江苏盱眙)、濠州(今安徽凤阳)一带,亲眼所见战争的残酷,到处都是"白骨蔽地,荆棘弥望"的惨象。

人都是父母所生,有妻子儿女兄弟姐妹,"可怜无定河边骨,犹是春闺梦里人",李昪不忍心为了开疆辟土,把老百姓送上战场,最后家破人亡成为孤魂野鬼。

早在安史之乱后,南方就成为大唐王朝财赋的主要来源,"当今赋出于天下,江南居十九"。李昪在位期间,轻徭薄赋的治国方针加上以和为主的对外战略,使得治下的南唐岁月静好,远离战火,俨然就像荒漠中的绿洲。

南唐统治区域的长江、淮河一带连年丰收,多年不闻兵革,"父不哭子,兄不丧弟,四封之内安恬舒嬉",成为当时南方国力最为强盛的政权。

"生女犹得嫁比邻,生男埋没随百草。君不见,青海头,古来白骨无人收",今天很多人或许会向往汉武帝的时代,但汉武帝治下的老百姓,大概率更多会怀恋汉文帝、汉景帝在位时的无为而治。

多年以后,到了宋朝,南唐的遗民回忆起李昇在位时的盛况,仍然毫不犹豫地"点赞",文字中满满都是自豪之情,《钓矶立谈》载:"于时中外寝兵,耕织岁滋,文物彬焕,渐有中朝风采"。意思就是老百姓安居乐业,感受到大唐盛世的风采,这个评价可以说是相当之高。

这一年,李煜才七岁,已经表现出过人的天资,可以背诵曹丕的《燕歌行》,深得其父李璟的喜爱。

几乎同样的年龄,李昇那时还是一个孤儿,每日出没于佛寺,只为在乱世中讨一口饭吃。

锦衣玉食,四海升平,生来就是帝王之家,李煜的人生以一种让人炫目的方式缓缓拉开了帷幕。

## 写得一手好词

二十七岁的李璟就这样毫无心理准备地当上了皇帝。南唐保大元年(943)三月初一,李璟即位,下诏大赦天下,并改元保大。秘书郎韩熙载提议按照历代惯例,等到第二年再改年号。李璟表示诏书已经颁布,不能轻易更改,拒绝了他的提议。

就跟李昇当年迫不及待地要去除徐温留下的痕迹一样,李璟长期生活在父皇(父亲)的强势阴影下,如今终于得以走出,心理上的舒畅愉悦外人很难想象。韩熙载不懂皇上的心思,反而抱着儒家的死板教条规劝,简直就是鸡同鸭讲。

韩熙载是北海(今山东青州)人,传世名画《韩熙载夜宴图》的主角,从曾祖父起连续三代在朝廷为官,他本人才华横溢,二十四岁不到就中了进士。后来因为后唐政局混乱,父亲韩光嗣被杀,迫不得已南下逃难,是典型的北来士人。

韩熙载精音律,善书画,又有进士出身,可以说是少年得志。他初入杨吴时,自视很高,上书称自己胸藏文韬武略,有经天纬地之才。执掌杨吴朝政的徐知诰(李昪),不喜欢韩熙载过于张扬的性格,给他安排了一个校书郎的闲职,打发到滁州、和州(今安徽和县)、常州一带为官。

当然李昪内心深处还是很重视韩熙载这种科班出身的文人,等到登基称帝后,估计韩熙载也磨炼得差不多了(十年弹指一挥,当年的少年才俊已是三十多岁的中年人),又把他召回金陵,授以秘书郎之职,掌太子东宫文翰。这也是帝王之术,那些年轻有才能的,皇帝往往会留作太子即位之后的班底。上任之际,李昪对韩熙载说:"卿虽然早登科场,但却未经世事,所以命你任职于州县。重用卿,希望能善自修饬,辅佐我儿。"

既是提醒,也是托付,此后,韩熙载在东宫一待又是七年,但在这段时间里,他和未来的皇帝李璟谈天说地,论文作诗,结下了深厚的情谊。李璟即位后,提拔了很多东宫臣属。韩熙载被任命为虞部员外郎、史馆修撰,加太常博士之职。员外郎是六品官,但李璟特别赏赐他享受五品官员才有的穿红袍待遇(此时距离他南下投奔杨吴已经过去了整整十七年)。

南唐礼仪制度基本上沿袭唐朝,官服的颜色是区分官员品级大小、地位高低的标志。一品、二品、三品官服是紫色,四品、五品官服是绯色(深红色),六品、七品官服是绿色,八品官服是深青色,九品官服是浅青色。李璟特地恩赐韩熙载越级穿红袍,对他的重视程度可见一斑。

除了韩熙载以外,还有不少人得到了提拔,比如冯延巳、冯延鲁、江文蔚、潘佑、徐铉等人。这些人有一个共同点,就是文学好。

知识分子通常比较感性,容易被上位者的人格魅力所征服。李璟和冯延巳等人交好,则是因为志趣相投。这当中,冯延巳更是因为填得一手好词深受李璟赏识,前后三次被拜为宰相。

圣眷不衰,世所罕见。

唐朝文学繁荣,尤其是诗歌昌盛,但到了中唐以后开始流行一种新诗体:词。词即歌词,又叫"诗余"。相比于字数工整的诗,填词不像作诗那样严格讲究平仄,而且句子长短不一的词更加适合配合音乐歌唱。

唐代文人词最让人耳熟能详的就是张志和的《渔歌子》:

西塞山前白鹭飞,桃花流水鳜鱼肥。青箬笠,绿蓑衣,斜风细雨不须归。

还有白居易的《长相思》:

汴水流,泗水流,流到瓜州古渡头,吴山点点愁。
思悠悠,恨悠悠,恨到归时方始休,月明人倚楼。

除了适合配乐以外,相比于诗,词更加擅长刻画情感,比诗更细腻,也更多细节的描写。中唐以后,写词的文人更加多了起来,渐渐成为一种风气,如韦庄的《菩萨蛮》:

人人尽说江南好,游人只合江南老。春水碧于天,画船听雨眠。
垆边人似月,皓腕凝霜雪。未老莫还乡,还乡须断肠。

五代时期,词更加流行。吴越王钱镠(liú)给妻子的信中有经典名句,"陌上花开,可缓缓归矣",有人评价,最深情的想念,莫过于此。

在历史上以武功著名的后唐庄宗,骨子里其实也是个很有文艺范儿的浪漫皇帝。李清照有一首《如梦令》:

常记溪亭日暮,沉醉不知归路。兴尽晚回舟,误入藕花深处。
争渡,争渡,惊起一滩鸥鹭。

寥寥几笔,十六岁豆蔻少女的往事,如在眼前。其实,《如梦令》最初创调时的本名为《忆仙姿》，原作者就是李存勖：

>曾宴桃源深洞。一曲清风舞凤。长记欲别时,和泪出门相送。如梦。如梦。残月落花烟重。

李存勖这首词可以说是惊艳文坛,后来周邦彦、沈会宗、张辑衣等都曾跟风填过这首词,名字先后用过《宴桃源》《不见》《无梦令》等。直到苏轼将其改为《如梦令》,此后才成了写景抒情最为常用的词牌。

李存勖以武功得天下,写词只是闲暇之作。李璟则不然,从小就喜欢读书,书画、诗词、音律样样都精通。在词作方面,能引起他共鸣,可谓惺惺相惜的,大概只有冯延巳一人。如《全宋词》中《鹊踏枝》：

>谁道闲情抛弃久。每到春来,惆怅还依旧。日日花前常病酒。不辞镜里朱颜瘦。
>河畔青芜堤上柳。为问新愁,何事年年有。独立小桥风满袖。平林新月人归后。

就词作而言,冯延巳确实为人称道,以至于王国维在《人间词话》中不无夸张地说他开北宋一代风气。

都是文人,难免有一较高下之心,皇帝也不例外。有次李璟故意调侃冯延巳说："'风乍起,吹皱一池春水',关爱卿什么事?"冯延巳不仅词写得好,脑袋转得更快,连忙对李璟说,"这句子不如陛下您的'细雨梦回鸡塞远,小楼吹彻玉笙寒'啊。"

"风乍起,吹皱一池春水",是冯延巳《谒金门》词中的句子：

>风乍起,吹皱一池春水。闲引鸳鸯香径里,手挼红杏蕊。
>斗鸭阑干独倚,碧玉搔头斜坠。终日望君君不至,举头闻鹊喜。

"细雨梦回鸡塞远,小楼吹彻玉笙寒"是李璟词作《摊破浣溪沙·菡菡香销翠叶残》中的名句：

> 菡萏香销翠叶残，西风愁起绿波间。还与韶光共憔悴，不堪看。
> 细雨梦回鸡塞远，小楼吹彻玉笙寒。多少泪珠何限恨，倚栏杆。

鸡塞，即长城军事要塞鸡鹿塞（今位于内蒙古自治区巴彦淖尔市，这里靠近阴山，是匈奴南下的通道，东汉时期的王昭君即从这里出塞前往匈奴）。

同样是思念心上人，冯延巳的词，以春风吹皱了一池春水开始，通篇写思春。李璟的词，则是从秋风残荷的画面写起，以秋景不堪，梦回而感鸡塞遥远，倚栏更显得凄凉。尤其是"细雨梦回鸡塞远，小楼吹彻玉笙寒"，这两句亦远亦近，亦虚亦实，亦声亦情，堪称千古名句。

就意境而言，明显是李璟的词更胜一筹，所以冯延巳的马屁在后者听来也更加受用。所以李璟听后，开心地笑了起来，君臣继续对饮畅聊（"于是君臣皆欢"）。

其实人人都喜欢情商高的，皇帝也不例外，很多时候，有才能的人未必能得到重用，反而是那些善于揣摩的人容易飞黄腾达。

比如冯延巳这样，既有才华，情商又高，李璟想不重用大概都难。

如果天下一统，李璟和冯延巳二人大概也是一段文坛佳话，可惜他们生活的时代是五代十国。在这样的大环境下，过于文弱的知识分子是很难治理好一个国家的，因为乱世需要枭雄，不要诗人。

即便是李存勖这种马上得天下的武人，一旦放纵自己，都会酿成意想不到的灾难后果。他二十四岁即位，征战十五年，终于消灭梁朝，灭掉前蜀，统一中原。正当世人都认为他将建立不世之伟业时，他却放纵声色，甚至还把唱戏唱得好的伶人提拔成为朝廷高官，很快就把国家搞得乌烟瘴气，自己也死于叛乱之中。

此时距离他灭掉后梁，还不到三年时间。

李存勖的父亲李克用，死的时候只给他留下了河东根据地，后梁、契丹等一堆强敌。李璟即位的时候，继承的是一个强大的国家，疆域东到衢州、婺源,南到五岭,西到湖南,北到淮河,下辖三十多个州。

　　作为一个白手起家的人,李昇对得起后代。至于发扬光大还是守好基业,就看李璟的了。至少就那时而言,李璟的前程,看上去一切都很光明。

# 第三章 宴罢又成空

## 新手上路

李璟称帝没多久,就遇到了一个烦心事。事情的起因是他在皇宫中新建了一座高楼,兴高采烈地把大臣们召来观看。大家都心领神会,纷纷从各个角度夸这个楼盖得漂亮、气派。就在众人搜肠刮肚找形容词的时候,有人冷冷地说,"楼是不错,可惜楼下还差口井"。

李璟回头一看,原来说话的人是给事中(侍从皇帝左右,备顾问应对,参议政事)萧俨。他愣了一下,没反应过来,笑眯眯地问道,"爱卿,为什么还差口井?"

萧俨脸色肃然,"因为陈后主的景阳楼下有口井。"

李璟这才听明白萧俨的意思,犹如一盆冷水当头泼下,满心的欢喜瞬间变成滔天怒火。

原来萧俨说的是陈后主的典故。景阳楼始建于刘宋元嘉年间,位于六朝皇家园林"华林苑"内。景阳楼下有口井,名叫景阳井。

陈后主本名陈叔宝,是南北朝时期南方陈朝最后一任皇帝。陈朝,定都建康(今江苏南京)。陈后主即位时,隋朝已经统一了长江以北,随时挥军南下。陈后主却自恃长江天险,整天填音乐、写诗词、饮美酒、抱美人,尤其宠爱妃子张丽华。

彻底放飞自我,除了朝政,什么都花心思。

隋开皇九年(589),隋朝大军轻松渡过长江,大将韩擒虎率军攻克建康。陈后主无路可逃,想自杀殉国,又没这个勇气,最后只好带着张丽华和孔贵嫔三人躲到景阳井中。杀入宫中的隋军很快就发现了陈后主的踪迹,随后用一个大篮子把三人从井底拉了上去。

十多天后,陈后主及宗室、大臣被押往隋朝都城大兴(今陕西西安),沦为亡国之君。至于张丽华,则背上了红颜祸水的罪名,被下令腰斩于建康闹市。

据说张丽华被拉上来的时候,因为悲伤地哭泣,胭脂从脸上流下,沾满了井栏,景阳井又被后人叫做胭脂井。

这段历史,既有美女凋零,又有江山易姓,成为历代诗人的一个永恒不衰的话题。

杨备有首《景阳井》:

擒虎戈矛满六宫,春花无树不秋风。
仓皇益见多情处,同穴甘心赴井中。

李商隐也作诗《景阳井》感慨:

景阳宫井剩堪悲,不尽龙鸾誓死期。
肠断吴王宫外水,浊泥犹得葬西施。

意思就是景阳井到现在只剩下让人悲叹的故事了,当初两人海誓山盟,同生共死。结果张丽华在污水横流的街头香消玉殒,陈后主却苟且偷生,把江山送与他人。

平陈之后,隋文帝杨坚为了永绝后患,下诏"平荡垦耕"建康城邑宫室,昔日富丽堂皇的六朝宫城、府第名园、亭台楼阁等等,包括景阳楼在内,全部被夷为平地,辟作农田,供百姓耕种,数百年繁华就此烟消云散。

王朝的耻辱、城市的耻辱、个人的耻辱,最后全部浓缩到这口井里。

正因为此,景阳井被称为亡国之井、辱井。

萧俨把李璟新造的楼比喻成景阳楼,讽刺后者是亡国之君,其他人脸色吓得煞白,大气不敢吭一声。

自古以来,没有哪个皇帝愿意自己被称作亡国之君,偏偏那些"不懂事"的忠臣,总喜欢用这样刻薄的话来刺激皇帝。

萧俨,就是这样的忠臣。

萧俨为何如此偏激?

萧俨,吉州庐陵县(今江西吉安)人,从小就以神童闻名于乡里。十岁时,萧俨到金陵参加童子科的考试,顺利考中,从此开始步入仕途(十岁入仕,是神童中的神童)。

不过相对智商而言,他的情商并不高。史书上说他"为人方正,刚正不阿",用今天的话来说,就是他太讲原则。

他早先在刑部为官时,主要工作是复查大理寺(相当于最高法院)及全国各地上奏的案件,据说他断案之前,都要经过斋戒、沐浴、祈祷等一套琐细程序。凡是他断的案子,因为不徇私情,所有人都心悦诚服。

当初李昇主持杨吴国政的时候,曾经下令禁止买卖奴婢,认为这种事情是"压良为贱",必须革除,后来又以法律形式明确禁止。

没想到李昇驾崩之后,冯延巳、冯延鲁兄弟,为了自己可以买奴婢的私心,在起草遗诏的时候,故意加入允许民间买卖儿女的内容。

萧俨看到遗诏之后大惊失色,赶紧进宫去找李璟,说,"这肯定不是先帝的遗诏,当初冯延鲁担任东都留守判官的时候,就起过这样的心思,先帝特意来征求我的看法"。

李璟没想到还有这样的典故,漫不经心地问萧俨:"你怎么说的?"

萧俨正色道:"我对先帝说,您以前还是吴国宰相的时候,就从府库中拨钱赎买那些被卖的儿女,并归还给他们的亲生父母,四面八方的老百姓,没有人不仰慕您的恩德。如今您当了皇帝,却要反其道而行之,让穷人卖子女给富人做奴婢,合适吗?"

李璟不安地追问:"后来呢?"

萧俨露出后悔的神情:"先帝认为我说得很有道理,打算治冯延鲁的罪。我认为冯延鲁只是一时愚蠢,才有这样的想法,劝先帝暂且饶了他。"

李璟听了之后将信将疑:"奏章还在吗?"

萧俨肯定地说:"我曾亲眼看到先帝将冯延鲁的奏章斜封,并用笔在上抹了三道。请您派人到档案库去找,肯定还在。"

李璟连忙让人去找萧俨所说的奏章,果然真的找到了,而且与萧俨的描述不差分毫。然而让萧俨大失所望的是,李璟以先帝的遗诏已经颁布为理由,不肯更改允许民间买卖奴婢的政策,从此买卖人口的风气又在南唐蔓延开来。买卖人口的政策祸害极大,李璟为了庇护冯延鲁的私心,居然默许他窜改李昪遗诏,所谓国家大政如同儿戏。

不久,李璟被冯延巳忽悠,又做出了一个让朝廷内外震惊的决定:百官当中除了魏岑、查文徽等人可以向他当面报告外,其他大臣除非被召见,否则不得求见。

萧俨赶紧上疏,认为诏令荒唐,结果奏章如同石沉大海毫无回音。最后侍卫都虞候贾崇来到宫门口,一边磕头一边痛哭流涕,说:"我跟随先帝三十多年,他每天辛勤接待各种人,还担心会不了解下情。您才即位多久,依靠几个亲信,就想跟群臣隔绝往来?"

李璟一看事闹大了,迫不得已收回诏令,对出馊主意的冯延巳却一点处分也没有。

儒家的"圣王"标准是:节欲、纳谏、勤政、爱民。人总是情不自禁地对比前任和现任,随着李璟当政日久,萧俨心中累积的失望也越来越多。他郁闷地发现新皇帝不要说做不到"圣王",跟刚刚去世的李昪对比,差距也是很大,而且越看越像陈后主的翻版,就连兴趣爱好都很像:喜欢诗文音乐(任用善于文学的奸臣)、生活奢靡、大兴土木等。

所以他实在是忍无可忍,才不无刻薄地说出景阳井这个典故,修建高楼不过是个导火索而已。

李璟气归气,不可能真的杀了萧俨。萧俨的人品和能力有目共睹,他可以用激烈的话语劝谏皇帝,皇帝却只能竖起耳朵听,只有昏君才会杀忠臣。

李璟下令将萧俨贬官为舒州团练副使（舒州即今天的安徽潜山，一个半世纪后，苏轼生命中最后的一个官职，也是舒州团练副使）。给事中是正五品，舒州副使相当于从八品，萧俨从中央贬到地方，职级一下子断崖式下降。

在这前后，另一个经常直言不讳规劝李璟，以至于让他感到厌烦的大臣——常梦锡，也被找了一个过错理由，降职到池州担任判官。

唐太宗李世民曾经问魏征："当皇帝的怎样才会明智清醒，怎样就会愚昧糊涂？"

魏征的回答只有八个字："兼听则明，偏信则暗。"自古以来，能被称为明君的，都是那些广开言路的皇帝。如同做人一样，成功的人，也必然是能听各种意见的人。当初李璟刚刚即位的时候，老臣李建勋忧心忡忡地说："主上宽仁大度，优于先帝，但性习未定，苟旁无正人，但恐不能守先帝之业也。"

明着夸他性格宽仁，实际上暗示要有正直的大臣引导，否则很容易就被小人带歪。

似乎是为了验证李建勋所言，李璟即位以后，重用的都是那些夸夸其谈的文学之臣，赶走的都是那些敢犯颜直谏的骨干之臣。

任何朝代，敢于讲话的忠臣存在的意义，就是告诉皇帝什么能干，什么不能干。

因为只要是人，就会犯错误，或者追求安逸，或者知识欠缺，或者好大喜功。放到皇帝身上，就会给社稷造成伤害，甚至毁掉一个王朝。

如果皇帝身边，都是那些揣摩心意、曲意逢迎，既不能主动建言献策，也不能犯颜苦谏的大臣，那么随着时间的推移，错误只会越来越多，越来越严重。

此时的南唐，就像是一辆没有刹车，只有油门的车。坐在驾驶座上的李璟，假如一脚油门踩下去，等待他的将会是什么？

## 闽国内乱

南唐升元七年(943),疆域与今天福建省差不多大的闽国一分为二,变成了两个国家。闽国是十国之一,定都于福州,和南唐的前身杨吴一样,诞生于唐朝末年的天下大乱之中。

唐僖宗中和五年(885),唐僖宗从成都返回阔别整整四年的长安。尽管黄巢已于上一年兵败身亡,但天下依旧兵连祸结。这一年,光州固始(今河南信阳)的王潮兄弟三人带着老母亲投军,被裹挟渡过长江一路南下,摸爬滚打征战八年,最后成为大唐朝廷正式任命的福建观察使,据有七闽之地(福建古称)。

王潮死后,弟弟王审知继任。他在位长达三十年,"为人俭约,好礼下士",当中原大地山河破碎、战火纷飞的时候,偏远的闽国却是一派欣欣向荣。

杨吴顺义五年(925)十二月,王审知病死,长子王延翰继位。谁也没想到,闽国几十年的安宁岁月,也随之而去。统治闽国的王氏家族,在品尝到权力的滋味后,骨肉亲情不复存在,陷入了父子兄弟叔侄相杀的怪圈。一年后,王延翰的弟弟王延钧、王延禀(王审知的养子)举兵造反,即位不到一年的王延翰被杀,王延钧成为第三任闽王。杨吴大和三年(931),王延禀听说王延钧患了重病,觉得机会来了,带军队进攻福州,结果战败,父子双双被杀。杨吴大和七年(935),王延钧被自己的儿子王继鹏弑杀。

凡是靠篡位或者叛乱上台的人,永远不会相信别人的忠诚,哪怕是亲兄弟也不行。

王继鹏也是如此。他的叔父王延武、王延望(王潮的儿子)仅仅是因为名声好,又有才干,就被他找借口满门抄斩。堂弟王继隆只是参加宴席喝多了,也莫名其妙丢了脑袋。

他的叔父王延羲(王审知的小儿子)吓得装疯卖傻,几乎要去出家当道士,即便这样还是被软禁于家中。

除了骨肉兄弟,王继鹏也不信任父亲设置的禁卫军,策划另外建立一支嫡系亲军取而代之,不仅待遇和赏赐都比原先的丰厚,还计划把老的禁卫军打发到漳州和泉州。南唐升元三年(939),愤愤不平的老禁卫军在将领连重遇、朱文进鼓动下,发起叛乱并拥戴王延羲即位。王延羲下的第一道命令,就是将王继鹏、皇后李春燕及几个儿子、他的弟弟王继恭等一起处死。

前后十五年不到,闽国走马灯一样换了四任皇帝,而且全部都是死于非命,王家人杀起自己人的狠劲,真是让外人看得目瞪口呆。

王延羲即位后,把自己改名叫王曦。史书上说他骄奢淫逸,酷苛暴虐。

他的爱好不多,只有两个:喝酒、杀人。

他的侄子王继柔参加宴会,因为酒量不行,偷偷把酒倒了,被他发现之后,直接被拖出去斩首(喝多了被杀,喝少了也被杀,王家人参加酒宴的风险指数真是高)。

王延羲有次醉酒以后,认为宰相李光准不听话,下令把他拉出去斩首。负责执行的官吏挺机灵,心想万一皇上酒醒以后后悔了,岂不是拿自己抵命?就悄悄地把李光准关了起来。果不其然,第二天早上,王延羲酒醒了,召见李光准上朝议事,完全忘了前天晚上要杀他的事。

过了一段时间,王延羲召集宴席,酒过三巡之后,突然下令把翰林学士周维岳抓起来。这次下面执行的官吏有经验了,把牢房打扫干净,并安慰说:"上次宰相爷也住在这里,尚书大人您不必忧虑,睡一觉就没事了。"

王延羲酒醒以后,果然又忘了喝醉时发生的事。普通人喝酒多了发酒疯,顶多也就造成点破坏。这皇帝喝多了就要杀人,可把大臣们吓坏了,因为谁也不想成为被杀的那个。

有一天,王延羲又举行宴会,没喝几杯,陪侍的大臣一个个都谎称喝醉,纷纷找机会跑路,只有周维岳一个人留下来,继续陪他喝。

王延羲醉眼惺忪地说:"周维岳个子不高,为什么酒量很大?"左右有人说:"能喝酒的人,有专门盛酒的肠子,跟身高没关系。"

王延羲从没听过这个奇怪的知识,趁着酒劲,命人把周维岳揪拿下殿,要把他肚子剖开看一看酒肠长啥样。

随从吓坏了,赶紧劝他:"杀死周维岳,以后就没有人能陪伴陛下畅快饮酒。"

王延羲想想也对,周维岳再次逃过一劫。

王延羲不仅残暴,心眼也小。他出嫁女儿,把出席喜宴的名册要来看,发现有十二个大臣居然没来,下令全部抓到朝堂之上施以廷杖,统统打得死去活来,看看以后还有谁敢藐视朝廷。

王延羲各种荒腔走板的行径,让在建州担任刺史的弟弟王延政(王审知的第十三个儿子)感到忧心忡忡,就写信规劝他要有君王的样子,不要整天喝得醉醺醺的,无缘无故残杀大臣。

王延政的举动引起了王延羲的警觉:"你小子是不是看上我的皇位了?"

王延羲立即派亲信去建州,一则监视王延政,二则搜集黑材料。王延政眼看无路可退,干脆举兵造反。王延羲派统军使潘师逵、吴行真带领四万军队进攻建州,闽国内战爆发。

这一年是南唐升元四年(940),南唐烈祖李昪在位。

王延政看对方来势汹汹,心中没底,连忙派遣使臣向吴越国求援。吴越王钱元瓘早就想吞并闽国,这么好的机会哪能轻易放弃。他派大将仰仁诠、薛万忠统兵四万前去救援。还没等吴越援军到达,王延政已经袭杀潘师逵、大败吴行真,并乘胜攻取永平、顺昌二城,一举扭转局势。

王延政打了胜仗之后,请求吴越国撤军。但是吴越军队压根就不想走,他们干脆在建州城外扎营,完全不理会王延政的要求。

王延政慌了神,赶紧向王延羲求和称臣,"一笔写不出两个王字,先联手揍外人吧"。王延羲派遣军队协助,截断吴越军的粮道。正好长时间阴雨连绵,吴越军队粮食吃光,士兵们人心浮动,王延政抓住时机出兵袭击,击败吴越军队,光是俘虏斩首就有上万人。

赶走外敌之后,闽国再次陷入内战,兄弟二人打来打去,谁也吃不掉谁,"福(州)、建(州)之间,暴骨如莽",老百姓倒了血霉。

南唐升元七年(943)二月,王延政在建州称帝,国号大殷,宣布大赦、更改年号、册立皇后、任命百官,轰轰烈烈俨然一副开国新气象。

王延政这个所谓的皇帝,管辖的地区不过建州一地(一州五县)而已。就连唱戏的伶人也嘲讽,"只闻有泗州和尚(南唐烈祖李昪),不见有五县天子"。

王延政大概也知道自己的"殷国"拿不上台面,在与其他国家交往时,仍然以闽国藩镇的身份自居。历史上,这个小小的殷国,自然没有被列入"十国"之列。

南唐保大二年(944)正月,南唐皇帝李璟派使者送书信给王延羲和王延政,责备他们兄弟之间不该打仗。

南唐是大国,该给的面子还是要给。王延羲客客气气地复信,引用周公诛除管叔、蔡叔和唐太宗诛除李建成、李元吉做比喻。意思是家门不幸,出了为非作歹的兄弟,不得不清理门户。

王延政年轻,看到信就炸毛了。他在回信中反过来指责李昪父子是乱臣贼子,窃取杨吴的政权才当上皇帝,有什么脸来指责闽国。

"年轻人饭可以乱吃,话不能乱讲",王延政的态度彻底惹恼了李璟,立即下令与闽国断绝外交关系,仇恨的种子就此埋下。

三月,一场突然起来的变故彻底改变了闽国的政局,也推动历史走向了不同的轨道。禁卫军将领朱文进、连重遇,虽然杀了王继鹏,有拥戴王延羲的功劳,但内心深处毕竟惴惴不安。尤其是禁卫军指挥使魏从朗被杀,更是让他们的神经绷到了极点。魏从朗是朱文进、连重遇的心腹,王延羲在一次酒醉之后将其斩首,俩人怎么可能不紧张。

火药堆积如山的时候,自然不缺导火索。

朱、连二人的紧张情绪,很快就被一首诗引爆了。有天晚上,王延羲喝得酒兴正浓,对朱、连二人吟诵起白居易的诗:"惟有人心相对间,咫尺之情不能料。"

朱文进、连重遇吓得魂飞魄散,赶紧推开桌子痛哭流涕站起来叩拜:"臣子侍奉君父,哪能有二心!"

原来王延羲引用的是唐代诗人白居易的一首诗:《天可度·恶诈人

也》,开篇一句就是"天可度,地可量,唯有人心不可防。但见丹诚赤如血,谁知伪言巧似簧"。

意思就是天有多高,地有多厚都可以知道,唯有人心险恶难以防备。奸臣表面上慷慨激昂,实则都是巧言如簧。

按理说王延羲不该说这话刺激朱文进、连重遇,即便说了也可以装作大度,打一棍再给个糖,起码麻痹一下二人的不安之心。但他说完之后,就把脸掉转过去,完全不理跪在那里瑟瑟发抖的朱、连二人。

局势急转直下。

同样惴惴不安的还有皇后李氏,她妒忌尚贤妃受到王延羲的宠爱,担心自己的儿子王亚澄被废,于是悄悄联络朱、连二人,加入了阴谋集团。没过几天,李皇后的父亲李真假装生病,骗王延羲离开皇宫到府中慰问,朱文进、连重遇趁机将他刺杀,成为又一个死于非命的闽王。

朱文进、连重遇连杀两个闽王,觉得再扶持王家人已经没有意义。事后,他们召集百官到朝堂,宣告说:"太祖昭武皇帝开创闽国,现在子孙淫乱暴虐,上天已经抛弃了王氏家族,应该另外选择有德的人为皇帝。"

杀气腾腾的禁卫军就在朝堂之外,众人谁也不敢讲话。连重遇便把朱文进推拥上殿升座,率领群臣向北面再拜称臣。

朱文进自称闽主,下令把王氏宗族从王延羲的弟弟王延喜以下少长五十余人,全部处死。

与虎谋皮的李皇后,和她的儿子王亚澄也未能逃脱。

至此,除了建州王延政一脉以外,"开闽三王"的子孙几乎被屠戮殆尽。

## 得不偿失的伐闽之战

闽国发生内乱的消息传来,南唐朝廷围绕如何处置闽国之变,引发了争论。南唐承平日久,朝堂之中,大部分人不同意出兵干涉。反对的理由很简单也很难反驳:福建全是山区,不宜出兵。

只有中书舍人冯延鲁、查文徽等人,极力主张出兵。不久,南唐发生瘟疫,进攻闽国的事,也就暂且被搁置起来。翰林待诏臧循早年曾经在福建经商,熟悉山水地理,主动找到查文徽为其出谋划策。查文徽好不容易沉寂下去的心又开始澎湃起来,于是请求李璟任命他为江西安抚使,实地查看两国边界确定是否能够出兵,因为他想要通过一场征服敌国的战争来获得皇帝更大的恩宠。到任后不久,查文徽信心满满地上书李璟,表示只要出兵进攻殷国,就"一定能取胜"。

李璟热血上涌,早已把李昪临终前的嘱托抛到了脑后。他本人,也需要一场战争来获取更大的威望,进而稳固统治。双方一拍即合,很快就决定出兵伐闽。问题是计划永远赶不上变化,当查文徽出兵的时候,福建内部政治格局再次发生变化。

相比于篡位自立的朱文进,王延政更具有号召力。泉州将领留从效,漳州将领程谟等人纷纷杀掉朱文进任命的刺史宣布归顺,汀州刺史许文稹则是主动宣布投诚。

闽国五州,王延政已得其四,只差福州。

南唐军队进攻殷国的消息,还被王延政加以利用。他派人到福州散布谣言称,"南唐派遣军队入闽,帮助殷国消灭篡位的贼子"。

朱文进、连重遇困守福州无路可走,只得向殷军求和,并主动献上国玺。福州城内人心浮动,将领林仁翰等人,趁机发动兵变,刺杀朱文进、连重遇二人,打开城门邀请殷军进入福州。

南唐保大三年(945)正月,王延政宣布恢复国号为"闽"。不过王延政并没有迁都回福州,而是让侄子王继昌镇守福州,自己继续在建州抵抗南唐军队。

查文徽当初预定的作战计划是建立在闽国内战的基础上,建州的王延政全部兵力都在南面,北方实力空虚。如今闽内战结束,王延政可以毫无后顾之忧地集中全部军队,举全闽五郡(福州、建州、汀州、漳州、泉州)之兵力北上。他一番权衡之后,迫不得已只好撤退到建阳,等待后方调派援军。

查文徽收缩兵力的时候,闽军利用熟悉地形的优势,奇袭驻扎邵武的南唐军队。主帅臧循沦为俘虏,出师未捷身先死,被闽军押送到建州斩首示众。不久,祖全恩、何敬洙率领一万人的增援部队到达,南唐军士气大涨,大败闽军,王延政被迫退回城内固守。

没想到福州再次发生变乱,镇守福州的王继昌酗酒成性,不体恤将士,军队人心浮动,怨气冲天。

赋闲在家的前禁军将领李仁达偷偷联络对王继昌不满的人发动叛乱,杀死王继昌,占据了福州,自称威武节度使,并宣布隶属南唐。

李璟大喜,任命李仁达为威武节度使、同平章事(当初王审知的官职),并格外恩赐他改名"弘义",编入李氏族谱。

闽国国土狭小,仅以一省之地对抗国力雄厚的南唐,本来就是吃力无比。福州的分裂和叛变,更是让驻守建州的王延政失去后方。

在围困建州的同时,南唐军队先后数次击败泉州援军,并攻克了镡州(今福建南平)。

当初王延政以一州之地对抗王延羲,为了支撑战争消耗,王延政大肆横征暴敛,敲骨吸髓,老百姓恨之入骨,因此南唐军队进入福建境内的时候,老百姓争先恐后地迎接,并且主动带路。

这年八月,南唐军队终于攻克建州,闽王王延政出降。不久,汀州、泉州、漳州相继投降,王延政阖家被迁往江宁,占据福建长达五十三年的闽国就此亡国。

南唐君臣当中,两个人成为最大的赢家:李璟通过开疆拓土证明了自己,查文徽也得到了齐天高的军功。

但是南唐的统治地位并不稳固,其中最大的不稳定性就是福州的李仁达,他名义上归顺南唐,实则上是变相独立的割据势力。

南唐主力军队撤退后,他很快就找了一个借口,对泉州发起进攻,尽管未能攻克,但他图谋扩充势力的野心已经暴露无遗。

南唐一贯秉持以文驭武的传统,如何处置李仁达,朝堂之上再次发生辩论。

宋齐丘的亲信陈觉嫉妒查文徽的战功,自告奋勇提出去福州当说客,扬言不费一兵一卒,就可以劝李仁达放弃权力来朝廷任职。太傅兼中书令宋齐丘也随之附和,说陈觉可以胜任。

李璟任命陈觉为宣谕使,并准备了一个大礼包:封李弘义的妻子、母亲都为国夫人,同时给他的四个弟弟升官,并赏赐大量的金银财物。

陈觉兴冲冲一路南下来到福州,没想到李仁达所谓的归顺果然只是权宜之计。他当初在禁卫军沉沦下僚长达十五年,还没有任何被提拔的迹象,原本灰暗且没有前途的人生,却因为王延羲、王延政兄弟的内战而改变。

他好不容易才来到人生的顶点,而且眼前一片光明,怎么可能因为陈觉的几句嘴皮子,就轻易放弃呢?

陈觉灰溜溜地打道回府,走到镡州(今福建南平)时,想到当初夸下的海口,越想越不是滋味。他本来是打算趁此机会立个大功,作为往上爬的资本,没想到无功而返。他思来想去,决定干脆赌一把大的,于是伪造诏书,假传圣旨招李弘义入朝。

他自称代理福州军府事务,下令调动福建境内除了福州以外所有的军队,命令建州监军使冯延鲁率领,前往福州"迎接"李弘义。

陈觉假传圣旨擅自发兵的事传到江宁,朝野为之震惊,大臣们纷纷上奏李璟请求治罪。陈觉是宋齐丘的人,也是他推荐给皇帝,现在是一根绳子上的蚂蚱,宋齐丘只好硬着头皮站出来为陈觉辩解,"军队已经到了福州城外,即使斩了陈觉也无济于事,不如先增兵拿下福州再议罪"。

矫诏发兵这种事,等同于谋反,换了任何一个皇帝都不能容忍。李璟权衡一番后,居然同意了宋齐丘的建议,下令增兵福州,以永安节度使王崇文为统帅,漳泉安抚使、谏议大夫魏岑为东面监军使,冯延鲁为南面监军使。

事已至此,李弘义已经无路可退,只能放手一搏。但他以福州一个州对抗整个南唐在闽的大军,尽管取得不少小胜,防线还是在不断收缩,局势也一天比一天危急。

冯延鲁、魏岑、王崇文等各领兵数万,四面俱至,围城数匝,声动天地。当是有国以来,出师之盛,未之有也。到九月二十三日,福州城已被包围得水泄不通。可惜南唐军队看上去声势浩大,却缺乏统一指挥,王崇文是元帅,身份也很尊贵,他的父亲是跟随杨行密的三十六英雄之一,他本人娶了南唐烈祖李昪的妹妹广德公主。

陈觉、冯延鲁、魏岑都是下属而且非专业,本来打仗应该听王崇文的,但陈觉等人仗着皇帝宠爱,专横跋扈不听指挥,将领王建封、留从效也跟着阳奉阴违不听指挥。

这仗怎么打?

军队自然都是人心涣散,出工不出力。十一月,吴越国出兵干涉,李弘义更加坚定了抵抗南唐的决心。结果小小的福州,从南唐保大四年(946)八月开始围攻,一直持续到了南唐保大五年(947)三月,整整半年过去了,依旧未能攻克。

远在金陵的李璟期盼战报不得,日有所思,赋词《望远行》:

> 碧砌花光锦绣明,朱扉长日镇长扃。余寒不去梦难成,炉香烟冷自亭亭。
>
> 辽阳月,秣陵砧,不传消息但传情。黄金台下忽然惊,征人归日二毛生。

三月,吴越国的另一支援军沿海路抵达福州城外的白虾浦(今福州苍霞洲)。当时这里还是浦汊交错的海滩,遍地泥泞,海船无法靠岸停泊。吴越军队要上岸必须乘坐速度缓慢的竹排,聚集在这里的南唐兵不停地放箭,吴越军队死伤很多,一度打算放弃登陆。

战事如果一直这样继续下去,吴越军队只能打道回府。但历史在这里又开了一个玩笑,在岸边观战的冯延鲁突然产生了一个奇思妙想,"他认为福州之所以顽强抵抗,就是因为吴越国的外援给了他们希望。不如干脆把吴越军队放到岸上,一举加以歼灭,福州也就不攻自克"。

偏将孟坚反对说,"吴越军队远道而来,进退两难,只要我们不给他们上岸,迟早粮食断绝,军心浮动。现在他们初来乍到求胜心强,如果决战,未必能占到便宜"。

冯延鲁不理孟坚的意见,坚持要放吴越军队上岸。当吴越军队刚刚上岸,阵型混乱的时候,孟坚提议发起进攻,他再次拒绝。

最后,列阵完毕的吴越军队士气高涨,城中的李弘义军队也趁机杀出。南唐军队被杀得丢盔弃甲,孟坚英勇战死,冯延鲁率军队溃逃。

南唐维持了半年多的包围圈就此被打破,当天晚上,南唐将领王建封(当初第一个登上建州城墙)下令烧毁营垒全军撤退,留从效也跟着撤退,导致整个防线溃败,转眼间胜负易手,不久前还在等着进城的南唐军队兵败如山倒。

幸好王崇文亲自率三百亲军在后压阵,各部才稳住军心躲过全军覆没的命运。即便如此,吴越军和李弘义还是斩杀南唐士兵两万多人,缴获军资器械数十万件。

墙倒众人推,破鼓万人捶。纸老虎的本来面目一旦暴露,就没人会把它当回事。留从效回到泉州后,下令驱逐南唐驻军:"泉州的南面是岭南,蛮荒烟瘴、土地贫瘠,百姓贫苦、财力有限,实在没有多余的钱粮供应大军。"

李璟没有办法,只能默默吞下苦果,承认他对漳州、泉州的统治。

留从效是个很有眼光的人,他掌握实权后,做了两件大事:城建和招商。一是扩建唐朝的泉州城,二是开通商路。他在城内"开通衢,构云屋",招徕海外番商前来进行商贸。自此,泉州与东南亚、阿拉伯、非洲等地的海外贸易,逐渐进入繁盛期。泉州城内,货物充盈,商贸繁盛,呈现"云屋万家,楼雉数里"的繁华景象。在南宋绍兴年间,泉州市舶司每年收入就有近一百万缗,当时南宋王朝的全部税收收入不过四千五百万缗左右。到南宋末年,泉州港已然成为世界第一大港,这是后话。

年底,反复无常的李弘义策划谋杀吴越福州戍将鲍修让,再以福州投奔南唐,结果被鲍修让提前察觉,带兵将其诛杀,并夷灭李氏一族。

自此以后,福州被正式纳入吴越版图。

只有查文徽还没有放弃,他始终在关注福州的军情。当初李璟拒绝他在攻克建州之后乘胜进攻福州,让他的心中充满了执念。

一年多后,查文徽听到谍报称吴越军队要放弃福州,迫不及待地率领军队南下。可惜的是,在福州城外,他不听一起来的剑州刺史陈海劝阻,坚持带军队进入福州,结果遭到埋伏,全军覆没。

查文徽是对闽战争的最大推手,随着他的战败,南唐中枢心灰意冷,再也无心南下。

事后南唐与吴越交换俘虏,查文徽才得以回到南唐。在回国之前,吴越王设宴款待他,偷偷在酒中下毒,回国之后毒发,喉部损坏变成哑巴,过了十年才去世。

查文徽当初几乎以一己之力,推动南唐出兵闽国,打破了李昪长期坚持的不主动对外用兵政策。他本人也因为攻克建州,立下大功,被封为谏议大夫、建州节度使。对查文徽而言,他的人生高光时刻和至暗时刻前后相距不过两年。

伐闽之战轰轰烈烈打了三年,虽说略有收获,将建州(今福建建瓯)、剑州(今福建南平)、汀州(今福建长汀)纳入版图,但付出的代价是巨大的:劳而少功,国库耗半。

杜昌业曾任南唐兵部尚书兼判省事(负责政府的日常运转),后来外放到江州做观察使。南唐保大四年(946)十一月,伐闽之战结束的当年,杜昌业再次被调回朝廷任吏部尚书兼判省事。他查阅相关档案时,忍不住摇头叹息半天,说:"我这才离开几年,国库竟然消耗了一半,这还了得!"

世事无绝对,往往事在人为,很多事其实只是概率问题。人能做的,就是把握机遇。

李璟抓住闽国内乱的机遇,并没有错。但问题在于抓住机遇虽然能增大取胜的概率,却不等于决定结果,因为还有很多变数,需要随机应变,灵活处理,这才是最考验人的地方。

李璟最大的弱点是,所提拔重用的东宫旧臣,全部不堪大用。譬如陈觉,韩熙载曾经评价他,"志大才疏,嫉贤妒能"。

当初李昪仓促离世,中书侍郎孙晟等人对李璟的能力感到担忧,劝以贤淑著称的宋太后临朝听政。翰林学士李贻业搬出李昪的遗训"妇人与政,乱之本也",加上宋太后本人也不同意,这事才作罢。

李璟后来重用冯延巳、冯延鲁、魏岑等人,加上宋齐丘推荐的陈觉等人,未尝没有与朝中老臣对抗的用意。然而冯延巳等人以文学见宠,没有寸功可以作为根基,因此当闽国发生内乱的时候,才会积极鼓动发动战争以图建立军功。让人扼腕的是,争功争到最后,一个个走火入魔,先有陈觉假传圣旨,再有冯延鲁瞎指挥,最后是查文徽自投罗网。

按理说,陈觉、冯延鲁所犯的错误都是死罪。尤其是陈觉,假传圣旨,更应该是灭族的弥天大罪。

然而李璟最后只是高高举起轻轻放下,陈觉、冯延鲁被流放蕲州(今湖北黄冈)、舒州(今安徽潜山)而已。

韩熙载认为处罚太轻,上疏抗议道:"陈觉、冯延鲁两人罪大恶极、死有余辜,仅仅是宋齐丘、冯延巳为他们求情,就予以赦免。擅自发兵的人不处以极刑,就会有大臣在边疆生事,导致全军覆没的人不处以极刑,以后就没人再拼死作战。"

结果李璟左耳朵进右耳朵出,反而是慷慨上书的韩熙载,被宋齐丘找借口贬斥为和州司士参军。

成也用人,败也用人。为人君者,最重要的能力就是用人。用人,最重要的原则就是赏罚分明。从冯延巳、冯延鲁兄弟篡改遗诏,到陈觉假传圣旨,无一离不开李璟的默许与纵容。当初李建勋的担忧,如今一一成为了自我实现的预言。

欧阳修在修《五代史》的时候,不由得感慨,"自古乱亡之国,必先坏其法制,而后乱从之。此势之然也"。意思就是,自古以来,凡是陷于动乱、灭亡的国家,一定是法制先被破坏,然后动乱才跟随而起,这是势所必然的。

不过,这只是后人的感慨。

宴罢又成空,梦迷春睡中。此时的李璟还沉迷在攻伐闽国的业绩中,全然不会想到因为用人失误带来的苦果,此时只不过刚刚开花结果而已。

当它真正成熟时,却会大到无法下咽。

# 第四章　回首绿波三楚暮

## 北方巨变

南唐保大四年(946)十二月,南唐军队围困福州的时候,中原地区发生巨变:立国才十二年不到的后晋亡国了。此前一年,后晋"儿皇帝"石敬瑭病死,侄子石重贵即位。后晋和南唐,一北一南两个最大的国家相继迎来第二任统治者,进入了所谓的"瓶颈期"。

这两个国家统治者的作为,无疑牵动着"五代十国"政局的走向。在南方,李璟改变了其父李昪在位期间的和平政策,出兵伐闽,闽国不复存在,国土一分为三:南唐、吴越和留从效(表面向南唐称藩)各得其一。

在北方,年轻的石重贵不满臣服契丹的国策,在侍卫亲军都指挥使景延广的鼓动下,向契丹的权威发起了挑战。当初后晋高祖石敬瑭为了换取契丹支持,向其称儿皇帝,每年进贡三十万金帛,并割让燕云十六州。石重贵甫一登基,就提出要对契丹国主改称呼:只称孙,不称臣。他让契丹使者带话给耶律德光说,"先帝是契丹所立,现今皇上则是中国自己册立,为邻邦为晚辈则可,决无为臣之理"。

太阳底下没有新鲜事,好大喜功的皇帝手下,一定有不少热衷于钻营的奸巧之徒。掌控朝中大权的景延广,更是让契丹使者带话给契丹国主耶律德光,《旧五代史·卷八八·晋书·景延广》载:"晋朝有十万口横磨剑,翁若要战则早来,他日不禁孙子,则取笑天下,当成后悔矣!"

意思就是,老家伙你想打就早点放马过来,晋朝有十万善战之士,打输了被天下人耻笑可别后悔。

言语的不逊意味着利益的挑战,耶律德光大怒,发兵进攻后晋,战事持续数年,双方各有胜负。南唐保大四年(946)十二月,契丹国主耶律德光再次率大军南下,后晋大将杜重威(石敬瑭的妹夫)率领晋军主力在真定(今河北正定)滹沱河与契丹沿河对峙。双方僵持不下之际,契丹国主耶律德光带信给杜重威,哄骗他只要投降,就可以让他当中原皇帝。杜重威利欲熏心,居然信以为真,率领后晋军队投降。契丹军队在降将张彦泽的带领下,偷渡白马津(今河南滑县),轻松攻克几乎没有兵力防守的大梁(今河南开封),后晋末帝石重贵与太后李氏沦为俘虏,后晋灭亡。

南唐保大五年(947)正月初一日,契丹主耶律德光以中原皇帝的仪仗进入开封,在崇元殿接受后晋百官朝贺。二月初一,耶律德光穿着汉人天子的冠冕,登大梁皇宫正殿,接受契丹、汉百官朝贺,宣布大赦,下诏建国号为"大辽"。

虽然耶律德光本意是赖在开封当皇帝,但契丹军队到处大肆烧杀掳掠,导致中原地区生灵涂炭,激起了汉人的强烈反抗,"杀、逐契丹官吏、军卒"。耶律德光仅仅在开封做了一个月的皇帝,就待不下去了。他北返的时候,带走了后晋降官数千人,宫女、宦官数百人以及后晋国库所有财物,提前上演了一百多年后"靖康之耻"的场景。

景延广也沦为俘虏,耶律德光讥笑他:"你的十万横磨剑呢?"景延广无言以对,在被押送北上的路上,他用手扼死了自己,总算死得像条汉子。

石重贵被关押在建州(今辽宁朝阳),以耕种为生。此后在冰天雪地的北方,又度过了二十七年屈辱的俘虏生涯,一直到北宋开宝七年(974)才病死。

《道德经》中说"知人者智,自知者明"。一个人,知道自己不能做什么事,可能是比知道能做什么事,更为重要的认知。所谓的志大才疏,就是一个人追求的目标,超出了自身的能力范围。

纵观历史,隋炀帝杨广、后晋出帝石重贵等等,都是志大才疏的典型,他们的共同特征就是只花了很短的时间,便摧毁了一个原本看似牢固的强大王朝。

李璟能不能带领南唐顺利度过瓶颈期呢?

当初李昇以"唐"为国号,国策自然要以恢复中原为号召,"中原忽有变故,朕将投袂而起,为天下倡"。他去世之前,特地叮嘱李璟:"吾死,善修邻好。北方有事,不可失也。"意思就是要他跟邻国搞好关系,时时刻刻盯住北方,等待机会。契丹入主开封,意味着南唐等待多年的机会终于来了。

此时的中原,民声沸腾,人人思变。不仅有后晋密州(今山东诸城)刺史皇甫晖、青州刺史王建这样的封疆大吏,不甘心臣服异族,带领军民南下投奔南唐。淮河以北自发起来抵抗契丹的义兵也纷纷向南唐效忠。

可以说,打着大唐旗号的南唐政权,此时只要登高一呼,出兵北伐,必然应者如云,成为改变混乱局势的关键力量。

韩熙载也上书称,"陛下有经营天下之志,当在今时,若戎主遁归,中原有主,安辑稍定,则未可图也"。

这意思相当于说,现在有个大皮夹子掉地上,你赶快去捡,要不就被别人捡走了。

可惜的是,南唐此刻已经在福州城外押上了大部分兵力,根本抽不出来力量北上逐鹿中原。李璟只能叹息着说,"闽役惫矣,其能抗衡中原乎?"

旷日持久的福州之战,南唐军队进退失据,从上到下疲惫不堪,只想着赶快攻克福州,哪有精力再去北上?

几个月之后,耶律德光北归的消息传到江宁,朝野振奋,李璟下诏称,"我们无时无刻不在眷念中原,那里才是本朝的故土。"尽管南唐军队刚刚在福州遭到惨败,李璟还是下诏命令忠武节度使李金全(吐谷浑人,后晋大将,骁勇善骑射,南唐升元四年,即940年率部南下,被李昇任命为润州节度使)为北面行营招讨使,准备带领军队北上。

南唐还在布置的时候,北方再次传来消息:后晋河东节度使刘知远早已于二月十五日在太原称帝,并在六月份进入大梁,建都于此并改国号为汉。

机会是命运给的,可这个机会并不是对每个人都平等。

刘知远抓住了,李璟没有。

几个月前,耶律德光灭亡后晋,李璟派使者前往开封谒见,请求允许派人回长安祭祖,遭到拒绝。对于继承大唐国号,以恢复中原为号召的南唐来说,契丹入主中原引发的混乱,是南唐唯一一次能够扭转国运的机会。随着后汉的建立,历史运转的轨道开始转向另一个方向。

刘知远早年只是后唐庄宗李克用麾下一名普通军卒,因为曾经在战场上救过石敬瑭的性命,被后者提拔为亲军。此后凭借军功一路提拔,成为领有一方藩镇的河东节度使。

后晋的突然灭亡给了刘知远登上皇位的机会,然而朝廷百官都被耶律德光掳掠北上。他进入开封的时候,只是接手了一个空架子朝廷而已。朝堂空空如野,重要职位的大臣,只能由他军队中的将领就地转任,其中绝大多数又都是些蛮横无知、贪暴残酷的大老粗。比如担任宰相的苏逢吉,就以嗜杀闻名。他早年在刘知远帐下为幕僚时,刘知远过生日,命令他"静狱",意思是要他释放囚犯,为自己祈福。他却不管三七二十一,下令把全部囚徒统统处死。

刘知远平定河南的时候,下令盗贼不管偷盗多少都处死。到了苏逢吉这里再次加码变成,"盗贼全族,盗贼的邻居全族,一起处斩"。凡是听说的人都很震惊,跟他辩论说:"即便是盗贼也不能全族处斩,何况是邻居呢?"苏逢吉这次总算听取别人意见,勉强去掉"全族"两字,但因此被杀的无辜百姓还是成千上万。

刘知远在位只有一年就死了,他的儿子,年幼的后汉隐帝刘承祐即位。刘知远在世期间还能凭借自己威望压住部下,他死了以后,这些人愈发专横跋扈,在朝堂之上大呼小叫,吵到激烈的时候,甚至拔刀相向。尤其是杨邠、史弘肇二人,经常不把年轻的刘承祐放在眼里。他俩议事的时候,直接叫刘承祐闭嘴。

正处于青春叛逆期的刘承祐怒火中烧,加上身边亲信的挑唆,于是在朝堂之上埋伏刀斧手,一口气杀了杨邠、史弘肇、王章三人(分别是吏部尚书、禁卫军统帅、三司使)。接着又派人去诛杀镇守邺都的郭威,反而激起后者造反。

郭威率领叛军击败后汉禁军,并攻克大梁,后汉隐帝落荒而逃,途中被乱兵所杀。

南唐保大九年(951)年正月初五,郭威在开封称帝,国号周。

后汉属于典型的武夫当国,是五代当中最残暴的政权,因此也成为五代十国里最短命的政权。从建立到灭亡,前后经历两个皇帝,不过才区区三年时光而已。

年轻的赵匡胤也跟随郭威军队进入开封,这一年他二十四岁。三年前,赵匡胤闯荡江湖,夜宿襄阳一座寺庙,偶遇一个老和尚。老和尚掐指一算,告诉他功名富贵都在北方。第二天,赵匡胤即一路北上,最终投奔后汉枢密使郭威帐下,成为一名职业军人,从此跟随郭威四处征讨,屡立军功,直到再次回到大梁。

混乱不是深渊,而是往上爬的阶梯,尤其在乱世更是如此。五代十国混乱的局势,为赵匡胤这样的人搭好了舞台,提供了崛起的条件。未来的岁月里,赵匡胤和其他人将纷纷登台,一决高下。直到最后,胜者为王。

郭威建立后周,论功行赏,赵匡胤被任命为滑州(今河南滑县)副指挥使。这一年,李煜还是个十四岁的少年,生来便是帝王之家,从小锦衣玉食,尤其是他的爷爷李昪去世以后,更是日益靡华豪奢。

为什么要刻意强调李昪去世以后?

因为李昪是一个节约到了抠门地步的人,与其说是皇帝,还不如说是苦行僧。他穿的鞋子用蒲草编织而成,平时用铁盆洗手洗脸。夏天蚊子多,人人都要用蚊帐,宋元之前,棉花还没有推广,帝王之家都是用轻薄的丝绸蚊帐,"云鬓花颜金步摇,芙蓉帐暖度春宵"。然而李昪却用青葛(一种蔓草)制成的蚊帐,透气效果跟丝绸蚊帐完全不可同日而语,他却乐在其中。

唐朝的时候,蜡烛属于奢侈品,只有达官贵人才能使用。李昪的皇宫中,到了晚上甚至连蜡烛也舍不得点,而是用便宜的乌桕籽油灯照明。甚至就连宫中的宫女,李昪都是用又老又丑的。

李璟当太子的时候,想要用杉木也被拒绝,理由是用竹子就可以代替了。李昪还不肯大兴土木、修建宫室,一直住在金陵府衙里,登基之后就把这里当成了皇宫。当初为了迎接吴帝迁都金陵建造德明宫的时候,发现了陈后主宫中的太湖石,于是搬来作为假山群。

随着李昪的去世,节俭的生活状态戛然而止。

李璟本身就是一个懂得享受并喜欢享受的人。

他最大的爱好除了赋诗,便是饮酒。万事悠悠付杯酒,即使未能进行"北伐",李璟还是经常召集弟弟们和群臣一起饮酒赋诗,互相唱和,往往直到夜阑方归。

李煜的少年时代恰逢这种奢华安逸的宫廷生活,彼时他是受人尊敬的皇子,无忧无虑,红衣翠盖,人生永远都是这样的少年时光该有多好啊,就像《后庭花破子》:

玉树后庭前,瑶草妆镜边。
去年花不老,今年月又圆。
莫教偏,和月和花,天教长少年。

可惜世间所有的美好,都是有代价的。李煜此时还不知道,终有一天,他将会与那个叫赵匡胤的人面对面,而他现在所经历的种种美好,都将用尽余生去怀念而不可复得。

## 竹篮打水一场空

唐昭宗天祐四年(907),朱温在开封称帝,建立梁朝,史称后梁。这一年,杨吴宰相徐温发动政变控制朝政,割据湖南的军阀马殷被朱温封为楚王。

马殷年轻的时候,是个木匠,因为唐末的天下大乱,起于草莽之间,成为割据一方的诸侯。史书说他"宽厚大度,部下都愿意为他卖命",他统治湖南后,与民休养生息,"遂至一方富盛"。

杨吴顺义七年(927),徐温病逝。同年,后唐封马殷为楚国王。马殷称王后,改潭州为长沙府,以为国都,并在城内修宫殿,置百官,成为五代时期的十国之一。为了区别于历史上的楚国,这个疆域以湖南为主的小国,又被叫作马楚(南楚)。

当了两年楚王后,马殷病逝,享年七十八岁。

马殷一辈子生了三十多个儿子,其中有名有姓的十五人。儿子生儿子,他死的时候,子孙已经有八百多人。古人说多子多福,但在帝王家庭却未必如此。因为权力就像毒药,可以腐蚀一切人间亲情。在未来的岁月里,多子多孙的马氏家族内部将一再上演充斥着阴谋、背叛、毒药和杀戮等情节的内斗。

当然马殷并不知道这些,他对这么多儿子都一视同仁,并为马楚的权力继承定下规矩:兄终弟及。似乎是担心儿子们不遵守规定,他特地拿出一把大宝剑:违吾命者戮之!他的长子热心修道炼丹,觉得当楚王会耽误自己修仙,"弃官为道士,居于家"。次子马希声继位,两年后,马希声死去。马殷的四子马希范继位,他掌权不久,就囚禁了同母弟弟马希旺,毒死了另一个颇得民望的弟弟马希杲。

马希范在位十六年,折腾了十六年。他在长沙大兴土木营造各种奢侈豪华的宫殿,因为财赋不足又大肆搜刮民脂民膏,搞得楚地上下不安。

南唐保大五年(947),马希范病死。这一年,南唐挫败于福州城下,耶律德光在大梁称帝。马楚的祸乱,也开始了。

马楚国内围绕谁能继承王位,分成了两派:有人拥立马希范的一母同胞弟弟马希广为楚王;有人捧出马殷的遗诏,认为应当坚持兄终弟及,这样的话,就应该拥立年龄最长的马希萼继位。

两年后,马希萼率先挑起了内战,他征发朗州(今湖南常德)的丁壮从军,号称"静江军"。

被权力欲望冲昏头脑的马希萼不知道,如果马希广不是那么心慈手软,他那点乡军压根不是正规军的对手。每次他快要被打败的时候,马希广都要叮嘱带兵的将领,"不要伤害我的哥哥"。

马希萼的老婆看着老公被打成光杆司令,哭着说,"灾祸就要降临了,我不忍心看到",并投井自杀。此时的马希萼就像赌场上已经输得一无所有,两眼发红的赌徒,为了扳回赌本,已经不惜一切代价。

他写信给山中的蛮族,邀请他们出兵进攻潭州,并承诺可以随便抢劫潭州城内的国库。他还向后汉隐帝刘承祐上书,请求赐给自己与哥哥一样的官位。遭到拒绝后,又写信给李璟,以向南唐称臣为代价,换取南唐出兵帮他进攻哥哥。

为了称王,名(向南唐称臣)可以不要,利(潭州国库)也可以不要,马希萼几乎许尽了空头支票。

马希广终于决定不再容忍这个哥哥,命令长直都指挥使刘彦瑫率领一万精兵,战舰一百五十艘,与马希萼主力在益阳决战。同时趁其后方大本营朗州城防御空虚,派马军指挥使张晖率骑兵偷袭朗州城。一旦得手,双方前后夹攻,马希萼军队必定不战自破。

朗州境内的老百姓由于马希萼连年征战搞得苦不堪言,看到刘彦瑫的军队后,都主动箪食壶浆以迎王师。马希萼得到消息后,也率领朗州军和六千蛮族军队、战舰一百艘,逆流而上。

双方在沅江发生大战,刘彦瑫趁着风势发起火攻,结果没烧多久,风向转变,反过来把自己的战舰烧得一干二净。战斗结束后,马楚政府军几乎全军覆没,刘彦瑫仅率数百名残军逃回长沙城。张晖听说刘彦瑫失败后,放弃进攻朗州,率军退守益阳。不久,马希萼派军队来进攻益阳,张晖临阵脱逃,守军九千人全军覆没。

这一仗,打得马楚政府军元气大伤。马希萼军气势大涨,乘胜追击,进攻岳州,守卫岳州的刺史王赟既忠心又有能力,马希萼围攻多日不克,转而焚掠湘阴,进逼潭州。

南唐保大八年(950)十二月末,马希萼对潭州发起总攻。出乎马希广意料的是,他寄予厚望的马希崇、许可琼早就蓄谋出降。马希崇是马希广的同母弟弟,当初马希萼起兵造反就是他私下鼓动的结果,内战期间,他又多次故意散播流言。有大臣建议马希广将其处死,马希广不忍心。就这样一个怀有二心的人,马希广居然还任命其为监军。

许可琼是开国元老许德勋的儿子,早就私下和马希萼达成协议,共同推翻马希广,平分湖南。这俩人,一个是赌徒心理,什么都敢承诺;一个是利欲熏心,什么都敢相信。既然有了内应,潭州城的失陷也就没有任何悬念可言。

史载,朗州兵和蛮族兵攻入潭州后大肆掳掠三天,杀人、抢劫、放火。马殷以来,历代楚王积攒的财富,修建的宫室,全部烟消云散。

马希广无路可逃,被马希萼下令勒死。

马希萼这个赌徒如愿以偿当上了楚王,但他的能力实在不能恭维。他不仅睚眦必报,动不动杀以前得罪过他的人,还把政事委托给弟弟马希崇,自己昼夜荒淫于酒色不能自拔。

马希萼能够打败马希广,主要靠的是朗州军和蛮族,攻克潭州后,蛮族抢得盆满钵满,心满意足回去了。帮他打江山的朗州军却成为了"工具人",不仅不能享受,还要做苦力重建被焚毁的宫室,日夜劳作,既无赏赐,任务又重。老兵们纷纷怨气冲天,"我们出生入死帮你打下江山,你却把我们当死囚奴役"。

一番合计之后,朗州静江指挥使王逵、副使周行逢率军队造反,一路杀回朗州,废黜朗州留后,马希萼的儿子马光赞,拥戴马光惠(马殷长子的儿子)为节度使。马光惠为人"愚懦嗜酒,不能服诸将",很快又被废黜,押送南唐。辰州刺史刘言被乱兵拥立为主。

在潭州,局势也日益混乱。马希崇发现马希萼是个扶不起的阿斗,就发动政变推翻马希萼,将其送往衡山(今湖南衡山)软禁。没想到马希萼不久又咸鱼翻身,被马希广的强弩指挥使彭师暠拥戴为衡山王,与马希崇对抗。

如此一来,又变成了马希萼与马希崇的对峙,由于此时朗州军已经置身事外,双方均感觉实力不足以灭掉对方,于是同时向南唐求援。

就像当初闽国内乱一样,南唐趁着马楚内部手足相残的机会,发起了伐楚之役。熟悉的配方,熟悉的味道,只不过对象从闽国变成了楚国。

早在二月份,被马希萼所派、出使南唐的刘光辅就悄悄密报李璟,称

"湖南百姓疲惫不堪,君主荒淫骄奢,可以轻易攻取"。

不久,李璟就任命洪州营屯都虞候边镐为湖南安抚使,秘密统率军队驻扎在紧邻楚国的袁州(今江西宜春),密切关注马楚内部局势变化,捕捉出兵时机。

南唐保大九年(951)十月,南唐出兵了,分水陆两路同时发起进攻。陆路由边镐率领,从袁州进逼潭州。十天后,南唐军队进入醴陵(今湖南醴陵市),马希崇请降,南唐军队兵不血刃取得潭州。

水路则由南唐武昌节度使刘仁赡率领,总共有两百艘巨型战舰,浩浩荡荡杀向岳州,一路"招降纳附",主打攻心战,效果很好,楚国军队纷纷缴械投降。

马希萼看南唐军队这么快就拿下楚国,请求李璟册封自己,没想到不仅李璟压根就没打算撤军,而且楚人也不愿意马氏家族卷土重来。马氏兄弟之间打了几年内战,导致湖南发生大饥荒,饿殍遍地。边镐进入潭州后,把马氏积攒的库粮全部拿出来赈济灾民,楚人更加对南唐心悦诚服,痛恨马楚王室。

不久,南唐任命边镐为武安节度使,并征召马希萼、马希崇等及马氏家族成员到江宁。马希崇试图贿赂边镐,边镐不仅没要他的钱,还给他好好上了一课,"我们南唐(包括杨吴的历史),与你们马楚互相仇视,已经长达六十多年。如果不是你们兄弟之间打仗,我们哪能找到合适的机会进攻。若是始终三心二意,恐怕有不测之忧"。

马希崇想想也是,正是自己引狼入室,确实无话可说。几天后,马希崇与宗族子弟、将佐上千人,在明晃晃的刀枪环伺下,流着眼泪登船,岸边送行的也哭。最后,船上岸上哭成一片,哭声"响彻山川"。

到了江宁,朝见过李璟以后,李璟任命马希萼为江南西道观察使,镇守洪州(今江西南昌),赐爵为楚王。任命马希崇为永泰节度使,镇守舒州(今安徽潜山)。

数年后,马希萼病死,马希崇被调到扬州,后周柴荣南征的时候,马氏兄弟十七人一起投降,再次被迁移到开封。统治湖南几十年的马楚政权,只不过延续了两辈人,成为又一个未能度过瓶颈期的王朝,就这样作鸟兽散,消亡得无影无踪。

此时的南唐,版图扩张达到巅峰,几乎占有全楚之地,加上之前伐闽所得,据有今江西全省,以及安徽、江苏、福建、湖北和湖南大部。

李昪若是地下有知,大概也会震惊当初这个不被自己看好的长子,居然能打下如此之多的家业。

可惜的是,边镐没有能力管好新纳入的湖南。他既没有能力驾驭飞扬跋扈惯了的楚国旧将,平时还整天盛修佛事,吃斋焚香,几乎不理政事。行营粮料使王绍颜克扣楚国降卒的口粮,激发兵变。所有人都建议杀王绍颜安抚乱兵,结果边镐坚持不肯,更加激起军中不满。

奉节指挥使孙朗、曹进趁机鼓动军队称,"我们跟随咸师朗投诚南唐,没想到不仅不增加赏赐和俸禄,还要减少,不如杀掉边镐和王绍颜,率领军队投奔北方,荣华富贵唾手可得"。于是在孙朗、曹进的煽动下,楚国降卒发起叛乱,因为人少不能成功,举众投奔原先楚国的朗州静江指挥使王逵。

因为孙朗等人透露潭州虚实,仅仅一年不到,原先归降的楚国将领王逵等人再次兴兵叛唐。南唐保大十年(952)十月,降将刘言从朗州(今湖南常德)起兵,先后攻克沅江、益阳,进抵潭州(今湖南长沙)城外。潭州守备空虚,边镐弃城而逃,军民互相踩死的有上万人之多,南唐道州刺史廖偃死于乱军之中。湖南各地的南唐将领,听说潭州失守,边镐不知所踪的消息后,纷纷弃城逃回南唐境内。

南唐得手才一年不到的楚国故地,眨眼间就丢得干干净净,简直令世人跌破眼镜。当初灭闽之战,尽管得不偿失,但毕竟得到数州之地。此次伐楚,损兵折将、劳民伤财不说,居然连尺寸之地都没有得到。

此前马楚国灭亡之前,有童谣唱到,"马去不用鞭",结果李璟用边镐治理楚国,酿成无法弥补的大错。

遥想得而复失的楚地,李璟写下了著名的《山花子》

　　手卷真珠上玉钩,依前春恨锁重楼。风里落花谁是主?思悠悠。

青鸟不传云外信,丁香空结雨中愁。回首绿波三楚暮,接天流。

这一年,南唐司徒李建勋去世,享年八十岁。他是陇西人,出生于唐朝末年,活过了漫长的岁月,目睹了唐朝、后梁、后唐、后晋以及杨吴的灭亡。李璟即位后,各种乱象尤其让他忧心忡忡。他做出各种不祥地预言,最后总是被他一一言中。

他去世的时候叮嘱家人,"世道到了如此的地步,我能寿终正寝,不经历亡国之祸,已经很幸运了!我死之后,千万不要在坟头封土立碑,任凭别人在坟上耕种,免得以后被盗墓贼盗墓"。

家人面面相觑,南唐虽然因为攻打闽国、楚国失败,折损了不少财力和兵力,但李昪留下的根本并没有受到影响,谁能预料南唐已经时日无多。

当众人还活在盛世的幻象中,没有意识到风暴已经在天边酝酿的时刻,只有个别清醒的人最为焦虑,这不是唱衰,而是发自内心的恐惧。

李建勋的最后一次预言并没有等太久,仅仅隔了二十多年,南唐亡国时,金陵城外很多权贵的坟墓几乎被吴越军队盗掘一空。唯有他的墓,因为无人知晓位置所在而逃过一劫。

## 李煜大婚

南唐保大十二年(954),十七岁的李煜成婚了。新娘是开国老臣周宗的女儿——周娥皇。周宗是广陵人,史书说他"少遇乱,孤穷"。周宗生于唐僖宗乾符三年(876),他的少年时期恰逢唐末乱世。广陵城内最惨的时候,饥民互相残杀充饥,丈夫将妻子、父亲将儿子卖给屠宰场,被卖的人则如同猪、羊一样被屠夫宰杀。

他在这期间沦为孤儿,也正因为这样的背景,又被同病相怜的李昪收入府中。周宗办事能力突出,人也机灵,逐渐成为李昪身边的亲信之一。

周宗一生中,最突出的两件功劳就是助推李昪、李璟父子二人登基。

当初李昪想要篡位,但是吴皇杨溥又没有什么过失可以作为理由。他担心强行让杨溥退位众人不服,犹豫着想等杨溥之后的皇帝继位再行禅让。宋齐丘等人也认为时机还不成熟,朝中大臣尚未完全归心,特别是当初跟随杨行密的一批元老。可是时光不饶人,李昪发愁没人领会自己的意图,正在一筹莫展之际,到底还是周宗机灵,揣摩到了他的心思。

有天早上,李昪照着镜子,用镊子拔已经发白的胡须,不由得叹口气说:"国家安宁,可是我也老了,怎么办呢?"周宗听了这话之后,顿时心领神会,从李昪府中出来,立即快马加鞭赶往广陵,暗示吴皇杨溥早日顺应形势,禅让皇位给李昪。

李昪得知消息后,装作"大吃一惊",把周宗贬官处理。不过有了周宗第一个"吃螃蟹",其他人也反应过来,节度副使李建勋、行军司马徐玠纷纷上奏杨溥,请他早日顺应民众的期望,主动禅位给李昪。

几个月后,李昪顺利登基,周宗成为第一大功臣,再次被提拔进朝廷,此后仕途顺利,一路做到枢密使。

李璟还没有即位的时候,外有孙晟等人要宋太后临朝听政,内有他本人再三推让,要让位给弟弟。关键时刻,还是周宗出马,强行给李璟穿上天子的衮冕,这才顺利登基,消弭政治危机于无形之中。

李璟让儿子娶周宗之女,本意只是一场政治婚姻,既可以笼络重臣,又可以让李煜将来在朝中有所依靠。没想到,这反而让两个充满文艺气质的人走到一起,从而促成了一段爱情佳话。

两人一见倾心,多年以后,李煜深情回忆道:"鬓云留鉴,眼彩飞光。情澜春媚,爱语风香。瑰姿禀异,金冶昭祥。"意思就是:周娥皇一颦一笑,艳冠群芳。鬓发如云,明眸善睐。情动如春回大地,语出若风过花间。丽质天生,尊贵安详。

南宋诗人陆游在《南唐书》中记载,"(娥皇)通书史,善歌舞,尤工琵琶"。意思是说她不仅有学问(书、史),有专业(歌、舞),还有特长(琵琶弹得尤其好)。

琵琶弹得好可不简单,琵琶最早起源于西域,是一种马上弹拨的乐器。到了唐朝,琵琶特别流行,上至王公贵族,下到平民百姓,一边是美酒畅饮,一边是琵琶伴乐。不要说京都长安处处可闻琵琶声,就连白居易贬谪到九江,还引出来一个千古名篇《琵琶行》。

据说凡是听过周娥皇弹奏琵琶的人,都能情不自禁地想起白居易在《琵琶行》里描绘的意境:

> 大弦嘈嘈如急雨,小弦切切如私语。嘈嘈切切错杂弹,大珠小珠落玉盘。间关莺语花底滑,幽咽泉流冰下难。冰泉冷涩弦凝绝,凝绝不通声暂歇。别有幽愁暗恨生,此时无声胜有声。银瓶乍破水浆迸,铁骑突出刀枪鸣。曲终收拨当心画,四弦一声如裂帛。

李璟有次寿宴,娥皇为其祝寿,演奏的琵琶曲让深谙音律的李璟也拍案叫绝,赞叹不已,为此将宫内珍藏的烧槽琴赏赐给她。

烧槽琴即焦尾琴。中国古代有"四大名琴",分别是齐桓公的"号钟"、楚庄公的"绕梁"、司马相如的"绿绮"和蔡邕的"焦尾"。跟另外三张琴相比,"焦尾"琴名直白无华,但其身世非同寻常,因此琴系东汉蔡邕所创制。

据说是吴地(今江浙一带)有个人烧梧桐木做饭,蔡邕偶然路过,听到火烧木材时发出的声响,知道这是一块好木材,因此讨来做成一把琴,果然声音很好听,但是木头的尾部已经被烧焦了,所以当时人们叫它"焦尾琴"。

蔡邕被杀后,焦尾琴进入皇宫。据说南朝齐明帝在位时,曾取出焦尾琴请古琴高手王仲雄弹奏。王仲雄一口气弹奏了五天,并即兴创作了《懊侬曲》献给明帝。此后历经辗转,传至南唐中主李璟手中,又被赏赐给周娥皇。

诗词歌赋、琴棋书画,娥皇如此光彩照人,多才多艺,怎能不让李煜喜欢?

男欢女爱,琴瑟和谐,小儿女耳鬓厮磨,正如《一斛珠》:

> 晓妆初过,沈檀轻注些儿个。向人微露丁香颗。一曲清歌,暂

引樱桃破。

　　罗袖裛残殷色可,杯深旋被香醪涴。绣床斜凭娇无那。烂嚼红茸,笑向檀郎唾。

　　意思就是,晓妆只粗粗理过,唇边可还得点一抹沉檀色的红膏。她含笑未唱,先露一尖花蕾船的舌尖,于是樱桃小口微张,流出了婉转如莺的清歌。

　　酒宴才罢,她罗袖上的残酒还可见,却还觉得不过瘾,于是拿起深口酒杯,根本不在意弄湿衣服。最后她倚在绣床边,嘴里嚼着红草,轻轻地吹向心上人儿。

　　新婚燕尔,两情相悦。周娥皇天生丽质,明眸皓齿。李煜的颜值也高,姿貌绝美,徐铉说他"天骨秀颖,神气清粹",两人如同神仙眷侣一般,简直不知道人间有何可愁。日常燕游,李煜为她填词。花前月下,一人制声,一人伴舞,拍和而歌,相同的才情和兴趣,让他们更加情深意笃。酒酣情烈,生命如此快乐,快乐到他连皇帝都不想当,而这也是他心中一直所想。很多人在年轻的时候,就会流露出自己的志向。比如陈胜在耕田的时候说,"燕雀安知鸿鹄之志",诸葛亮在隆中自比"管仲乐毅",李煜年轻时,也写过两首《渔父词》:

　　浪花有意千里雪,桃李无言一队春。一壶酒,一竿身,快活如侬有几人。

　　一棹春风一叶舟,一纶茧缕一轻钩。花满渚,酒满瓯,万顷波中得自由。

　　这两首词,一写快活,一写自由。文字如画,仿佛可见万顷波涛中,春风迎面而来,渔父驾着一叶扁舟,撑一杆竹竿,何等潇洒自在。他时而举起一根丝线,放下一只轻钩;时而举起酒壶,看着沙洲上的春花,心想喝酒随时都可以喝上几口,高兴了就唱首渔父歌!

　　这世上像我这样自由快活的人,能有几个?

很多人以为李煜只是一个文艺青年,其实他兴趣广泛,生活中并不只有诗词、书画、音乐,"经史子传,一见辄解;善兵法,工书画,明音律;其睿知明聪,罕有出其右者"。

一句话,就是智商高,学什么会什么,玩什么精什么。此时的李煜,生活中没有一件不圆满的事。出生在帝王之家,一辈子人间欢喜,做个快乐的王子,还有什么比这更充实的呢。

事实也的确如此,直到被不可预知的命运推上历史舞台之前,李煜始终只是一个远离继承序列的皇子。对他来说,虽然皇帝从爷爷变成了父亲,但皇位依旧跟他没有任何关系。

李璟即位半年不到,就任命三弟李景遂为诸道兵马元帅、齐王,居住在东宫,四弟李景达为诸道兵马副元帅、燕王,他的长子李弘冀为南昌王。

李璟随即诏告天下,王朝将执行兄终弟及的继承制度。之后,李璟又拉着几个弟弟一起去李昪的坟前叩头,发誓皇位将来传给弟弟们,绝不改变。

李景遂、李景达头摇得跟拨浪鼓一样,坚决辞让李璟的安排,李景遂甚至把自己的字改为"退身",典故取自《老子》:功成名遂身退,天之道。意思就是绝不继承皇位。

即便李璟的几个兄弟不肯继承皇位,李煜还有年长他六岁的长兄——太子李弘冀。

李璟一共生了十个儿子。尽管李煜的二哥庆王李弘茂在南唐保大九年(951)七月去世,三哥、四哥、五哥去世的时间更早,但无论是兄终弟及还是父子相传,都轮不到李煜继位。

李家兄弟之间把皇位推来推去的作风,实在是很不"五代"。当然,五代血腥的皇位继承乱象,只是继承了唐朝赢家通吃的传统:只有在你死我活斗争中取得最后胜利的人才能获得政权,失败一方的代价,往往是自己及整个家族的性命。

当初李世民杀掉自己的两个兄弟及全家男丁才夺得皇位,此后整个唐代,没有几次皇位传承是平稳正常的,宗室之间的斗争都充满了血腥的杀戮。在这种残酷风气的影响下,宰相因为容易卷入高层斗争,也成为极其高危的职业。有唐一代,前后共有三百多人担任宰相,从被武则天诛杀的长孙无忌,到被朱温所杀的崔胤,在宰相职位上死于非命的多达四十一人。

其实就政治氛围而言,南唐远远好于同时期的闽国、楚国乃至吴越国等。相比于闽国、楚国陷于兄弟之间的残杀,南唐这个打着唐朝旗号的王朝,反而显得不那么"唐朝"。李氏家族内部对皇位都不是那么热衷,兄弟之间往往推来推去,更不要说有野心造反篡位之类。李璟早年曾在庐山五老峰下的白鹿书院读书,后来他虽然成为南唐皇帝,内心深处依旧有归隐之志,"未尝一日忘庐山"。

更不要说李煜,他年轻时自号钟隐,别号钟山隐士、钟峰隐居、莲峰居士、钟峰隐者、钟峰白莲居士等,向往到钟山(今南京紫金山)隐居,过远离红尘、避世无争的人生。

不仅仅是王室内部如此,君臣之间也是吟诗作赋,互相唱和,一派祥和气氛。

南唐保大七年(949)元旦,大雪纷飞,李璟和群臣在宫内登楼赏雪,兴致高昂,想要永远留住这一刻的场景,命人用图画记录下来,"《子部·宋元笔记》载:"御容高冲古主,太弟以下侍臣;法部丝竹,周文矩主之;楼阁宫殿,朱澄主之;雪竹寒林,董元主之;池沼禽鱼,徐崇嗣主之;图成,无非绝笔"。

这是中国古代画史上的一次空前盛会,董元(源)、周文矩、徐崇嗣、朱澄等人,无一不是盛名响彻千古的名家。他们的画作,凡是流传到现在的,都是世界最顶级博物馆才能有资格收藏。

但在元旦这一天,他们都有着共同的身份:南唐翰林待召。(李璟即位后,在金陵创设翰林图画院,史称"南唐画院",吸引了顾闳中、周文矩、顾德谦、董源、董羽等才华出众的名家。)

他们被李璟召来一起登楼绘制图画:高太冲写李璟中主像,周文矩写诗人丝竹,董源写雪作寒林,徐崇嗣写池沼禽鱼,朱澄绘就楼台宫殿,是为《赏雪图》。

第二天,李璟意犹未尽,将咏雪诗汇编成册,给徐铉写了一张纸条:"宿来健否?酒醒诗毕,可有余力?何妨一为之序以纪岁月?呵呵!"

这样的南唐是不是更加像后来的宋朝?

千年之后,我们读到这段话的时候,仿佛依旧能听到落在纸上的笑声,犹然可见南唐君臣之间随意亲近的关系(相比闽国国王喝醉了就喜欢杀大臣,简直不像生活在同一个时代)。

根据徐铉序文所记,参与这次赏雪赋诗的,除了李璟以外,还有十九人,作诗二十一篇,成为南唐文学史上一件盛事。

这首诗,也成为李璟唯一一首留存后世的诗:

珠帘高卷莫轻遮,往往相逢隔岁华。
春气昨宵飘律管,东风今日放梅花。
素姿好把芳姿掩,落势还同舞势斜。
坐有宾朋尊有酒,可怜清味属侬家。

有这样的父皇和政治环境,李煜从南唐保大十二年(954)大婚到北宋建隆二年(961)继位中间的八年,是他人生中最快活的时光。多年以后,当李煜即位的时候,给宋太祖赵匡胤手写了一封言辞谦卑的《即位表》,他在文字中回忆起这段岁月,"被父兄之荫育,乐日月以优游"。

简而言之,逍遥度日,无忧无虑,天塌下来有父亲兄长扛着。

可惜,李煜不知道的是,时代就要变了。

新年刚过,五十岁的后周开国皇帝郭威病倒了,随着病情越发加重,自知时日无多的他召来群臣,命令他们效忠自己的养子柴荣。郭威是柴荣的姑父,几年前,汉隐帝诛杀朝中大臣,将郭威在开封城内的所有家人全部处死,就连尚在襁褓之中的郭威儿子都没有放过。郭威登基后,已无亲生子嗣可以继位,于是收柴荣为养子,封为晋王。郭威驾崩仅仅四天之后,朝廷正式宣布了郭威传位于柴荣的遗诏。冯道率领百官请求柴荣临朝听政,经过反复三次的请求后,柴荣登上了皇位,成为五代十国最后一个朝代——后周的皇帝。

一个改变五代十国局面,同时成为李璟余生梦魇的人,终于走上政治舞台。

# 第五章　南朝天子爱风流

## 柴荣来了

　　陆游在《南唐书》里对李璟的评价很不低：多才艺，好读书，便骑善射。这些都是精力旺盛，热爱生活的特征，八小时以外，李璟最爱去游玩的皇家园林便是宫城之北，九华山山麓的北苑。这里松竹繁茂，花草竞芳，鸟鸣婉转，抬头就能遥望高耸的钟山（紫金山），低头可见碧波荡漾的珍珠河在眼前流淌。他在位期间，曾在苑内修建清晖殿，清晖殿旁还有清辉阁，经常在此设宴款待群臣。

　　这一天，李璟又在北苑宴饮作乐，命宠爱的伶人唱歌助兴，可是他翻来覆去只听到一句词，"南朝天子爱风流，尽守江山不到头"。李璟心中纳闷，正想问伶人为何只唱这一句的时候，突然领悟过来，"假如孙皓（三国东吴末代皇帝）、陈叔宝二人听到这句词，就不会有衔璧出降的耻辱了"。

　　原来歌女唱的词出自唐朝诗人李山甫的七律《上元怀古》：

　　　　南朝天子爱风流，尽守江山不到头。
　　　　总是战争收拾得，却因歌舞破除休。
　　　　尧行道德终无敌，秦把金汤可自由。
　　　　试问繁华何处有，雨苔烟草古城秋。

争帝图王德尽衰,骤兴驰霸亦何为。
君臣都是一场笑,家国共成千载悲。
排岸远樯森似槊,落波残照赫如旗。
今朝城上难回首,不见楼船索战时。

伶人姓王,名感化,是建州(今福建建鸥)人,曾经是王延政宫中的伶人。南唐伐闽之后,作为战利品被收入江宁教坊,因为聪明伶俐,会吟诗填词,还能借诗讽劝,从此为李璟所宠,传说"回首绿波三楚暮,接天流"一词,便是李璟为王感化所写。

此时,伐楚战争已经结束,边镐丧师失地,作为最大的责任人,被免去所有官爵,流放到饶州(今江西鄱阳县)。其他落荒而逃的官员,可就没这么好的运气,全部被李璟以"失地之责"下令处斩。左仆射同平章事冯延巳,右仆射同平章事孙晟也上书请罪,分别被免掉宰相一职,其他职务不变。

军队折损十几万,财帛损失几百万,李璟真的从伐闽伐楚两场战争中吸取教训了吗?南唐会避免国祚短暂的宿命还是会像李昇当初所期待的那样,如日初升,来日方长?

孙皓、陈叔宝这两个亡国之君的命运就像一个令人尴尬的存在,每个定都于此的政权中的有识之士,都会情不自禁地想到这个不祥之兆,担心自己成为下一个孙皓或是陈叔宝。可惜当李建勋忧心自己死无葬身之地的时候,包括李璟在内的南唐上层的大多数精英们,浑然意识不到大厦将倾,依旧日复一日纵情声色、畅饮行乐。

这也正是伶人唱"南朝天子爱风流,尽守江山不到头"来讽喻的原因。

当初边镐在湖南主政期间,抚驭无方,人心疏离,既没有胡萝卜,也没有大棒,只知道一心礼佛,被当地人称为"边和尚"。吉水(今江西吉水)人欧阳广上书李璟,称"边镐必败无疑",建议提早换人,否则楚地必然距离混乱不远。

等到湖南全境得而复失后,李璟终于想到欧阳广的预言,虽然感慨无比,却也仅仅是下旨任命欧阳广担任吉水县令作为褒奖。欧阳广此后便湮没在南唐历史中,再没有见到关于他的任何记载。

两次战争结束,责任越到下级越沉重,平时高高在上最需要承担主要责任的,比如冯延巳、边镐、冯延鲁、陈觉等人,反而只是"罚酒三杯"而已。

很显然,李璟并没有从伐闽、伐楚两次战争中学到什么经验或是吸取到什么教训。也许在他看来,所有的成功都是理所当然,失败只是运气不好而已。但他显然不知道,一切水到渠成的背后,全是不懈的努力和默默的付出。所有的失败,似乎都能找到运气不佳的因素,但偶然之中都隐藏着必然,不管是走向风险时的无知,还是风险防控的缺失,都昭示着能力的欠缺。

无论是进攻闽国还是楚国,从战略执行上来看,都没有太大的错误,毕竟彼时的南唐国力强大,征服闽国和楚国,都可以极大地改变南唐的地缘政治劣势。

但短板出在李璟的团队上,陈觉私心膨胀,冯延巳、冯延鲁兄弟大言不惭、夸夸其谈,边镐颟顸无能,遍布朝廷的衮衮诸公,居然找不到几个堪当重任的能人。

在这方面,李璟甚至还不如劝说王逵起兵反唐的原楚国降将孙朗。孙朗曾经在江宁待了一段时间,这个武将居然透过南唐朝廷复杂的人事表象,敏锐地发现了南唐政治最大的弊端就是"缺乏良臣良将,赏罚不能分明"。

简而言之,就是用人不察、赏罚不明。

帝王之道中最重要的一点就是驭下之术,在这方面李璟远远不如其父。李昪在位期间,曾经委派一名宦官去庐山祭祀。宦官回到金陵后,李昪接见他并且慰劳说,"听说你这次出差,没有吃拿卡要,很是廉洁"。宦官听了之后得意洋洋地说,"我从奉诏出差开始,到现在都只吃素而已"。李昪不露声色地说:"不然,我听说你曾在庐州买鱼做羹,还在庐山买肉烹食,这也能算吃素?"宦官听了惊恐不已,赶忙磕头承认欺君之罪。其实李昪早就派人悄悄监视宦官言行,故意说他路上非常廉洁,只是挖坑给他跳而已。

皇帝精明,臣属自然不敢欺瞒。反观李璟,生性柔软温和,爱好词章文采,而且喜欢听奉承的话,所以那些善于花言巧语、献媚取宠的大臣容易提拔,性格耿直讲话不讨喜的相继被闲置,政事的混乱只会日复一日加剧。

南唐刚吞并马楚的时候,孙晟认为南唐吃不下这么大一块肉,提议见好就收,把部分领土分给降将刘言,遭到冯延巳坚决反对,"我们派出偏将攻取湖南,四方都很震惊。如果把领土让出去,会引起别人的轻视"。

如今,孙晟却要跟冯延巳承担一样的责任。

这就是典型的赏罚不明。

南唐保大十一年(953),即伐楚之战结束的第二年,南唐遭遇罕见的灾情,三月份的时候,江宁大火持续几十天未能扑灭,焚毁官衙寺庙以及老百姓数千间房屋。夏天又遭遇罕见高温,井泉纷纷枯竭,就连淮河也干涸到可以步行渡河。天灾肆虐的同时,江淮一带又爆发了蝗灾,很多老百姓为了求生,跑到后周境内逃荒。南唐保大十二年(954),南唐又遭遇瘟疫大流行以及饥荒,李璟下诏让州县买米熬粥救济灾民。

一系列天灾让李璟感到惶恐和不安,因为传统观念认为皇帝受命于天,只有国家风调雨顺才能证明皇帝受到上天眷顾。如今却灾祸频仍,似乎是暗示他并非天选之子。

李璟被迫下《恤民诏》:

> 日食地震,星孛木冰,感召靡爽。比灾异频仍,岂人君不德以致之耶?抑亦天心仁爱而谴告之也?朕甚惕焉。曩者兵连闽越,武夫悍将,不喻朕意,务为穷黩,以至父征子饷,上违天意,下夺农时,咎将谁执?在予一人。其大赦境内,穷民无告者,咸赐粟帛。

就像历史上无数皇帝所做的那样,李璟把灾祸归因为自己的失德。有大臣上奏,"希望陛下不再用兵,就可以达到小康了。"李璟干脆地回答道:"朕将终身不用兵,何止几十年呢?"

当时已有不少人察觉到后周有南下的意向,平民邵棠就是其中之一。他游历淮河之后,专门上书称:"近游淮上,闻周主恭俭,增修德政,吾兵新破于潭、朗,恐其有南征之志,宜为之备。"

意思就是近来到淮河一带游历,听说周朝新天子谦恭下士,励精图治,我军在潭州、朗州先后败绩,更应该提防周主有南下的企图,请求朝廷提早做好准备。

可惜李璟以及大多数人已经形成了一种惯性思维,即北方王朝永远不会南下。

尽管我们今天读历史都知道,五代的分裂和混乱是由宋朝来终结,但在历史上往往把柴荣即位看作盛世的开局。不过在当时而言,尤其是经历过多次朝代更迭以后,大部分人并不会如此乐观。也许在他们看来,柴荣的周朝,只不过是一系列短命王朝中的最新一个而已。

事实上,柴荣与此前的皇帝都不一样,他即位的时候才三十三岁,这是一个充满朝气的年龄,史书说他"慨然有削平天下之志"。

唐末藩镇割据、中国分崩离析,战争、灾荒轮番上演了几乎七十年,人民流离失所,如今终于有一个人想要结束这个混乱的局面了。南唐保大十三年(955),柴荣下诏群臣,称自己经常思考达到大治的方略,因为得不到要领,吃饭睡觉也念念不忘,要他们为自己"削平天下的志向"出谋划策。于是一众臣僚纷纷上书,比部郎中王朴从中脱颖而出。他所进献的《开边策》,归纳起来核心要诀就是八个字,即:"先易后难、先南后北"。

王朴认为契丹实力强大,且与北汉相互勾结,轻易与之决战容易重蹈后晋灭亡的覆辙,不如先进攻实力相对较弱的南唐、后蜀,待统一南方后,再回头北上攻灭北汉、击退契丹。

王朴的建议如同诸葛亮的"隆中对"一样,成为此后北周、宋朝统一天下的蓝图。只是可惜柴荣、赵匡胤相继壮年而逝,宋太宗赵光义又是个志大才疏之徒,导致燕云十六州始终未能收回,成为北宋最后灭亡的根本原因。

柴荣对王朴的建议很是赞赏,很快就决定付诸实施。就这样,当李璟及群臣还在宴饮作乐的时候,南唐已经在不知不觉中成为后周的军事征服对象。

柴荣不是一个小气的人,此后王朴的仕途就像是坐上了火箭一样直线上升:户部侍郎、枢密使、东京留守并参与议论朝中大政决策。

相比于欧阳广仅仅被授予一个小小的县令,柴荣的眼光和气度可是高多了。

南唐保大十三年(955)夏,柴荣发兵西征后蜀,闰九月,周军大破后蜀,秦州(今甘肃秦安)、成州(今甘肃成县)、阶州(今甘肃武都)三州相继归附。十一月,周军又攻克凤州(今陕西凤县),尽复四州之地。此前一次中原政权的军队出征蜀国,还是三十年前,后唐庄宗李存勖时期。

后周军队进攻蜀国之初,蜀主孟昶派使节到北汉和南唐求救,北汉刘崇和南唐李璟都满口答应派兵支援,实则都只是空头支票而已。

战火已经烧到后蜀,南唐从上到下,依旧对后周表现出来的勃勃雄心茫然无感,没有做一丝准备。甚至在后周积极准备征服南唐所需要的粮草、兵马的时候,南唐寿州监军吴廷绍还认为边境平安无事,擅自做主撤回了守卫淮河的军队。原来每年冬天淮河进入枯水期,作为军事防线的功能大大削弱,从杨吴时期就按惯例在冬季发兵守卫,称为"把浅",范围是"自霍丘以上,西尽光州界"。如今吴廷绍揣摩上意,就说年年平安无事,正好国家遭遇灾异,不如节约财物粮草。

后周和南唐基本以淮河为分界线,寿州(今安徽寿县)地处淮河中游的南岸,守卫寿州的清淮节度使刘仁赡上表朝廷一再争辩,居然没人理会。

早在伐蜀战争尚在进行的时候,柴荣就已经任命李谷为淮南道前军行营都部署兼知庐、寿等行府事,以忠武节度使王彦超为副手,让他统率十二位将领讨伐南唐。因为汴水东南至泗州(今江苏盱眙)的河道自唐末以来早已沦为污泥沼泽,柴荣发动民夫予以疏浚。

南唐保大十三年(955)十一月初五,柴荣下著名的《征淮南诏》:

蠢尔淮甸,敢拒大邦,盗据一方,僭称伪号。晋、汉之代,寰海未宁,而乃招纳叛亡,朋助凶逆。金全之据安陆,守贞之叛河中,大起师徒,来为应援。迫夺闽、越,涂炭湘、潭,至于应接慕容,凭陵徐部,沭阳之役,曲直可知。勾诱契丹,入为边患,结连并垒,实我世仇。罪恶难名,人神共愤。

这个诏书表达了两个意思,其一,南唐是伪朝,在政治上不合法。其二,南唐勾结契丹、北汉,企图南北夹击周朝。

总而言之就是南唐罪恶多得没法数,人神共愤。

最有意思的是,柴荣在诏书中堂而皇之地把李璟和孙皓、陈叔宝这两个亡国之君联系起来,说他是这俩人的转世和化身,要他"投戈献款,举郡来降"。

当天,李谷率大军南下,自正阳(今河南驻马店)渡淮,征讨南唐。消息传来,南唐举国震恐。

## 目标寿州

明清之际的顾祖禹在《读史方舆纪要》里说:"江南以江淮为险,而守江莫如守淮。……南得淮则足以拒北,北得淮则南不可复保矣。"南宋赵范说:"有淮则有江,无淮则长江以北港汊芦苇之处,敌人皆可潜师以济,江面数千里,何从而防哉?"

历来守江必守淮,南北对峙的时候,南方之所以要守淮,就是因为"淮者,江之蔽也,弃淮不守,是谓唇亡齿寒也。"

江宁是南唐国都所在,要想守住长江防线,无论如何必须控制水网交错、易守难攻的淮南之地。

这是因为江宁距离淮河之北的颍州(今安徽阜阳)只有区区三百一十公里,这里位于华北平原的南端,北兵南下驰骋于淮西平原,旬日之间即可抵达江边。

其中寿州(今安徽寿县)、庐州(今安徽合肥)是扼守江淮的两大门户,所谓"淮西,建康之屏蔽,寿春又淮西之本源也。寿春失,则出合肥,据历阳,建康不得安枕也"。

尤其是寿州,位于淮河南岸,东枕淝水,历来是北方进攻南方的必争之地,著名的淝水之战就发生在这里。倘若后周攻克寿州,既可以乘胜进攻庐州、和州(今安徽和县)、滁州(今安徽滁州)、扬州等地,又能顺淮河而下直逼濠州(今安徽凤阳)、泗州(今江苏盱眙)、楚州(今江苏淮安),进而摧毁南唐在淮河南岸的整个防御体系,决定整个战役的最终结局。

唐昭宗乾宁四年(897),朱温派兵南下进攻割据淮南的杨行密,其中一路由庞师古屯兵清口(清口在今天江苏淮阴以西,是泗水入淮之口),打算攻取扬州。另一路由葛从周屯兵安丰(今安徽寿昌南),以寿州为目标。

结果杨行密以三万人击败庞师古的七万大军,阵斩庞师古。葛从周得到庞师古战败的消息后,随后仓皇北撤。此后中原陷入混战,再也无心无力南下,杨吴(南唐)得以休养生息,逐步发展成为南方首屈一指的大国。

如今柴荣发兵南下,除了征用吴越楼船和荆南军队,号称东西对进,水陆并取以外,重点还是放在寿州。守卫寿州的是南唐名将刘仁赡,"略通儒术,好兵书,有名于国中"。

由于当年淮河地区遭受严重干旱,从六月份以来,几乎没有下雨,淮河大部分地段干涸见底,涉水即可通过。此前撤走守卫淮河军队的恶果终于暴露出来,后周大军不受干扰地在淮河搭起多座浮桥,轻松跨过无人防守的淮河。寿州守军天明时登上城楼,看到城外黑压压的数万大军不禁倒吸一口凉气,许多人吓得面无人色。只有刘仁赡镇定自若,像平常一样指挥军队防御,这才使得人心稍微安定下来。

李璟收到战争爆发的消息后,一方面命神武统军刘彦贞为北面行营都部署,率军两万赶往寿州支援,又命奉化节度使皇甫晖、常州团练使姚凤率军三万前往定远(今安徽定远)以为后援;一方面召回此前被外放的镇南节度使宋齐丘出谋划策应对危机。

十九岁的李煜也出现在史书的记载中：他被李璟任命为神武都虞候、沿淮巡抚使。

寿州乃全淮之左臂，是南唐淮河防线中最关键的支撑点。南唐历来重视寿州的防御，历任守将皆不断完善城防体系。李谷虽然出其不意来到城下，但在刘仁赡面前没能讨到半分便宜。

李谷历来小心谨慎，得知南唐出动三万大军增援寿州，并且以战舰数百艘直趋正阳（今河南驻马店）（淮水已经开始上涨）的消息后，担心兵力不够，且不习水战，有被前后夹击的危险，仓促中决定退守正阳以保护浮桥。

后周方面，柴荣也不放心前线战事，于南唐保大十四年（956）正月初六决定御驾亲征。赵匡胤作为柴荣麾下重要的亲信猛将，带领柴荣的禁军随军出征。

柴荣得到李谷的战报时，车驾已经抵达陈州，连忙派使者阻止后周军队撤退，并命令大将李重进率大军前往正阳协助李谷进攻寿州。可惜柴荣的使者赶到寿州附近时，看到的也是冲天而起的滚滚浓烟，原来李谷已经烧毁来不及带走的军粮和军营，从寿州城下撤退了。

当刘彦贞率军抵达寿州城下时，看到的也是周军遗留的一地狼藉。他得意洋洋地以为李谷听到自己的名声害怕了，决定乘胜追击周军。刘仁赡劝他不要轻举妄动，"你的大军未到敌人就已经逃遁，是因为畏惧你的威名。你千万不能用速战的办法去消灭敌军，万一失利，那就坏了大事"。

他军中的几个裨将如武彦晖、张延翰、咸师朗等人也都是有勇无谋之辈，担心去晚了打不到周军，甚至不让一路风尘仆仆赶来的军队进城休息，连饭也顾不上吃就催促着赶往正阳。

五代的时候，普通人都是一天两顿饭，上下午各一顿，一天三顿是在宋以后才有的习惯。南唐军队连饭都没吃，就急匆匆去追击周军，稍微用点脑子想想，也知道凶多吉少，刘仁赡不禁长叹一口气，只能督促守军固守城防。果不其然，匆忙追击的刘彦贞一头撞上了刚刚渡过浮桥的周军，这支周军由归德节度使李重进率领，杀气腾腾，锐气正盛，跟刘彦贞以为的败军完全不一样。

中国古代历史大都是文人所写,他们并不关心战斗的实际细节和具体战术,往往习惯性地把战胜或者战败的责任归因于某个具体的将领。如果就战斗本身而言,南唐保大十四年(956)正阳之战,实际上是后周骑兵与南唐步兵的一场对决。

北方军队在骑兵数量上对南方有绝对优势,这一点在行军速度上就能看出来。如南唐保大十五年(957)柴荣出征淮南,十月十九日出开封,十一月四日抵达镇淮军(今安徽怀远北),平均每天前进七十二里。李重进受柴荣之命,急行军赶到战场,所部必然也是以骑兵为主。可以想象,面对如同山一样压过来的后周骑兵,疲惫不堪且饿着肚子的南唐军队战斗意志几乎一瞬间就崩溃了。尽管刘彦贞下令军队结阵并在阵前横布拒马,用铁链串以利刃,并撒铁蒺藜于地,试图克制来自周军骑兵的威胁,但一切无济于事,仓促结阵的唐军,在周军眼中"望而笑其怯"。随后周军即利用骑兵优势对南唐军阵发起冲击,当李谷率领军队从另一方向发起进攻时,南唐军队的命运已经没有任何悬念。主帅刘彦贞被斩杀,咸师朗等被生擒之后,南唐军的溃败演变成一场屠杀,"斩首两万余级,伏尸三十里",周军缴获军资器械三十余万,战马五百匹。除了张全约率领一小部分败军逃回寿州以外,基本全军覆没。

神武军是南唐禁军"北衙六军"之一,居然在短短几个时辰内就全军覆没,消息传来,"民皆悒惧",士民均被吓得肝胆俱裂,六神无主。

这一战也暴露出来南唐军队与柴荣治下后周军队之间战斗力的极大差距。南唐保大十二年(954),柴荣即位不过几天,北汉就与契丹组成七万人的联军南侵,企图沿泽州(今山西晋城)、潞州(今山西长治)进入河南。

柴荣不顾冯道等人的强烈反对,率军亲征并与敌军在高平决战。在艰难地赢得高平之战后,柴荣下令处决樊爱能、何徽等七十多位临阵脱逃的侍卫亲军将领。与此同时,一千多名后周步兵也因为投降而被斩首。后周军队中最强大的是侍卫亲军,其中又分侍卫马军(龙捷军)两厢和侍卫步军(虎捷军)两厢。樊爱能、何徽分别是侍卫马军和侍卫步军都指挥使,这样的高级将领也能临阵脱逃,在让柴荣震惊的同时,也更加意识到军队的积弊由来已久:兵骄将悍,战胜则擅兵挟主,战败则倒戈投敌。

柴荣发现有一半的士卒不合格,不是太老就是太小,不合格的士卒在战争中百无一用。他改革军队的办法就是"贵精不贵多",裁汰老弱、关系户,在侍卫亲军之外,又建立了"殿前军"保护自己,并公开招募天下骁勇的壮士加入殿前军,设殿前都点检统一指挥。

柴荣用严酷的纪律打造了一支强大而忠诚的武装,这是南唐所不能比拟的。

相比之下,刘彦贞的失败也再次暴露了李璟的用人短板。刘彦贞虽然是杨吴名将刘信的儿子,但却是一个不懂军事的草包,典型的虎父犬子。他早先在寿州为官时,曾经干了一个前无古人后无来者的缺德事。寿州有个安丰塘,平时可以灌溉万顷良田。刘彦贞借口要疏浚护城河,把塘中的水放入城濠中,导致良田干涸。与此同时,他又下令催收田赋,颗粒无收的田主只能低价出售农田。于是刘彦贞又以低价收购了大批良田,不久护城河疏通工程结束,塘水又被放回去灌溉农田。

刘彦贞巧取豪夺大量钱财后,又大肆贿赂朝中高官。于是魏岑等人又联手鼓吹刘彦贞用兵治民的才干,俨然就是南唐的国之长城。李璟信以为真,又把他调回江宁为神武统军。当后周军队来犯时,李璟把全部的希望寄托在刘彦贞这个花拳绣腿身上,最终彻底葬送了精锐的禁军和南唐守卫淮南的本钱。

南唐淮南各州早已不识干戈二十多年,刘彦贞全军覆没后,周军乘胜多路反击。皇甫晖被迫率领军队退守清流关(今安徽滁州西北),赵匡胤率领军队绕道从山后奔袭,皇甫晖仓促退守滁州,没想到滁州刺史王绍颜已经弃城逃跑,城中大乱,皇甫晖力战不支,伤重被俘,不久即死去。

皇甫晖曾经是后晋的密州刺史,契丹入侵中原期间,南下投奔南唐。滁州的失陷影响很大,不仅导致寿春成为孤城;还让南唐国都所在地江宁失去屏障,因为淮南地势平坦,只有滁州有高山大川。周军跟江宁只是"一水之隔",烽火隔江相望了。

此后,光州(今河南信阳)、舒州(今安徽潜山)相继失守,就连东都扬州也在混乱中被数百名周军骑兵攻克,东都营屯使贾崇在逃命之前,一把火将官府民舍烧得一干二净。副使冯延鲁慌乱中剃掉头发躲进寺庙,即便如此也未能逃脱被周军捕获的命运。

扬州被周军攻克时,楚王马希崇和闽王王延政之子王继沂都在城中,柴荣下诏善加安置。李璟担心被圈禁在泰州的杨吴皇族,为了防止被后周劫走,下令把他们迁移到润州(今江苏镇江)。

当时南唐兵败如山倒,后周骑兵的马蹄声紧随其后。主持此事的园苑使尹延范前脚刚刚离开,泰州就被周军攻克,刺史方讷逃往江宁。尹延范担心生变,走到半路的时候,下令将杨氏家族六十多个男子全部诛杀,并沉入长江。杨氏家族上百号人,像牲畜一样,被活生生关了几十年,男女长大之后,内部成婚,堪称人伦惨剧,没想到最后还是难逃一死。

李璟得到消息后,放声大哭,下令腰斩尹延范。也许尹延范下令屠杀,曾经得到李璟的某种授意。但事到如今,皇上要借他脑袋一用,他也无处申冤。倒霉的杨行密做梦也不会想到,收养来的孤儿之后,给他带来了灭门亡族之祸。

徐温家族倒是结局不错,除了长子徐知训被朱瑾所杀外,其他儿子都能善终,尤其是徐知证、徐知谔在宋朝成为道教信仰的"真人",并称"二徐"。此后历朝历代不断加封,到明朝宪宗时期,被敕封为金阙上帝、玉阙上帝。

可见很多时候远离权力未尝不是一种智慧。

扬州是南唐东都,它的失守进一步激发了江淮地区的恐慌,光州、蕲州、天长军相继投降后周。此时的南唐君臣终于意识到形势危急,派右仆射孙晟、礼部尚书王崇质等到柴荣行营求和,并献上黄金千两、白银十万两、罗绮两千匹,并表示愿意取消帝号,同时割让寿、濠、泗、楚、光、海六州之地。

南唐已经兵败如山倒,而且也知道柴荣的目标是整个江北之地,为何还有底气只割让六州之地?

原因无他:周军无法攻克寿州。

柴荣气势汹汹来到正阳后,第一件事就是解除了作战保守的李谷的统帅一职,改以李重进取而代之。柴荣对寿州志在必得,下诏征调宋、亳、陈等八个州的数十万壮丁从军,昼夜不停地进攻寿州。他没想到的是,南唐并不全然都是软柿子,守卫寿州的刘仁赡就是一个无法下嘴的硬骨头。从正月到四月,用尽各种手段未能攻克。

五月,江淮一带进入梅雨季节,大雨一下就是十多天,寿州城外周军营地的积水深达数尺,竹排等攻城器械顺水漂到南岸,被南唐军队尽数焚毁。柴荣率军北返开封,留李重进继续率军围困。六月,刘仁赡出其不意率兵出城击败城南的周军,"死者数万"。

与此同时,南唐军队也在淮南发起反攻,在朱元的率领下,先后夺回舒州、和州、蕲州等地,李重进丧失信心,"几不能守",正在打算撤军的时候,赵匡胤率领军队从六合来到寿州。原来因为寿州难以攻克,驻扎扬州的周军将领向训奏请主动放弃扬州,柴荣不仅批准了他的请求,还同意泰州等地的周军也主动撤退,把兵力向寿州一带集结。

七月,此时,南唐齐王李景达也率领五万援军抵达寿州附近。

就这样,战争打了大半年之后,南唐与后周的决战地又回到了最早的起点:寿州。

## 兵败如山倒

如果说李璟派刘彦贞担任第一波援军的统帅,是他在这场战争中所犯的第一个错误的话;那么让李景达当第二波援军的统帅则是他犯的第二个错误,而且是更加致命的错误。他让李景达当统帅,又不敢放手让他负全责,而是任命陈觉当监军使,另外又重新起用丢失湖南的边镐为应援都军使。

李景达为人怯懦无能,军政大权全部交给陈觉,军政事务只是在文件上画个圈而已。陈觉和李景达躲在濠州城,援军主力则在紫金山(寿州东北十里)一带,甚至不敢主动出击周军,刘仁赡一再请求率军出城,与李景达的五万大军夹击围城的周军。可是无论刘仁赡如何请求,就是不被批准,刘仁赡忧愤成疾,身体状况开始走下坡路。

三月,柴荣又回到寿州,第二次御驾亲征淮南。赵匡胤也率军攻破南唐援军,切断紫金山向城内运粮的甬道。不过后周军队依旧对寿州一筹莫展,刘仁赡无论是决心还是能力,都让柴荣头疼不已。南唐五万大军就驻扎在寿州城外,只要战局继续相持下去,淮河再次进入梅雨季节的话,柴荣也许又要无功而返。

谁也没想到,就在双方比拼耐力的关键时刻,南唐军队发生了一场足以扭转战局的叛变。

南唐将领朱元,原本是后汉河中节度使李守贞的门客。后汉隐帝刘承祐即位后,李守贞发动叛乱,自称秦王,并派朱元等人来南唐求援。李守贞兵败之后,朱元滞留南唐。李璟给他一个驾部员外郎待诏文理院的闲职,但朱元本人不是个闲人,史书说他"少倜傥,通左氏《春秋》"。左氏《春秋》,即《左传》,虽然也是儒家经典,但可以学习打仗,以至于东汉以来,武将越来越成为这本书的读者群体。因为《左传》这部书,尤其善于刻画战争,甚至有一个流传颇广的说法,称《左传》的作者是一代名将吴起。

朱元因为懂军事,在南唐一堆文人中显得格格不入,加上他又多次上书言事,称如今中原多事,南唐应该主动夺取湖湘、闽越、钱塘,并且要求由他本人带兵,逐一平定。木秀于林风必摧之,陈觉等人就纷纷向李璟进谗言,称朱元是北方人,主动想要兵权。李璟是个软耳朵,于是罢掉了朱元的待诏文理院职务,不再给他机会上书。

朱元至此失意了一段时间,整天饮酒度日,李璟也不管他。淮南之战爆发后,他主动上书陈述用兵战略,李璟正愁没人,于是任命他统领军队去收复江北,朱元确实不负众望,战功卓著,先后收复舒州、和州。他颇有名将之风,善于安抚士卒,跟士卒同甘共苦,士卒也都感动,愿意为他卖命。

这样的将才无论在哪儿,都应该大用、重用、特用,结果却被陈觉逼反了。

世界上有这么一种人，他不承认自己没能力，不承认自己技不如人，却特别嫉妒别人的能力。伐闽之战的罪魁祸首陈觉就是这种人，他妒忌朱元能打仗，于是反复打小报告给李璟，说朱元这人不讲忠义，不值得信任，不能给他兵权。

我们都知道，一个人不能在同一个地方摔倒两次。但李璟却在同一个人身上栽了两个跟头，他似乎已经忘记了陈觉假传圣旨发起伐闽战争的罪恶，不仅没有派人去核查朱元反叛一事是否属实，而是根本不加思考，就让人去取而代之。

陈觉得到圣旨，更加得意忘形，立即派人去寿州前线召朱元回濠州议事，策划夺取其兵权。朱元听到风声，本来想自杀，以死自证清白，部下劝他，"与其窝囊自杀，不如投降"。朱元想想也是，就率领上万名部下一起投降后周。

朱元的叛变直接导致南唐紫金山防线的崩溃，其他军队纷纷被迫向后败退。柴荣亲自率领军队水陆并进，追杀溃逃的南唐军队，一个白天的功夫，追杀了两百多里地，唐兵几乎全军覆没，"战溺死及降者殆四万人，获舰船粮仗以十万数"。边镐、许文稹、杨守忠皆被活捉，李景达、陈觉一路狂奔逃回江宁。

此前朱元与边镐、许文稹等人已经打出声势，如果和刘仁赡配合得好，不是没有希望逼得后周退军。可惜朱元的叛变，直接毁掉了南唐在这场战争中最后的希望。刘仁赡得到援军惨败的消息后，一口气噎住喉咙上不来，就此昏迷不醒（大概是血压急速升高，导致中风），弹尽粮绝的寿州城内人心浮动，乘着刘仁赡不省人事的机会，监军使周廷构、营田副使孙羽以刘仁赡的名义写了降书送到柴荣大帐。两天后，寿州守军用床抬着无法动弹的刘仁赡出城投降，坚守了一年半的寿州，就这样易手了。

后周的下一个目标是濠州。

涡河是中原与江淮之间的重要交通线，涡河与淮河交界的地方叫涡口。濠州扼守涡口（安徽怀远东北，涡水入淮之口），挡涡河之冲，与扼守颖口（今安徽颖上县东南，颖河入淮之口）的寿州一样，都是南北对峙时的淮西重镇。

南唐濠州守将郭廷谓和刘仁赡一样,足智多谋,周军进攻以来,始终不能攻克濠州。他不仅善守,还敢和周军打野战。他在涡口焚毁周军浮桥和粮草,又在定远全歼周军,仅主将武宁节度使武行德孤身逃脱。紫金山之战,南唐军队全军覆没,只有他保全所部,退回濠州。

稍微懂点军事的人都知道,战场上,指挥军队要进退有度,撤退需要的领导技巧和组织艺术比进攻更重要。尤其是战役失败,敌军已经掌握战场主动权的情况下,郭廷谓能全军而归,指挥能力已经堪称优秀。

不过此时的郭廷谓这根独木,已经无力支撑起守卫淮南的重任。早在第一次围攻寿州形成僵局的时候,柴荣就曾经急匆匆赶回开封。他回去不是偷懒,而是他发现要完成征伐淮南,还有一个重要的事情要做:训练水军。

因此周军要想全部占有南唐江北之地,只剩下两个目标了:濠州和楚州。他发现之前周军虽然野战占优,但几乎没有考虑水战的需求,所以每次遇到南唐战舰,都是毫无办法。南唐军队也像后周骑兵那样,以此轻视不懂水战的周军。

无论是攻克濠州,还是渡江南下,都离不开水军。柴荣下令召集各地工匠,全力开工建造战舰,几个月后,加上俘获的南唐战舰,后周水军已拥有战舰数百艘之多。他又命令俘获的南唐水军当教官,打造一支能在水上与南唐争锋的后周水军。

南唐保大十五年(957)十月十九日,柴荣亲征淮南,这是他连续三年,第三次亲征淮南,可见后周夺取江北的决心之大。所不同的是,这次他带来了训练完善的水军。

随后,柴荣御驾抵达濠州城西。

此后,"舟师大备"的后周水军表现抢眼,多次大败前来救援的南唐水军。十二月初九,后周军队在楚州西北完败南唐水军,擒获南唐保义节度使,濠、泗、楚、海四州都应援使陈承昭,不算烧毁击沉的,光是俘获的南唐战舰就有三百艘之多。

此战之后,南唐在淮水再无水军。

郭廷谓外援断绝,遂决心投降后周。他命令承事参军李延邹起草投降书,李延邹把笔扔在地上,说:"大丈夫绝不辜负国家,为叛臣写降书。"

郭廷谓于是斩杀李延邹,率军队投降。

每当朝代更替时,一众旧朝官员们,面临着艰难的历史选择。而选择的道路,体现了这帮官员们对自己的人生价值的探索和追求,成为检验气节的试金石。

后周大军压境,很多人选择投降保命的同时,南唐也不乏一心报国的忠臣。

后周围困寿州期间,李璟任命宰相孙晟出使求和,结果被柴荣扣留作为人质,又把他抓到寿州城下,让他劝降刘仁赡。孙晟不惧刀斧,正色对着城墙之上的刘仁赡大喊道:"君受国家大恩,不可开门降敌。"

柴荣大怒,孙晟从容不迫地回答道:"我是唐国宰相,岂能教唆本国的节度使叛国投敌。"

由于孙晟始终坚持气节,柴荣最终恼羞成怒,下令将他与随行的两百多名南唐和谈使团成员,全部斩首于开封街头。孙晟临刑前,面不改色,整顿衣冠,向南叩拜,道:"臣谨以死报国!"

寿州围困最紧张的时候,守将刘仁赡的小儿子刘崇谏准备半夜偷偷投降周军,结果被南唐守军抓获。守军不敢擅自做主,把案子报上去。刘仁赡二话不说,下令腰斩刘崇谏,监军周廷构哭着求情也没用。

当初寿州被围困已经长达一年,城中粮食虽然吃光,后周军队依旧无法攻克。很多人请求撤军,柴荣也因此拿不定主意,当时李谷正因病在家卧床休养,柴荣派宰相范质去征求他的意见。李谷建议说,"寿春已经包围了这么久,只要皇上您御驾亲征,前线将士必然更加用命,攻克只在旦夕之间"。

柴荣听了之后很高兴,十天之后,宣布第三次御驾亲征寿州,一个月后,寿州终于陷落。只有寿州被攻克,后周才可以放开手脚,毫无后顾之忧,席卷淮南的周军也不用再担心来自侧翼的威胁。自此以后,"淮、泗以东次第风靡",江北诸州跟熟透了的果子一样纷纷落入后周怀中。

如果不是李谷的坚持，柴荣听从了大多数人的建议，南唐的淮南之地也许就能保全了。

据说，当年韩熙载避祸南下，在临行前，他特意请来了好朋友李谷，二人在淮河岸边醉酒告别。韩熙载自负才干无双，乘着酒意告诉李谷："吴若用吾为相，当长驱以定中原。"李谷也不客气，答道："中原若用吾为相，取吴如囊中物耳。"

这个故事很像申包胥与伍子胥的故事，伍子胥谓申包胥曰："'我必覆楚国。'申包胥曰：'勉之！子能复（覆）之，我必能兴之。'"

你能覆灭楚国，努力吧，我也一定能复兴楚国。

当李谷成为大军统帅南下的时候，当年意气风发的少年韩熙载早已忘记了当初许下的豪言壮语，在官场沉浮中郁郁不得志。

传统封建农业国社会阶层容易固化的难题，几千年来一直困扰着历朝历代的统治者。从汉朝的举孝廉到魏晋的九品中正制，统治者们尝试过各种办法来发现人才，直到隋唐采取科举制，才真正松动了阶层固化的硬块。大唐帝国通过科举取士，让社会平民阶层的人才有机会替换那些仅仅因为血统而盘踞高位的官员，从而加大了社会阶层之间的流动性。

相比于混乱的中原，承平日久的南唐更加容易陷入阶层固化的陷阱，反而是北方因为战乱不断，每一次的朝代更替，都对原有社会结构重新碎片化。弱肉强食的社会环境里，仅仅靠谄媚和拍马屁是无法存活的，只有那些真正有能力的人才能度过严苛的岁月。等到政局平稳机遇来临，各种人才出头的几率必然远远多于南方。

李谷和韩熙载的不同人生之路，赵匡胤和刘彦贞天壤之别的能力，显然就是后周与南唐战争的最好注解。二十九岁的赵匡胤在三年征淮南战争中表现抢眼。在涡口，赵匡胤设伏诱敌，大败南唐军队，夺取五十艘战舰，成为后周水军的开始；在滁州城外，他单枪匹马杀入南唐军中，击败并擒获南唐名将皇甫晖；在六合，他以两千人以少胜多大破南唐军，斩杀一万多人；在泗州，数九寒天，面对河水阻隔，柴荣还在商量用骆驼摆渡的时候，他二话不说，单人单骑率先渡过河水，军队被他鼓舞，跟着渡河,击败南唐守军。

就像《荷马史诗》中那些甲胄华美,武器精良的英雄一样,每次出战之前,赵匡胤都要精心整理自己的装备:精美的辂马绳带装饰坐骑,铠甲兵器锃亮耀眼。

有人劝他低调一点,因为这样"会引起敌人注意",赵匡胤回答说,"我正想让敌人认识我"。

年少轻狂有时候也是褒义词,此时的赵匡胤肯定想不到将来有黄袍加身的一天,他只是单纯地享受着战场厮杀的快感,但他不凡的表现肯定更加让柴荣感到赞赏。赵匡胤是柴荣精心打造的后周禁军"殿前军"副长官,随着他在战场上获得一个又一个胜利,他从柴荣那里获得的恩宠和官职也随之水涨船高。多年以前襄阳那夜,老和尚指点给他的未来,就在不远的前方向他挥手。

李璟在这场战争中暴露出来的最大问题依旧是用人不明,南唐并不缺少名将,刘仁赡、郭廷谓都可以在战场上与周军一决高下,但他们并没有得到重用,反而是刘彦贞、李景达被付以重任。在战争中崭露头角的朱元,又被监军陈觉逼反,直接导致了李景达的全军覆没。

楚州,即今天的淮安,是庇护淮东的又一重镇。南唐保大十六年(958)正月二十三日,天空飘着雪花,楚州城看起来就像汪洋中的一个孤岛,城中的南唐军队已经抵抗周军进攻超过四十天,并给敌人造成了巨大伤亡。这一天,忍无可忍的柴荣决定亲临前线督促攻城,他宣布就在城下的军帐里过夜,直到攻克楚州为止。两天后,楚州城破,南唐楚州防御使张彦卿与都监郑昭业继续与敌军巷战,直到弓箭刀枪用光,全军覆没也没有人投降。柴荣恼怒,下令将楚州屠城,"尽屠城中居民,焚其室庐"。

楚州失陷后,南唐江北诸州,只有"庐州、舒州、蕲州、黄州四郡未下"。三月,周世宗抵达扬州,驻扎在迎銮镇(今江苏仪征真州镇),经常到长江的出海口,远眺大海和江南,"遣水军击唐兵,破之"。仗打到这份上,已经没有再打的必要了,既然柴荣一再声称只要江北十四州即可,那就割让领土吧。

当初南唐大臣李德明回国之后,向李璟报告后周的条件,结果被下令处死。江宁和扬州一江之隔,柴荣强大的实力终于让李璟意识到李德明被冤枉了。李璟忧惧之下终于决定宁可不要面子也要活下去,不再保持皇帝名号,于是"奉表称唐国主,请献江北四州,岁输贡物十万"。

如果把历时三年的战争比作一场长跑的话,淮南十四州就是柴荣所追求的奖杯。他让南唐使节回去转告李璟两件事:第一,大军不过江;第二,不必传位太子李弘冀。

南唐保大十六年(958)四月初四,后周皇帝柴荣离开扬州,返回开封,李璟一颗忐忑的心终于安定下来。五月,李璟废除帝号,变成所谓的"江南国主",只用了三个月的"交泰"年号被迫废除,此后改用后周年号。为了避郭威高祖父郭璟的名讳,李璟还被迫改名为李景。

丢了面子还是其次,最关键的是里子,这才是南唐的立国之本。南唐疆域最盛时三十五州,陆游评价道,"唐有江淮,比同时割据诸国,地大力强,人材众多,且据长江之险,隐然大邦也。"如今割去江北十四州,失去几乎40%的土地和1/4的人口,尤其是淮南自唐朝以来就出战士,所谓"淮北劲旅,虽燕赵之精骑不及也",光靠江南的兵源,更难与北兵抗衡。

除了领土、人口还有丰厚的财赋收入,盐、茶是南唐经济两大支柱,年产一百三十万石的稻米,一百一十多万石的食盐和百余万缗的茶业收入。随着割地,这些丰厚的财赋也成为后周国库收入。

最让南唐感到痛心的是江淮地区的产盐地也随之永远失去,淮南丢失之后,此后不仅失去盐利的丰厚收入,就连日常生活用盐都要仰后周鼻息。

当初李昪希望南唐像初升的太阳一样来日方长,没想到他死后才十五年不到,南唐国势就一落千丈,甚至丧失了作为一个国家存在的资格。

"南朝天子爱风流,尽守江山不到头",李景悲哀地发现,他如今和孙皓、陈叔宝一样,面临亡国威胁,只能逃避现实。南唐政权是否能继续存在,只能取决于开封城内那个坐龙椅的人一念之间。不管是他自己还是换谁来接手,都永远无法挽回这个局面了。

# 第六章　梦里落花谁是主

## 太子李弘冀

南唐保大十六年（958），年初，寿州之战尚且焦着，周唐双方正在争夺淮南之地的时候，李璟下诏废弃年号"保大"，改年号为"中兴"，希望能中兴祖业，一改颓势。很快，扬州、泰州就相继失陷。"中兴"眼看无望，徒增笑柄，李璟于是又改年号为"交泰"，意思是天地祥和，万物通宁。

李璟第一个年号"保大"用了十五年，如今三个月不到，换了两个年号，大赦天下两次。期望用改年号的办法转运，说明南唐从上到下，均已经失去分寸，无计可施。

当然李璟更没想到的是，他寄予厚望的"交泰"不仅不能为南唐带来祥和，反而将成为南唐最后一个年号，并且是最短的一个年号：

只存在了区区两个月而已。

国事危如累卵，江北一溃千里，如果说还有什么能让李璟眼前一亮的话，那么无疑就是长子李弘冀的表现了。杨吴顺义三年（923），有人举报寿州团练使钟泰章侵吞"市官马"。这在当时可是一个重罪，因为南方不产马，没有战马，军队的机动能力就无从谈起。李昇得知消息后打算将他法办，顺便也给其他将领立个规矩，"想要私吞战马，这就是榜样"。

没想到徐温出来打招呼了,当年他和张灏争权,正是钟泰章半夜将张灏刺杀,才能使得他大权独揽,"没有钟泰章,我早就被张灏杀了。今天我们徐家富贵了,怎么能亏待老钟呢?"

原来是义父的救命恩人,李昪二话不说,罪犯变亲家,立刻让长子李璟娶了钟的二女儿。钟家姑娘一口气生了好几个儿子,其中就包括长子李弘冀以及后来的南唐后主李煜。

按照李璟最初皇位"兄弟相传"的设想,李弘冀即便身为长子,也不是皇位继承人。在他十五岁那年,因为李璟要传位给他叔叔李景遂,就被外放到润州去了,直到九年后才回到江宁。

从十五岁到二十三岁的八年时间,刚好是人的性格和三观养成的关键阶段。从以后的结果来看,李弘冀这段远离深宫的人生,反而有利于他的成长,也让他的性格变得坚毅、果敢,完全迥异于性格柔软的父亲和弟弟。

保大十五年(957)二月,李璟得知李景达大军在寿州城外全军覆没的消息后,又气又怒,提议御驾亲征淮南,与柴荣决一死战。朝中大臣意见不一,中书舍人乔匡舜上书恳求不可以。李璟认为乔匡舜是故意动摇军心,把他流放到抚州。

李璟又去问神武统军朱匡业、刘存忠的意见,朱匡业随口吟诗,"时来天地皆同力,运去英雄不自由"。这个诗句出自晚唐诗人罗隐的《筹笔驿》:

> 抛掷南阳为主忧,北征东讨尽良筹。
> 时来天地皆同力,运去英雄不自由。
> 千里山河轻孺子,两朝冠剑恨谯周。
> 唯余岩下多情水,犹解年年傍驿流。

熟读诗文的李璟岂能不明白朱话中有话:先主刘备北征南讨,辛辛苦苦打下蜀汉千里江山,谁想到却被阿斗那小子轻易抛掷。

李璟听了大怒,将朱、刘二人贬谪并流放,不过御驾亲征的事再也不提。

朱匡业是真冤枉,因为李璟说要亲征,真的只是说说而已。在胆量方面,他就不如李弘冀。南唐保大十三年(955)十一月,柴荣南征淮南的时候,并不是一个方向进攻,吴越、荆南、湖南都得到诏命,出兵进攻南唐,以作为战略牵制。其中,荆南、湖南从西向东,水陆同时进攻鄂州。结果湖南武安节度使王逵自朗州率军出发没多久,就发现后院起火,原来是部下岳州团练使潘叔嗣乘后方空虚,兴兵作乱。王逵得到消息后,匆忙回军援救朗州,双方大战于朗州城外,王逵战败被杀。失去陆路配合的荆南水师沿江而下,被严阵以待的南唐老将何敬洙击败。

对南唐而言,最危险且最具威胁的无疑是吴越。当初李昪力压众议放弃了进攻吴越的大好机会,结果十几年来,吴越国每次都不失时机地在背后捅南唐刀子。

这次得到柴荣的诏书后,吴越立即兵分两路同时对南唐发起了进攻。其中一路由吴越国丞相吴程率领,进攻常州;另一路则由都指挥使路彦铢率领进攻宣州(今安徽宣城)。

吴程这一路进展很快,不久即攻破常州,擒获常州团练使赵仁泽。赵仁泽也是条汉子,被押送到杭州后,不仅不肯向吴越王钱弘俶下跪,还斥责其背信负约。钱弘俶大怒,命人用刀将其嘴撕裂到耳后,幸好吴越丞相元德昭怜惜其忠勇,劝谏钱弘俶饶他不死。

得胜的吴越军队继续进攻润州(今江苏镇江),镇守这里的是李璟长子李弘冀,时任宣(州)、润(州)大都督。常州和润州相隔不远,且几乎无险可守。李璟担心战场凶多吉少,李弘冀一旦被俘虏,无疑将沉重打击南唐士气,打算将其召回江宁。

诏书传到润州,众将都认为李弘冀虽然年少,但是身为元帅,为全军将士所倚重。此刻李弘冀绝对不能轻易离开,尤其是吴越大兵压境的情况下,一旦主帅临敌逃离,必定军心涣散。

即便没有将领们的提议,李弘冀本人也不想走。润州是江宁东边的门户,军事地位重要,于内可控江湖,于北可拒淮泗,古往今来就是"山川形胜,自昔用武处也"。唐代名相杜佑(杜牧的祖父)曾经把润州之于金陵比作孟津之于洛阳。"京口因山为垒,缘江为境。建业之有京口,犹洛阳之有孟津。自孙吴以来,东南有事,必以京口为襟要。京口之防或疏,建业之危立至。"

由于吴越政权的存在,南唐深知润州的重要性,惯例都是遣重臣重兵驻守于此。

李弘冀上书李璟请求他放弃召回自己的想法,得到李璟同意后,他立即大举整兵备战,慨然决定与诸将同守润州,拼死一战,绝不独生,一时之间润州民心、军心士气大振。

设想如果李弘冀是个贪生怕死的公子哥,恐怕不用等李璟的诏书,自己找个借口就脚底抹油溜了。届时一旦润州失守,两路吴军就要在江宁城下会师。

李璟最大的弱点就是不能识人,赏罚不明。这一点在李弘冀身上完全看不出来。关于武将柴克宏的使用,就是一个最好的例子。润州是江宁的东边门户,当时南唐的精兵几乎都被调到淮南对抗周军,李璟能拿出来援救润州的军队所剩无几,且大多数是老弱病残。

关键时刻,龙武都虞候柴克宏主动请缨,李璟大喜,立即派柴克宏与右卫将军孟俊带兵增援润州。柴克宏是南唐名将、德胜节度使柴再用之子,不过为人沉默寡言,不喜欢吹牛拍马。几年前,李璟经常流露出北伐中原的志向,很多大臣为了迎合皇帝,也跟风说一些豪言壮志阿谀奉承。唯独柴克宏从未谈及用兵之事,没人了解他的军事才能,仕途上也一直寸步难行。

如今李璟已经无人可用,自然也不管那么多了。出征之前,柴克宏惊愕地发现军队领到手的都是几乎腐朽、破烂的军械,就去质问枢密副使李徵古:"士兵不是训练有素的也就罢了,如果得到坚固锐利的器械,还能勉强发挥作用,反而给的全是破铜烂铁,能打仗吗?"

李徵古不仅不做解释,反而大肆谩骂柴克宏,柴克宏行进至润州(今江苏镇江)时,李徵古竟然几次三番要利用手中的权力撤换柴克宏,并以神武卫统军朱匡业代他统兵。

柴克宏对李徵古派来催他回朝的使者说:"我不日即将击破敌寇

（指吴越军），你是什么人，一定是钱氏（指吴越）所派的奸人。"下命将其斩杀，使者一看要丢脑袋，赶紧大声说："我受李枢密（指李徵古）之命而来。"

柴克宏的回答让使者吐血："就算李枢密来，我也要斩。"最终，柴克宏果断斩杀使者，整军备战。

武将杀朝廷使者近似于谋反，幸好时任宣、润大都督的燕王李弘冀坚定相信柴克宏，对他说："您只管在前方作战，关于人事问题不用担心，我自会安排奏报。"李弘冀上表说柴克宏的才能、谋略足以成就功业，常州危在旦夕，不应临阵换将。

李徵古看到柴克宏有后台撑腰，也就不敢多说什么，只能默默吃了这个哑巴亏。

柴克宏领兵直奔常州前线，而他也确实不负众望，不仅用计解救了常州之围，还全歼吴越军队，斩首万级，俘虏了十多位将领。吴程单人匹马跑回杭州，从此被彻底闲置。常州之役，是南唐十多年来取得的最大军事胜利，史称"自保大来边事大起，克敌之功，莫先克宏者"。

如果说常州之役使柴克宏的声望达到了顶峰的话，那么坚定信任和使用柴克宏的李弘冀有知人之明，同样功不可没。

不久之后，在寿州城外，陈觉因为私人恩怨要撤换朱元，身负元帅身份的李景达不闻不问，任凭陈觉逼反朱元，最终导致南唐军事彻底崩坏。

两相对比，李弘冀虽然年少，但眼光和见识不知道比李景达乃至李璟高了多少。

柴克宏因常州的战功升拜为奉化军节度使，他很快再次主动请缨，带兵援救寿州。可惜天不假年，数日之后柴克宏在抵达泰州泰兴县（治今江苏泰兴）时，因为疡症发作而病逝。讣讯传出后，南唐举国为之痛惜。

柴克宏取得常州之役的胜利后，俘虏了十几名吴越将领和几千名吴越士卒，送到润州，李弘冀二话不说，下令全部斩首于辕门之外，全军士气大振，"人壮其决"，都佩服李弘冀是个狠人。

杨吴（南唐）立国以来，和吴越大大小小打了十几仗，胜的居多。但从徐温开始,对俘获的吴越兵将,不仅一个不杀,还全部放回。所以吴越就始终没有畏惧之心,总是在南唐虚弱的时候趁机去捅一刀。

史书上说,李弘冀把吴越俘虏全部处死之后,吴越举国震惊,此后一直到南唐灭亡之前,都不敢再搞小动作。国家生死存亡之际,需要的是杀伐决断,如果还一味优柔寡断,只能寒了自己人的心。所以五代十国时期,过于文弱的知识分子是很难治理好一个国家的,乱世需要枭雄,不要诗人。

这时候,明眼人都能看得出来,李弘冀,而非李景遂,才是南唐需要的继承人。

李景遂前后十次上表,翻来覆去就一个意思:请求奉上皇太弟的宝册,免去自己的继承人地位。他说"如今国家有危难不能匡扶,请求允许出宫就任一方藩镇。皇长子李弘冀有军功,众望所归,应该成为继承人"。

此外,侥幸逃回江宁的李景达也因为丧师失地,主动请求辞去元帅一职。李璟于是改封李景遂为晋王,加官天策上将军、江南西道兵马元帅、洪州大都督、太尉、尚书令。任命李景达为浙西道元帅,润州大都督。

李弘冀被立为皇太子,参与决定各种政务。

当哥哥和叔叔们为谁继承皇位推来推去的时候,依旧远离聚光灯的李从嘉,有了长子李仲寓。只不过当年他出生的时候,李昇即将登上皇位;如今他儿子出生的时候,李璟却被迫去除帝号。

李昇处心积虑奋斗了一辈子的东西,才二十年的光阴,就被儿子败得差不多了。

李家兜兜转转二十多年,又回到了起点。

人世变幻,不过如此。

## 开封换了新皇帝

后周显德六年(959),是柴荣当皇帝的第六个年头。枢密使王朴对《易经》颇有研究,柴荣让他给自己预测寿命几何。王朴仔细推演一番后,认真地回答说,"五六成数"。"五六就是三十年",柴荣听了很高兴,说道,"寡人以十年开拓天下,十年养百姓,十年致太平足矣"。

这一年,唐末以来的分裂和割据依旧持续,没有人知道混乱是不是将永远延续下去。朱温篡唐以来,一个王朝多个王国的格局几乎没有改变。其中,后周疆域范围包括黄河中下游、淮河流域一带,实力最强,领土最大。这是因为柴荣即位之初,就痛感国土狭小,于是连续不断向后蜀、南唐等国用兵,前后花了三年的时间,才全部征服南唐江北州郡,把领土从淮河推进到长江。

在北方,有位于山西,依附于辽国的北汉。在南方,从长江上游顺流而下,广袤的长江以南国土上,分布着若干个小国,既有表面已经臣服于后周的荆南、南唐、吴越,也有依旧保持独立,采用自己年号的后蜀、南汉。

此外,还有占据燕云十六州的辽国。

辽,不是五代之一,而是超越于此的强大国家。杨吴天祚二年(936),石敬瑭利令智昏,割让"燕云十六州"给契丹,放弃了对中原政权来说至关重要的燕山山脉防线。"燕云十六州"之所以重要,是因为从军事地理来看,河北依山傍海,东面是大海,西面和北面则环绕着延绵千里的燕山山脉和太行山山脉。幽州(今北京),作为河北北部的战略重心,可以扼守燕山山脉的防线,并以此来屏障河北乃至整个中原的安全。

对于中原政权而言,幽州不能控制在手的话,就只能在河间、真定一线做被动防御,若是连这一线也守不住,那就大势已去。石重贵的后晋被灭就是典型的教训,一直到北宋时期,宋人依旧念念不忘收复失地,"燕蓟不收,则河北之地不固;河北不固,则河南不可高枕而卧"。

柴荣虽然赞赏王朴的"先南后北"建议,连续三年三次御驾亲征淮南,但他始终提防的,是来自北方的威胁。无论是失去燕山山脉带来的地理劣势,还是辽国多年来一直有的南伐野心,都让他犹如芒刺在背,夜不能寐。

因此柴荣在位五年来,虽然先后与北汉、后蜀、南唐开战,但并没有吞并这几个国家的计划。他所做的一切,只不过是为了扫除后顾之忧,从而全力准备与辽国一决胜负。

后周显德五年(958)四月初四,柴荣离开扬州。北返途中,在颠簸的马车里,他做出了用武力恢复燕云十六州的决定。后周显德六年(959)三月,柴荣下诏北伐,以韩通为陆路都部署,赵匡胤为水路都部署,大军从沧州(今河北沧县东南)出发,水陆同时进兵。四月,后周军队进入辽国(今河北)境内,辽国益津关(今河北霸县境内)、瓦桥关(今河北雄县西南)守将先后望风而降。至五月初,莫州(今河北任丘北)刺史和瀛洲(今河北河间)刺史相继举城归降。义武节度使孙行友攻克易州(今河北易县),擒获辽易州刺史李在钦。

出兵仅仅四十二天,后周就收复了瓦桥关以南的燕南之地。辽国举国震惊,史书上说,契丹"凡蕃部之在幽州者,亦连宵遁去"。

可惜天不假年,正当柴荣准备继续北上,一鼓作气收复幽州的时候,却因染病被迫南归。五月末,柴荣御驾返回开封,但病情不仅未见好转,反而急剧恶化。六月十九日,后周世宗柴荣驾崩,时年三十八岁。

他死的时候终于恍然大悟,在位时间总共五年六个月,五六相乘结果是三十。原来是当初王朴不敢说真话,被他误以为是三十年罢了。

被柴荣视作股肱之臣的王朴,已于当年三月去世,时年五十三岁。王朴身为枢密使,性格刚直,处事果断,深得柴荣信赖。在得知他的死讯后,柴荣大哭捶地,哀叹失去可以寄托后事的大臣。

据说赵匡胤建立宋朝后,有次无意间看到王朴的画像,不禁肃然而立,指着自己的黄袍对近臣感慨说:"王朴如果还活着,我穿不了这黄袍。"

二十日,大臣们宣布柴荣遗诏,诏令其子,七岁的梁王柴宗训即位,是为周恭帝。

当初,后汉隐帝大肆屠杀郭威家人,郭威继室张氏与郭威的儿子郭青哥、郭意哥,侄子郭守筠、郭奉超、郭定哥还有第三女都被诛杀。柴荣作为郭威的养子,他的三个儿子也被一并诛杀。

五代朝代更迭的教训并不遥远,柴荣病重期间,最担心的事情,就是年幼的儿子无法控制局面。为了防止外戚专权,柴荣罢免了姐夫张永德的殿前都点检之职,外放澶州做节度使,将其彻底排斥出了中央权力机构。

而殿前都点检这个岗位,则给了他最信任的赵匡胤,之前赵匡胤的岗位是殿前都指挥使,位居殿前都点检之下。

可惜面对权力的诱惑时,永远没有绝对的忠诚,因为这是人性的弱点。

"主少国疑"的状况激发了赵匡胤的野心。柴荣去世半年不到,后周显德七年(960)正月初四,他就自编自导了一个黄袍加身的"陈桥兵变"戏剧。第二天,赵匡胤带领军队杀回开封,威逼年幼的柴宗训"禅让",并在崇元殿即皇帝之位,下诏改国号为"宋",改年号为"建隆",宣布定都开封并大赦天下。

是年,赵匡胤三十三岁。

草蛇灰线,伏脉千里,赵匡胤成为五代时期又一个称帝的武人。这些年来取得的每一次军功,都成为他登上帝位的台阶。所不同的是,他虽然是一个武人,但却最终终结了"兵强马壮者为天子"的轮回。

后人嘲笑赵匡胤是欺负孤儿寡母,但这只是纯粹从道德角度评判而已。事实上,但凡是能开辟一个王朝的皇帝,必定是一个不择手段的人。心慈手软的人,想要守住一个王朝都难,哪里能开国建朝?

赵匡胤登基后,天下局势再次为之一变。可以设想的是,柴荣假如没有英年早逝的话,以他的战略决断,必定是继续死磕辽国,以收复燕云十六州,获得战略上的主动为目标。

但是这个战略方向,因为柴荣的死而被改变了。赵匡胤作为柴荣的嫡系将领,几乎参与了高平之战以来的所有重要战役。相比柴荣选择性地采用王朴的策略,他可以说是王朴战略的忠实执行者。

或许是赵匡胤先后经历了两次改朝换代,亲眼目睹了后唐、后晋的灭亡,对于辽国的实力,有着清醒地认识,导致赵匡胤不愿轻易地去与辽国决战。又或许是他和柴荣性格上的不同使然,让他选择另外一条更加稳妥的路径。

总之,他的结论是,"当今劲敌,唯在契丹",意思就是柿子要先捡软的捏。

这个软柿子,就是南唐等南方小国。

从后来实际的统一进程来看,赵匡胤显然还有另一层考虑,古代农业经济社会,最重要的两个经济指标就是人口和粮食。唐末以来,天下崩坏,尤其是王仙芝、黄巢起义以后,潼关以东和太行山以东在内的整个中原地区,战乱几乎持续了半个多世纪,带来的后果就是人口下降、民生凋敝、国力匮乏。

相比而言,长江以南,唐朝中期开始就是重要的财赋来源地。五代十国期间,由于北方战乱频仍,大量人口避祸南下,江淮一带户口数远远超过开元年间,其中很多州郡,户数有成倍甚至近十倍的增长。至于最重要的粮食产量,唐玄宗开元二十二年(734)到二十四年(736),由江淮漕运到京师的粮食共七百万石。到了宋初,江淮漕运额达到了每年四百万石。

因此,赵匡胤决定把收复燕云诸州的目标留待将来实力足够的时候。就目前而言,他将把全部主要精力放在南方,至于北方,只是在国境线上的军事重镇布置适量的精兵强将。

因此关于统一天下,赵匡胤的策略是"先取西川,次及荆广、江南"。

而他后来,也正是这样一步一步执行的。只不过他和柴荣一样,在接近目标的时候,突然死去。继承皇位的赵光义,能力上又远远不如他,这才导致北宋错过了收复燕云十六州的窗口期。

这是后话,暂且不提。

现在把时针拨回至后周显德七年(960),李璟还不知道赵匡胤的心思。柴荣在战场上打掉了他所有的骄傲,从自称"唐皇帝"到自称"江南国主",口气越来越谦卑,文书越来越谨慎。对李璟而言,无论是谁坐在开封府的龙椅上,他都只能小心翼翼地扮演好藩属的角色。

不过柴荣似乎真的只满足于占领江北而已,李璟发现,战争结束以后,柴荣变得越来越温和,且照顾南唐的面子。小国依赖大国生存,大国对小国的威慑体现在实力上,假如一旦被小国发现原来是只纸老虎,那就必然义无反顾地跳出它的势力范围,重新选择可以依靠的大国。

后周显德六年(959)六月,割据泉州、漳州的南唐清源节度使留从效曾派遣使臣到开封进贡,请求在京城设置进奏院,从此不再通过南唐,而是直接与后周朝廷沟通,以此表示臣服后周的态度。柴荣答复他说:"江南刚刚归附朝廷,爱卿你毕竟已经长久侍奉江宁,不可以轻易改变。如果在开封府设立进奏院,就等于说朕默许你以泉州来投奔朝廷,罪过就在朕的身上。爱卿你远道而来进贡,朕已经感受到了你的忠诚。但你还是应该继续侍奉曾经的君主。如此一来,对于爱卿而言,足以表示始终如一的情义。对于朕而言,可以尽安抚四方的义务。希望你通情达理,明白朕的良苦用心。"

如果说安抚留从效是为了安抚人心的话,那么柴荣不久之后的另一番话,更是让李璟感到意外。柴荣去世前不久,李璟派儿子李从善与钟谟出使开封。柴荣问钟谟:"江南也在操练军队备战吗?"钟谟赶忙回答:"既然已经臣事大国,就不敢这样了。"没想到柴荣说:"不对,过去我们是敌对双方,现在已经一家人。国朝(后周)与你们国家的大义名分已经确定,很难再有其他变故。但是人生不可预料,至于后世,更是不可知晓。"

钟谟一脸愕然,完全没想到柴荣会说出这样的话。接着柴荣又说:"回去转告你们国主,可以趁我活着的时候,加固城郭,修缮兵器,并增兵防守要塞,为子孙后代早做远谋。"

钟谟回去转告柴荣的话后,李璟赶紧派劳工加固江宁城墙,凡是各州城池有破损以及不坚固的,也全部整治修理。

江淮是南唐的主要产盐地,李璟派陈觉出使后周,向柴荣请求,得到海陵(今江苏泰州)盐监来供应军需民用。柴荣尽管出于管理原因,驳回了南唐索要海陵盐监的请求,但还是同意每年拨三十万斛盐给江南地区。如今随着赵匡胤称帝,意味着全新的开始,一切都要重新来过。

李璟再次变得紧张,毕竟柴荣的行事风格已经熟悉,但他摸不清新皇帝的脾气,只能心怀忐忑地一趟又一趟地派遣使臣,唯恐礼数不够周到,让其找到用兵的借口。

我们可以从史书中看到这一年,南唐派遣使臣的密度:

三月十七日,南唐使臣恭贺赵匡胤称帝;七月二十七日,得到赵匡胤平定忠于后周的李筠叛乱战报后,遣使来贺,进贡白银;八月二十八日,赵匡胤返回开封,南唐遣使来贺。

同样忠于后周的淮南节度使李重进因为优柔寡断,错过了和李筠南北同时起事的机会,当他公开与赵匡胤决裂的时候,曾经私下联络南唐想要联手反宋。

没想到南唐君臣站稳立场,不仅没有接受他的请求,反而派左仆射严续来扬州慰劳平叛的宋朝军队。十一月十九日,北宋扑灭叛乱,李重进兵败仅仅过了五天,李璟又派他的儿子蒋国公李从镒、户部尚书冯延鲁前来开封进献"买宴"(封建时代臣献钱财以参国君的宴会)的钱帛。尽管如此谦卑,李璟依旧感受到了新皇帝咄咄逼人的气势:

在开封府的宴会上,赵匡胤声色俱厉地威吓冯延鲁等南唐使臣,指责南唐与叛臣李重进私下来往,称众将都劝他乘胜渡过长江。

不久之后,赵匡胤又让水军在迎銮镇(今江苏仪征)演习水战,一时间,巨舰密集,旌旗招展,耀武扬威。迎銮镇紧靠江边,淮扬段的运河从山阳(淮安)至此地直接入江。赵匡胤此举无疑向南唐表明,宋军南下进攻与否,只在他一念之间。

"此诚危急存亡之秋也",南唐小臣杜著、薛良先后偷渡长江前来投奔,并且献上平定江南的方略。不过,赵匡胤非常鄙视这两个不忠诚的家伙,下令把杜著斩首示众,薛良刺配到庐州从军。五代从郭威开始,凡是流配的犯人,脸上都要刺字,称为"刺配"。而这些犯人又多半发到军中服役,称为"配军"。薛良曾经是南唐的彭泽(今属江西九江)令,被如此处理,也算是终身耻辱了。

尽管赵匡胤处理叛臣的手段让李璟稍微安心,但建隆二年(961)正月,新年刚过,赵匡胤又在开封南池检阅水军。

李筠、李重进都是后周名将,尚且不堪一击,李璟日夜寝食难安,痛苦地意识到:

留给他的时间不多了。

## 世间难见"金错刀"

南唐与后周的战事没有对李煜造成太多影响,他虽然被任命为神武都虞候、沿淮巡抚使,但似乎只是挂个名号而已,日常生活依旧是吟诗作画,品题文字。

南唐保大十四年(956)三月,当寿州被后周围攻,李弘冀在润州坚守的时候,江宁城内清辉殿西阁(清辉殿藏书之所)正春光明媚,李煜与进士张洎在这里观赏王羲之的《兰亭序》,并且有感而发,写了一篇在书法史上扬名千古的《书评》:

> 善法书者,各得右军之一体:若虞世南得其美韵而失其俊迈,欧阳询得其力而失其温秀;褚遂良得其意而失其变化;薛稷得其清而失于拘窘;颜真卿得其筋而失于粗鲁;柳公权得其骨而失于生犷;徐浩得其肉而失于俗;李邕得其气而失于体格;张旭得其法而失于狂。献之俱得之而失于惊急,无蕴藉态度。此历代宝之为训,所以夐绝千古。
>
> 柔兆执徐暮春之初,清辉西阁因观《修禊叙》,为张洎评此。

意思就是:几百年来,擅长书法的大家,都是从王羲之那里学到一部分的技巧和风格。虞世南学到王羲之的秀美和韵致,俊逸豪迈却不足;欧阳询学到王羲之的笔法和力度,温润秀雅却不足;褚遂良学到王羲之的意境和趣味,却欠缺了灵动变化;薛稷学到王羲之的清新秀丽,却过于拘束窘迫;颜真卿学到王羲之的筋骨,但过于粗鄙;柳公权学到王羲之的骨骼,却过于粗犷;徐浩学到王羲之的丰润,却过于鄙俗;李邕学到王羲之的气质,却体态欠缺;张旭学到王羲之的法度,却过于狂乱;王献之几乎得到了王羲之的真传,笔势却过于狂野急躁,不够含蓄从容。这些都是历代珍视的经验,足以卓绝千古。

丙辰年三月初,在清辉西阁因为观赏王羲之的《兰亭序》,为张洎评此。

很多人知道李煜的词,其实他音乐、诗词、书画无一不通,"善辞章,能书画,皆臻妙绝",只不过他的词太过耀眼,掩盖了书法的名气而已。

他写《书评》的时候,只是一个十九岁的青年,却对王献之、虞世南等十位公认的书法大家一一点评,指出其与王羲之的关系,并逐一指出不足,可见已经形成了自己的书法风格。

有趣的是,这么多名家当中,李煜尤其看不上颜真卿的书法,有人说颜鲁公的书法端正有力有架构,他鄙夷不屑地说:"真卿之书有法而无佳处,正如扠手并足的田舍汉耳。"

意思就是说颜真卿的书法粗鲁,像一个农夫叉手并脚站在那里。

李煜所处的晚唐五代,书法风格正是唐之雄强逐渐过渡到宋之婉约,就跟唐代诗风也是从盛唐的豪迈逐渐过渡到晚唐的风流一样。南唐以文治国,文人的价值观是主流价值观,自然对社会风气和审美风尚都产生了重要影响,从而导致南唐社会在精神上追求细腻、表达自我或是张扬个性的文人特质。体现在书法上,文人化的倾向越发明显。所以李煜看不上颜真卿的书法风格也是时代背景使然。

李煜的书法法晋出唐,创变而有余妍,颇有家学渊源,李璟就擅长书法,楷、草、篆、隶四体皆佳,据说李璟临摹南北朝著名书法家羊欣的隶书,几乎可以以假乱真。南唐学童所学的启蒙读本是南朝梁武帝萧衍时期编著的《千字文》,李璟为了让书学更加深入民间,诏令韩熙载搜集王羲之的书法笔迹,用来校换《千字文》。据说当时南唐宫中有数十卷王羲之、王献之父子真迹,韩熙载一共搜集了一百二十四句,四百九十六字,校换之后,没有一个重复。

从此,由韩熙载集,王羲之书的《千字文》,成为南唐书斋中必备的书籍。加上李煜属于赢在起跑线上,从小就广泛接触历代碑帖,起点本身就高于常人。因为喜爱丹青墨宝,李煜收藏很多名家真迹,其中以钟繇、王羲之的最多。后来李煜即位后,曾经让翰林学士徐铉把内府所藏历代名家的墨迹拓本、历代书法名家的墨迹编次摹勒精拓,一共四卷,命名为《升元法帖》,又名《建业帖》(李昇为升州刺史期间,设有"建业书房",藏书上万)。

可惜的是,李煜本人的书法真迹,留到今天的,几乎可以说是寥若星辰,几幅据称是他真迹的,学术界都依旧存疑,"笔砚平生,竟无寸帖之留",实在是让后人惋惜不已。

不过在宋朝的时候,包括欧阳修、黄庭坚等名家在内,还是有很多人都观摩过李煜的书法。欧阳修评价李煜的书法说:"颜鲁公书正正方重,似其为人。若以书观后主,可不谓之倔强丈夫哉!"黄庭坚也夸赞说李煜的书笔力不减于柳公权。

一直到北宋末年,宋徽宗赵佶曾主持编修的《宣和书谱》,当中还收录李煜行书二十四帖,《淮南子》《春草赋》正书二帖。他在《宣和书谱》评价李煜书法的特点:

> 其作大字,不事笔,卷帛而书之,皆能如意,世谓撮襟书。复喜作颤掣势,人又目其状为金错刀。尤喜作行书,落笔瘦硬而风神溢出。

所谓"金错刀",特点就是,"书作颤笔樛曲之状,遒劲如寒松霜竹"。这是书写过程中用笔颤抖拖拽形成的一种笔法,同时强调中锋行笔,笔力瘦挺如寒松之状。

这正和颜真卿宽博雄伟的书风形成了鲜明的对比。"作大字",是李煜卷起布帛,蘸墨所写,意在写得酣畅。李煜当初是因为推崇书法入画,才创作了"金错刀",这是专门为入画而创作的一种书体。

可惜"靖康之难"后,开封沦陷,二帝北狩,大量文化瑰宝随之消失。《宣和书谱》《宣和画谱》其中所收录的李煜书画作品竟然无一流传下来,后人也就无缘得见"撮襟书""金错刀"风采。

# 一不小心成为太子

后周显德六年(959),后周征伐南唐战争结束的第二年,成为李煜人生的重要转折点。这一年南唐发生了一件影响未来历史走向的大事:九月初四,被朝野寄予厚望的太子李弘冀病故了。

史书上说,李弘冀"莅下有法",意思就是他管理臣属,赏罚分明,一切都按照法律条文办理。山河破碎,风雨飘摇,李弘冀的去世,让南唐这艘本来已在惊涛巨浪中颠簸的巨船再次失去希望。

有传言说李弘冀猜忌李煜,理性分析,李弘冀这样一个能力突出、行事果决的人,不太可能会去猜忌李煜这样一个压根不想当皇帝的人。

据说李弘冀被立为太子后,因为有不法行为,李璟气得用马球棍子边打他边说,"我要重新召回李景遂"。李弘冀感到地位不稳,于是秘密指使洪州都押牙袁从范毒杀李景遂。

这个所谓的谋杀,怎么看都是捕风捉影,无中生有。

李景遂本人一直对继承皇位不感兴趣,为了表明心意,还给自己取字"退身",典故取自《老子》:功成名遂身退,天之道。史书上评价他"纯厚夷淡,有士君子之操"。

再说当时的南唐已经风雨飘摇,皇帝之位已经成为避之犹恐不及的烫手山芋,不要说李景遂不想当皇帝,就连李璟也多次想传位李弘冀,只是因为柴荣的反对,才放弃这个操作。

此外,立太子在任何朝代都是一个慎之又慎的操作,即便是昏君,也不可能把立太子当作儿戏,废立仅仅凭一时心情。

李弘冀去猜忌和谋杀两个压根不想当皇帝的人,于情于理都讲不通。

李煜后来回忆说,"被父兄之荫育,乐岁月以悠游",真的是一点也不夸张,有父亲和哥哥的庇荫,他才能开心地过自己的小日子。

李弘冀去世的时候,朝廷要给他定谥号,因为他在润州指挥柴克宏打败过吴越军队,准备定为"武宣"。结果新科进士张洎(看字帖那位)

站出来说,"太子的德行,主要在于孝敬,现在根据武功确定谥号,就不符合注重德行的原则"。

于是又改定谥号为"文献"。

所以,就跟明朝文官系统不能容忍正德皇帝舞刀弄枪一样,在南唐,始终秉持"以文驭武"的国策,李弘冀有军功,就让他们觉得有违太子身份,不符合对理想中君临天下皇帝的期待,就硬生生搞了一个让人啼笑皆非的谥号:"文献太子"。

上一年八月初二,曾经的皇太弟李景遂在洪州病逝。随着两位继承人的先后病故,南唐储君的位置又空了出来,谁有希望呢?李景达因为战败自求处分,已经退出皇位竞争序列。

李弘冀一母同胞的弟弟,李煜年龄最长,顺理成章,成为嫡长子。

李璟打算立李煜为继承人,没想到引来了礼部侍郎、知尚书省事钟谟的反对,他说"李从嘉(李煜)德行轻浮、志趣懦弱,又酷信佛教,不可以当人主",认为李从善"果敢凝重",可以做继承人。

钟谟,会稽人,曾经是李璟最为信任的大臣。当初柴荣征讨淮南,李璟先后派了几拨使臣前往后周求和,他和李德明是第一拨。当时南唐节节败退,李德明回来之后,夸柴荣英武,又劝李璟割让江北诸州,遭宋齐丘、陈觉等人陷害,说他卖国图利,被李璟下令在江宁街头斩首。

钟谟被扣留在后周的时候,第二拨求和的使臣孙晟及同行的两百多人,一起被柴荣下令斩首,唯独赦免钟谟一人,并任命他为耀州(今陕西铜川)司马。战争结束后,柴荣放他归国,但使了一个小花招,不仅赏赐黄金五百两,还提拔他为卫尉卿(九卿之一,主管京城仪仗,武器库藏)。

果然钟谟回来之后,遭到李璟猜疑(同样是使臣,李德明、孙晟,一个回国被杀,一个在后周被杀),凭什么你活得好好的,还又是提拔,又是赏赐。

钟谟此后如果低调一点也就罢了,可他偏偏仗着多次出使后周的资历,以及柴荣对他的赏识,行事骄横跋扈,横加干涉尚书、中枢、门下三省事务。如今甚至干涉起皇位继承的问题,直接触动了李璟最敏感的神经。

自古以来,无论是一代雄主还是中庸之主,都不愿意大臣干预立储一事。因为立储,既是国事,也是家事,基本上都是皇帝本人乾纲独断,而不是听取一个外人想法,让自己听从他人摆布。

身为大臣,哪怕恩宠再大,除非皇帝主动问起,也是不到万不得已不能轻易发表意见。钟谟高估了自己的影响力,也误判了李璟的心理,投资太子意味着投资未来,他想通过干涉立太子来确立自己的拥立之功,赢得未来若干年继续执掌权力的资本。

可惜的是,很多时候用力太猛,往往就走到了反面。李璟对钟谟的意见不置一词,下诏封李煜为吴王,尚书令,知政事,居住东宫。

钟谟大概没有意识到,自己在作死的路上已经越走越远了。不久,枢密副使、给事中唐镐举报钟谟与天威都虞候张峦经常密谈到半夜。

事已至此,李璟依旧压住怒火,隐忍不发。

十月,钟谟亲手点燃了导火索:他请求命令张峦所部军队负责京城巡逻。身为大臣,不仅干涉皇帝家事,还私下结交武将,干涉京城警卫工作。随便一个罪名,一般人都兜不住。李璟二话不说,下诏披露钟谟越权的罪状,将他贬谪为国子司业。

当柴荣驾崩的消息传到南唐后,李璟又将他流放饶州。仅仅过了一个月,又派人到流放地将其赐死。钟谟面对使者的时候,试图进行最后的抗辩:我未曾辜负国家。

使者只是淡淡回了一句:孙晟有负国家吗?

钟谟顿时无语,于是自缢而亡。

成为太子的李煜,逐渐意识到如果人生可以划转折点的话,那么一定是以兄长李弘冀病亡为界。在这以前,父皇李璟年富力强,兄长精明能干,他才可以整天逍遥自在,做自己喜欢的事。当他真正被迫站出来承担重任后,才发现哪有什么岁月静好,只不过是父兄在扛着而已。

想到即将担负的重任,李煜除了自嘲人生的无常,只能期盼那一天来得越晚越好。他甚至憧憬着,能一直在钟山隐逸,终日于湖光山色间寄情山水。

在这期间,他写下了《病起题山舍壁》:

> 山舍初成病乍轻,杖藜巾褐称闲情。
> 炉开小火深回暖,沟引新流几曲声。
> 暂约彭涓安朽质,终期宗远问无生。
> 谁能役役尘中累,贪合鱼龙构强名。

穿着短褐,戴着头巾,漫步山间林中,看着新建成的山舍,困扰自己的病情也仿佛好了许多。为什么要被纷繁复杂的世事所牵绊,真想像彭祖那样无心功名,像宗炳和慧远那样远离世俗。在自己的小天地里,看着火炉烧开,就像远处溪水叮咚的声音,永远闲散隐逸,那该多好啊。

春去秋来,寒来暑往,李建勋死前的预言仿佛不祥的谶语,南唐的国运正在悄悄下滑,就跟这无情的岁月流逝一样,给人心酸无奈。

后周南下的铁蹄踩碎了酒池花阵,歌楼燕馆,无穷无尽的割地赔款,放眼望去处处危机四伏,使得这个时代更有一种挥之不去的末日感,只能闭上眼睛去醉生梦死,但内心深处又总是笼罩阴影。

晚秋的寒风,吹过西苑,林木间传来几声凄然的鸣叫,这是一只失群的秋莺。李煜想到春日里无忧无虑鉴赏字帖的时光,就跟草长莺飞的美景一样,变得遥远和不真切,无可奈何的岁月更加倍增凄凉之感:

> 残莺何事不知秋,横过幽林尚独游。
> 老舌百般倾耳听,深黄一点入烟流。
> 栖迟背世同悲鲁,浏亮如笙碎在缑。
> 莫更留连好归去,露华凄冷蓼花愁。

所谓笑语中隐含着一丝苦笑,游乐中间杂了无可奈何,尤其是对自己的命运无从把握的黯淡心理。

李煜成为储君之后,不仅要学习很多朝廷礼仪和此前不需要掌握的知识,还要每天早起上朝,参与各种国家大事的决策,尽可能多地分担政务,以便李璟集中精力做一件大事:

迁都。

早在后周显德六年（959）七月，战争结束的第二年，李璟因为江宁距离后周国境只有一江之隔，开始谋划迁都。经过一番对比，他决定把新的都城安放在洪州（今江西南昌）。这是因为他认为洪州处南唐腹地，东临鄱阳湖，西靠赣江，水路发达，地势险要坚固。

没想到他把迁都计划拿到朝堂上时，意外发现支持并鼓励自己迁都的只有一个人：枢密副使、给事中唐镐。

尽管大多数臣子都反对，但李璟还是命令按照江宁城的体制来规划建设洪州。他下令将洪州改名为南昌府，建立南都。任命武清节度使何敬洙为南都留守，任命兵部尚书陈继善为南昌尹。

这年冬天，后周端名殿学士、兵部侍郎窦仪出使南唐，当时正值隆冬，天降鹅毛大雪，李璟准备站在廊檐下接受诏书。窦仪不允许，说："使者奉持诏书而来，不敢有失从前旧礼。倘若害怕衣服沾上雪花，那就改天再接受吧。"

李璟吓得不敢再提任何条件，只好冒着大雪，走到殿前庭院里，跪拜在地，接受诏书。

这一刻，李璟的心无比悲凉。屈辱是一回事，提心吊胆又是一回事。柴荣的突然去世和赵匡胤登基以后的一系列动作，更加坚定了他迁都的决心。他不喜欢跟粗鲁的武人打交道，更害怕亡国之后的屈辱。他现在所能做的只有：

远离江宁。

# 第七章　千里江山寒色远

## 洪州催人老

　　北宋建隆二年(961)二月,李璟封吴王李从嘉为太子,留在江宁监国,并任命右仆射严续主持枢密院。他自己则率第七子郑王李从善等宗室、后宫,以及文武百官在江宁登船,浩浩荡荡溯江而上迁都南昌。迁都的规模异常庞大,"国主舟行,旌麾仗卫,六军百司",前后绵延将近千里。

　　自从杨吴大和六年(934)十一月,李昪召他从东都扬州返回江宁后,李璟在这个城市已经生活了将近二十七年。他在这里登上权力的巅峰,也深深感受到了失败的屈辱和痛苦。战事结束两年后,他终于能够远远离开此地,看着两岸的景色和滚滚的江水,又一次体验到久违的轻松和愉快。

　　船队所到之处,李璟都不忘慰劳当地官员。士民百姓也远远跪在两岸焚香膜拜,瞻仰皇帝风采。几天后,船队抵达当涂,万里长江从西而来,在这里一改而为南北流向,因此被称为"横江"。长江两岸,两座山峰夹江对峙(合称天门山),东为博望山,西为梁山,错落相对,犹如一扇天然的江上巨门,一练江水丝绸般柔滑,从中而过一路向北。

　　这里的长江两岸峭壁悬崖,江面甚窄,浪涛汹涌,有"一风微吹万舟阻"之险,素有长江锁钥之称。过了这里,此后都是坦途,李璟眺望长江两岸,翠柏苍松、槐楝乌桕,心情舒畅,下诏停船并举行盛大宴会,席间莺歌凤舞、鼓乐齐鸣,几乎使人忘却迁都的真实原因。

结果乐极生悲,当天夜里突然起了狂风,李璟的座船几乎要被吹到长江北岸。此时长江以北已经尽是宋朝疆域,真要靠岸那就不用迁都了——直接连皇帝带文武百官一起去开封得了。

好不容易熬到第二天早上,风浪才逐渐平息,看着对岸宋军的营垒,李璟及一众大臣依旧惊魂未定,后怕不已。

船队继续上行,经过舒州(今安徽潜山)的时候,李璟看到北岸有数座青峰挺拔秀美,问随从才知道这就是著名的皖公山(又名天柱山),不禁随口吟诵李白的诗《江上望皖公山》:

> 奇峰出奇云,秀木含秀气。
> 清宴皖公山,巉绝称人意。
> 独游沧江上,终日淡无味。
> 但爱兹岭高,何由讨灵异。
> 默然遥相许,欲往心莫遂。
> 待吾还丹成,投迹归此地。

众人纷纷交口称赞的时候,伶人王感化也吟诗道:

> 龙舟轻飚锦帆风,正值宸游望远空。
> 回首皖公山色翠,影斜不到寿杯中。

李璟听了之后,愣在那里,酒杯中的酒洒了一地恍然不觉。原来王感化是在提醒他,泛翠流碧的皖公山景色再美,它也已经不是南唐国土了。

李璟心情沉重,掉头走进船舱,耳畔仿佛又听到王感化当年所唱:"南朝天子爱风流,尽守江山不到头。"

李璟迁都的同时,侍奉赵宋的礼节依旧做到一丝不苟。几乎就在他登船前往洪州的同时,前往开封祝贺赵匡胤生日(长春节)的使者也出发了。

二月十五日,得知李璟不声不响迁都的消息后,赵匡胤派通事舍人王守贞出使江南,"慰劳"李璟迁都:名义上是慰劳,实际是想质问,你跑什么?

船队继续向上游驶去,到江州(今江西九江)湖口的时候,已是三月,长江南岸繁花似锦,举目远眺,水天空阔。站在行驶的船上,李璟见鄱阳湖烟波浩渺、长江波光粼粼,还可远眺庐山烟云,心情又变得好起来,下令停船靠岸,带群臣登庐山游玩。

杨吴大和三年(931),李璟十五岁那年,被李昪送到庐山白鹿洞读书。这里青峰翠谷,山水奇谲,李璟在秀峰脚下买下一栋农舍作为书堂,读书之余,游山玩水,向往着陶渊明式的生活,认为只要当个田舍翁,比当皇帝都感到满足。

他几乎想在此隐居,并写下书堂门联:

苍苔迷古道,红叶乱朝霞。

李璟即帝位后,隐居已不可能,下诏将当年书堂改建为寺院,赐名为"开先寺"。如今旧地重游,想到少年时在这里读书的岁月,李璟心中感慨万千,和群臣遍览胜景、吟诗作赋,流连忘返。齐王李景达也从抚州赶来,陪兄长一起游玩庐山。寿州兵败后,侥幸逃回江宁的李景达主动缴还印绶。李璟担心其心情郁闷,又封他为天策上将军、浙西节度使。浙西与吴越接壤,李景达认为自己能力不够,强力推辞。李璟于是改封他为抚州大都督、临川牧。

当年李璟兄弟几人在北苑泛舟游玩,不小心翻船落入水中,正在另一条小船上的李景达见状,完全不顾自己不会游泳,纵身跳水奋力将李璟救到船上。或许正是记挂当年的兄弟之情,即使李景达丧师失地,李璟依旧高官厚禄赏赐这位"孝友纯至"的弟弟。

时隔多年,再到庐山,意气早已不似年少,想到残破而危机四伏的山

河,李璟内心的失落感油然而起,偶得一句:

灵槎思浩荡,老鹤倚崆峒。

十天以后,李璟才与群臣依依不舍地下山。他和李景达大概都没想到,这一别,便是兄弟二人的永别。

李璟一路都不忘慰问老人和穷人,御舟行至星子渚(今江西庐山)时,召见了隐居在此的史虚白。史虚白是一个奇人,当年他与韩熙载一起南下投奔杨吴,南唐烈祖李昪用宋齐丘辅佐国政。他向李昪自荐称,"吾可代彼"。宋齐丘气得不轻,就把史虚白请来喝酒,酒过三巡之后,故意让他"制书檄诗赋碑颂",本意是让他在众人面前出丑。没想到喝得半醉的史虚白,毫无惧意,让几个人拿笔听他口授。一会儿工夫,文章全部写完,"词采磊落,坐客惊服"。

宋齐丘也不得不承认史虚白是个人才,就把他引荐给李昪。史虚白见了李昪之后,经常劝他有所作为,出兵收复中原。不过最终因为意见不被采纳,史虚白心灰意冷辞官隐居,日常乘双犊车,挂酒壶车上,一小童负一琴一酒瓢相从,往来庐山,不问世事。

李璟即位后,因为韩熙载举荐,再次召见史虚白问政国家大计,早已习惯闲云野鹤的他避而不谈,"草野之人渔钓而已,安知国家大计"。李璟知道他已经无心仕途,于是放还。

此次李璟南行,念及故人,下诏召见史虚白,问他:"最近写了什么新作吗?"史虚白摇了摇头,"没写别的,就写了《溪居》诗一联:'风雨揭却屋,全家醉不知。'"李璟听了无语,"又来讽刺我"。

李璟一行离开鄱阳湖,经赣水抵达洪州。当年王勃在此写下脍炙千古的《滕王阁序》:"豫章故郡,洪都新府。星分翼轸,地接衡庐。襟三江而带五湖,控蛮荆而引瓯越。"李璟还没来得及感慨,就发现一个巨大的隐患,原来现有的洪州城虽然周长达到二十一里,但依旧相当局促狭窄,远远不如江宁。果不其然,随着朝廷文武、百司诸衙、皇亲国戚、侍卫诸军等陆续抵达,人多地少的矛盾立刻凸显出来。

李璟的迁都毕竟是匆匆提上议事日程,远远不能和当年李昇前后十多年营建江宁相比,加上此时的南唐财力早已大不如前。宫殿、官府、军营、官舍,所能容下的人马,还不及南迁而来的十分之一。

大失所望的文武百官日夜想念江宁,李璟本人也是懊恼不已,虽然他不用担心自己没地方住,但是想到江宁的园林山水,常常向北眺望,心中越发闷闷不乐,郁结之余,赋《应天长》一词曰:

一钩初月临妆镜,蝉鬓凤钗慵不整。重帘静,层楼迥,惆怅落花风不定。

柳堤芳草径。梦断辘轳金井。昨夜更阑酒醒,春愁过却病。

以女子口气写闺怨,独处深闺之中,在迢迢高楼上,将重帘挑起,帘外所见,却是风吹花落,花落无凭,上下翻转,一地狼藉。往日场景而今只有梦中重见。昨夜夜深月残之时酒后醒来,对于春的伤愁更加深切,甚至远远超过了病痛。

澄心堂承旨秦承裕为了不让李璟倚门北望更加伤心,就用屏风挡在殿门口。没过多久,当初唯一一个支持迁都的,枢密副使、给事中唐镐惭愧恐惧不已,因病去世了(有说法是吓得自缢)。

江宁好,洪州催人老,李璟又想与百官商议东迁,返回江宁。但碍于面子并且顾忌赵匡胤,李璟反复纠结,因为水土不服,很快也一病不起。在他生命的最后阶段,粥米不进,只能"啖蔗浆,嗅藕华"而已,吃甘蔗水续命,凄惨!

六月二十八日,李璟在洪州皇宫中的长春殿驾崩,享年四十五岁,在位十八年。李璟临终之前,挣扎着从病榻上坐起,亲笔写下遗书,嘱托将他埋在洪州的西山,不要营建山陵,坟头堆几尺黄土就可以,"违背的都不是忠臣孝子"。

李璟出生于杨吴天祐十三年(916),比柴荣年长五岁,比赵匡胤年长十一岁。李璟的一生,见证了南唐国力由盛转衰的全部阶段。不同于柴荣的家道中落和赵匡胤的武人世家,他生下来就是含着金汤匙的世子,父亲李昇留给他一个厚实的家底:国土面积首屈一指、经济实力傲视天下。

一个人的人生轨迹,就是他全部能力的表达。李璟抓了一手好牌,却没能力打好,命运就像过山车一样,直到伐闽伐楚,都一直在向高处攀爬。突如其来的后周平淮南,犹如过山车来到了一个最高点,国运乃至个人命运转眼就急冲直下,直到最后客死异乡。

成功者的成功不在于想做什么事,而在于他做成了什么事。就做皇帝而言,李璟得到的评价并不低。陆游在《南唐书》里评价李璟,说他"慈仁恭俭,礼贤睦族,爱民字孤,裕然有人君之度。"

他礼遇大臣,谦和下士,就连他有时候衣冠随意,也要跟大臣表示歉意:"元宗接群臣如布衣交。闲御小殿,以燕服见学士,必遣中使谢曰:'小疾不能着帻,欲冠帽,可乎?'"所谓燕服,就是家居时的常服,帻,是包着束发的头巾,简而言之就是不方便穿正规礼服,还要跟大臣小心翼翼地解释一番。

李璟最大的缺陷在于,他的志向和他的能力之间,横亘着一道深深的鸿沟。柴荣、赵匡胤、李璟都有削平天下,有所作为的志向。所不同的是,李璟失败了。历史只记录赢家,失败者李璟,因此成为了柴荣和赵匡胤"丰功伟绩"的垫脚石。

到了生命的最后阶段,李璟业已完全失去了面对挫折的勇气,更不能直面这个残酷的世界。不管是在事业上还是精神上,他已经被柴荣及赵匡胤彻底碾压。

死对于李璟来说不啻于一种解脱。

终于可以不用面对现实的残酷,不用承受无尽的屈辱。

## 跟赵匡胤打感情牌

建隆二年(961)七月,吴王李从嘉(李煜)抵达洪州,一路以泪洗面。他怎么也没想到,半年多前和父皇一别,从此竟是天人永隔。李煜从小聪慧,尤其多才多艺,李璟也特别喜爱这个"早知国事,聪悟好学,经史子传,一见辄解",七岁就能背诵曹丕《燕歌行》的儿子。

当年宋齐丘也曾经说李璟如何不好,夸李景迁如何能干,极力劝李昪"废长立幼"。正因为此,当初钟谟说李从嘉不如李从善,因为后者"果敢凝重",李璟才会勃然大怒。无论是"立嫡立长"的原则,还是对李从嘉能力的欣赏,都让他在立太子一事上没有过多犹豫。

史书上说李煜"天资纯孝",他在李璟死后的表现,确实担当得起这四个字。七月,李从嘉不顾李璟遗命,亲自一路将李璟灵柩从洪州迎回江宁。抵达江宁后,礼部官员认为灵柩不适宜再进入皇宫,被李从嘉断然拒绝,这才让李璟又"回"到了他魂牵梦绕的皇宫大内。

七月二十九日,李从嘉更名为李煜,正式登基。"煜"取自汉代杨雄所著的《太玄经》中"日以煜乎昼,月以煜乎夜"一句,意思就是太阳司职照亮白昼,月亮司职照亮黑夜。

就像李昪当年希望王朝如初升太阳一般,"煜"即光明耀世。

这一年,李煜二十四岁。

李煜即位以后,除了按照惯例尊生母钟氏为太后,册立妻子周氏为后,大赦天下等以外,摆在他面前最重要的事,就是继续处理好与北宋的关系。李煜首先派遣使臣北上通报李璟的死讯,并为其乞求死后的名分:恢复帝号。

古代,谥号是对死去的帝妃、诸侯、大臣等人,按其生平事迹进行评定后,给予或褒或贬或同情的称号。君主的谥号由礼官确定,由即位皇帝宣布,大臣的谥号是朝廷赐予的。

除了谥号,还有庙号,指的是古代帝王死后在太庙里立室奉祀时追尊的名号,譬如汉文帝、汉景帝等等。但在唐代以前,并不是所有的皇帝都有庙号,自从唐代开始,所有的皇帝都有庙号。

三年前,李璟被迫取消帝号,只称国主,死后没有资格使用帝王谥号以及庙号。如今盖棺论定,毕竟君临一国十九年,李煜自然想为父亲争一个名分。

八月十三日,南唐桂阳郡公徐遹来到开封,呈上国主李璟遗嘱表章。徐遹是徐温后人,李煜选他作为使臣大有考量:李家从来不曾忘记徐温的恩情,你身为宋朝皇帝,胸襟应该更大才是。果然赵匡胤不仅同意李煜的请求,并下令有司拟定谥号。

尽了儿子的孝心之后,就要担负起国主的责任。迁都洪州已无可能,李煜扶灵北上后,百官群臣日日翘首以盼,只等一纸诏书,返回江宁。如果继续坚持定都洪州,南唐也许很快就会分崩离析。当年隋炀帝就是因为流连扬州不肯回洛阳,才激发兵变。李煜既然没有父亲的威望压得住百官,只能想办法和赵宋修睦关系,以争取和平稳定的外部发展环境。

九月,中书侍郎冯延鲁再次北上。有道是秀才遇到兵,有理说不清。柴荣、赵匡胤都是武人,拽文弄墨之乎者也的书生在他们那里只会被轻视。赵匡胤称帝不久,去太庙祭祀祖先,看到许多奇怪的祭器,就问主持祭祀的官员道:"这几件器具是什么?"官员告诉他,这是周朝时期的礼器,分别是笾、豆、簠、簋。赵匡胤一听怒了,直接说道:"我家祖先怎么会认识这些,又怎么能吃得惯这些东西!"随后让人把这些礼器给撤走,重新摆上平常吃饭的食物。

冯延鲁不是传统意义上的士人,年轻时"锐意进取,常欲用事四方,以邀功名",尽管福州兵败难辞其咎,但从他此后的人生来看,作为使臣和武人打交道似乎更加适合他。

一年多前,赵匡胤率军平定扬州李重进叛乱后,盛气凌人对前来交涉的冯延鲁说:"朕以大军渡江,尔国能拒朕乎?"

冯延鲁丝毫不惧,不卑不亢地回答道,"李重进自以为英雄,但是跟英明神武的陛下比起来,他也不过是即刻束手就擒罢了。我们江南不过一个蕞尔小国,又如何能对抗陛下的天威呢?但是,陛下也并非没有任何顾虑,江南还有数万军队,都是先主亲兵,受恩多年,发誓要与国家共存亡,自然没有投降之理。将来两军对阵,大国损失数万人马也在所难免。况且还有大江天堑,风涛无常,假如城池久攻不下,粮草难以为继,此事也就堪忧了。"

赵匡胤一看没吓住冯延鲁,只好笑道:"我不过跟你开个玩笑罢了。"赵匡胤从此也对冯延鲁留下深刻印象,因此南唐和北周(宋)打交道以来,前后几任使臣,只有钟谟和冯延鲁先后得到柴荣和赵匡胤的赞赏和厚爱。

为了打动赵匡胤,李煜不仅精心选择冯延鲁作为使臣,并准备了一份厚礼:金器两千两、银器二万两、纱罗缯彩三万匹。此外,他还反复斟酌,亲自草拟和缮写了一篇言辞谦卑的《即位上宋太祖表》:

> 臣本于诸子,实愧非才,自出胶庠,心疏利禄,被父兄之荫育,乐日月以优游,思追巢许之余尘,远慕夷齐之高义,既倾恳悃,上告先君,固非虚词,人多知者。徒以伯仲继没,次第推迁,先世谓臣克习义方,既长且嫡,俾司国事。遽易年华,及乎暂赴豫章,留居建业,正储副之位,分监抚之权。惧弗克堪,常深自励,不谓奄丁艰罚,遂玷缵承,因顾肯堂,不敢灭性。
>
> 然念先世君临江表,垂二十年,中闲务在倦勤,将思释负,臣亡兄文献太子从冀,将从内禅,已决宿心,而世宗敦劝既深,议言因息。及陛下显膺帝箓,弥笃睿情,方誓子孙,仰酬临照。则臣向于脱屣,亦匪邀名,既嗣宗祊,敢忘负荷?惟坚臣节,上奉天朝,若曰稍易初心,辄萌异志,岂独不遵于祖祢,实当受谴于神明。方主一国之生灵,遐赖九天之覆焘。况陛下怀柔义广,煦妪仁深,必假清光,更逾曩日,远凭帝力,下抚旧邦,克获宴安,得从康泰。
>
> 然所虑者,吴越国邻于敝土,近似深雠,犹恐辄向封疆,或生纷扰,臣即自严部曲,终不先有侵渔,免结衅嫌,挠干旒扆。仍虑巧肆如簧之舌,仰成投杼之疑,曲构异端,潜行诡道。愿回鉴烛,显谕是非,庶使远臣,得安危恳。

李煜亲自手书的这篇即位报告,出自元代宰相脱脱所编的《宋史》,可能是在宋廷档案库里找到。因为已经时隔三百年,文章本身并不完整,标题也是后人所加,毕竟李煜写的时候,不可能称呼赵匡胤为宋太祖。

这是李煜和赵匡胤第一次打交道,不仅关系到赵匡胤对他形成什么样的第一印象,更关系到赵宋此后对南唐政策的走向。因此文章篇幅虽然不长,但重要性不言而喻。透过文章,可以充分窥见李煜此时的心理活动,还可以看到李煜清晰的战略眼光,所以很值得认真精读一番:

臣在先帝的诸位皇子中,实在惭愧不是有才能的人。自从出了学校,心思始终不在功名利禄。多年来,我受父兄庇护,优游度日。整天想的是追随巢父、许由的遗风(许由和巢父都是尧时的隐士,帝尧曾多次向他请教,后来想把君位传给他,遭到了他的严词拒绝),仰慕伯夷、叔齐的高尚德行(伯夷、叔齐是商末孤竹君的两个儿子,宁可隐居也拒绝继承王位)。我早就诚恳地把内心的真实想法告诉先父,朝中大臣也都知道。

只因为兄长们相继去世,按长幼嫡亲顺序轮到我,先父又认为我从小勤苦学习,通晓行事应该遵守的规范和道理,就让我参与管理国事。

时光飞逝,等到先父南下前往洪州前,确立了我为储君的名分,并让我留在江宁分担监国抚军的职责。我常常担心不能担当大任,时刻勉励自己。没想到父亲忽然去世,于是我继承了大位。本来应该守孝三年,因顾念到承继父业,我不敢过分悲伤。

当初先父统治南唐将近二十年,每天厌倦于政事的辛劳,早就有引退的想法。臣的亡兄文献太子李弘冀,原本已经要按照先父的旨意即位,先父也已准备好了禅让。但是周世宗皇帝只要江北十四州之地,劝说先父安心归顺,不同意传位太子,禅让之议这才停止。

如今陛下您上应天命而即帝位,恩情尤其长远深厚(慰问迁都,吊丧李璟等,李煜表示感谢铭记之意)。先父感受到您的英明,于是发誓要后代的子孙世世代代侍奉皇宋,所以我臣服于您也是有来由有渊源的。

臣本身不足挂齿,之前的淡泊名利也不是故意为了博取名声。既然由臣守护宗庙,就不敢忘记肩负的责任。今后唯有坚守为臣的本分,守好江南侍奉皇宋。如果说有稍许改变臣服您的初衷,产生异心的话,不仅是不遵从先父的遗训,更要受到上天神明的谴责。

我如今刚主宰一国的生灵,更加需要上天长久的泽被和养育。陛下您抚育天下万民以仁义,如同和煦温暖的太阳,一定会对我们比往日更加照顾。这样的话,臣即使不在陛下身边,仅仅凭您的恩德,治理南唐,也能获得安乐太平。

但臣所顾虑的是,吴越国与我国相邻,近似深仇大恨,臣日日担心恐怕他们在边界滋生事端。臣肯定会严加管束军队,始终保证不先侵犯他们,避免引发争端,打扰陛下的大事;只是担心吴越国鼓动如簧之舌,无中生有,暗行诡诈,制造事端,使陛下动摇对我们的信心。

因此希望陛下明察秋毫,洞悉是非,使身在远方的为臣,满怀戒惧的恳请得以满足。

归纳一下,李煜主要表达了三层意思:其一,我本性淡泊,不想当皇帝,但命运把我推到这个位置;其二,全心侍奉赵宋,不会有二心;其三,跟吴越为邻,请赵匡胤不要相信他们的挑拨,"邻于吴越,恐为所谮"。

李煜在文中,情真意切、言辞谦卑,意在向赵匡胤表白心迹。我们无从得知赵匡胤读完之后的感受,但可以从他的行动来得出结论。

当初柴荣执行的是"先南后北再南"的策略,即先夺取南唐江北十四州,再收复燕云十六州,灭北汉,再挥师南下平定江南。赵匡胤经过一番权衡后,决心采取"先南后北"的策略,即先讨平南方诸国,再北上收复燕云十六州,最后灭北汉(可惜赵匡胤死了以后,赵光义能力有点"水",反过来先打了北汉,再去夺幽云,结果真的错失窗口期,怎么都夺不回来,这是后话)。

但赵匡胤在具体执行过程中,把目标落在荆南、楚、南汉、后蜀等国,直到逐一削平。

他下一次再对江南用兵,已经是十五年之后。

## 国事艰难

1950年,南京郊外江宁祖堂山,附近村中一群孩童在一个大土堆上玩,无意中发现一个大洞,觉得好玩便钻了进去。出来的时候,捡出来一些明器和陶俑,卖给古董铺子。消息很快传到南京文管会,当即去实地勘察,发现陵墓规模很大,不是一般人能拥有,赶紧层层上报。高层得知情况后,也高度重视,很快就批准由南京博物院承办挖掘工作。

就这样,当年十月,李昪、李璟父子二人所安葬的南唐二陵(钦陵、顺陵)重见天日。随着发掘工作的展开,历史上有关李璟身后事的记载也得到了证实。

北宋建隆二年(961)八月,徐邈进呈李璟遗表后,赵匡胤下诏允许南唐为李璟恢复帝号,并赐谥号为:明道崇德文宣孝皇帝,庙号为元宗。建隆三年(962)正月十九日,南唐归葬李璟的梓宫于顺陵,向南五十米是南唐开国皇帝李昪的陵墓——钦陵。钦陵、顺陵二陵均是凿山为陵,与山一体。陵墓南向,面朝云台山主峰,背后隔山便是牛首山双峰,"背倚天阙面矗云台"。山川形胜,佳城郁郁,从风水上来讲是上佳之地,可惜并没有庇荫子孙,南唐最后国祚仅仅三十九年而已。随着南唐的灭亡,李昪、李璟的两座帝陵也渐渐不为人知,湮没无闻,消失在历史的长河中。

经过考古发掘,发现两座帝陵形制、建筑风格大体一致,证明当初的确是按照皇帝的标准设计建造了李璟的陵墓。

李煜为其父李璟争取皇帝名分,并耗费巨大财力为其建造陵墓的举动,历来被认为是他孝心的体现。也有很多人认为李煜不顾国力下降、财政紧张的实际,建造庞大的帝陵得不偿失。

这其实都是李煜稳定南唐人心的重要举措,也恰恰反应了他虽然刚刚执政,但眼光相当长远。或者说,这是一笔必须要支出的政治投资。

李煜即位的时候是什么形势?

国将不国,人心惶惶,李璟甚至不敢留在江宁,千里迢迢跑到洪州,结果客死异乡,留下一个风雨飘摇的烂摊子。

宋朝军队仅仅一江之隔,年初赵匡胤就去检阅水军,淮南三年,南唐从上到下被打掉了信心,割地赔款的目的就是为了苟延残喘。

信心比金子珍贵,葬礼都是办给活人看的。

要想稳定全国军民人心,李煜需要一场宏大且隆重的国葬。以皇帝之礼安葬去世的李璟,不仅能让南唐臣民重温昔日荣光,也让他们感到安心:国家依旧强大。

同时还可以证明自己是最佳继承人,并抹去李璟为了求和自削帝号的屈辱。

谁说李煜只是一个会写词玩乐的君主?

李璟若是地下有知,心中想必很是欣慰和感慨,一辈子都没看准人,想不到最后继承人没看错。

不过在考古发掘中,也发现了一个事实——就规模与质量而言,李璟的顺陵都远远不如其父的钦陵。顺陵全部是砖结构,没有天象和河川图象,也没有石刻浮雕等装饰。

南唐经济实力最强大的时候,是李昪去世前后,他在德昌宫为子孙攒了六百万的钱缗。李璟即位后,连年干戈不止,国力财力损耗很大。后周征伐淮南,战争持续三年,更是伤了南唐的元气,不仅李昪当年积攒的财力荡然无存,就连正常的财政收入也变得窘迫。

财力的下降,有两个原因:

一方面是因为失去江北诸州,另一方面则是因为南唐要不停地进献财物给北朝。当初后周军队围攻寿州的时候,李璟派遣翰林学士、户部侍郎钟谟和工部侍郎、文理院学士称臣乞和,就携金器一千两、银器五千两,缯帛锦缎两千匹。此后每次求和,皆是献上大量金器、银器、锦缎等,最后停战的时候,还一次性贡献银、绢、钱、茶、谷总共百万犒劳后周军队。

双方停战后,南唐每次派使节觐见,都要献上大量财物,"自是贡献尤数,岁费以万计"。李璟迫于巨大的财政压力,让群臣议论应对办法。礼部侍郎钟谟请求铸造大钱,以一当五十,中书舍人韩熙载则请求铸造铁钱。

后周显德六年(959)七月,李璟下令采用钟谟的提议,铸造以一当十的大钱"永通泉货",以及以一当二的小钱"唐国通宝",与唐朝武德年间铸造的"开元通宝"同时流行使用。

大钱的铸行虽然部分解决了朝廷财政困难和巨额军费支出问题,但因为它是一种大面额又减重的双重贬值货币,直接后果是社会公众现有财富的缩水,实际上等于公开掠夺民间财富。

不仅如此,大钱的铸行还带来一个问题,就是盗铸。本来古代使用铜钱作为货币以后,因为有利可图,民间盗铸就屡禁不绝。南唐产铜地区多,盗铸更加严重,"官铸之外,私铸颇多",即使严刑峻法也不管用,"国家虽以法绳之,犯者配远郡",依旧不能压制,所谓"抵罪者众,禁奸未绝"。

大钱发行后,盗铸可以获得更多的丰厚利润,"永通大钱民多盗铸,犯法者众",如唐国通宝,按照官方标准,约一千钱重三斤十二两,百姓盗铸的钱,只有一斤重,因为掺了大量的铅和锡,放到水上都沉不下去。

这种质量低劣的盗铸的铸币,大量进入流通领域后,很容易就引发了通货膨胀,民间继续盗铸,陷入恶性循环。仅仅过了两个月,钟谟被贬谪,永通钱也就被李璟随之下诏废止。尽管政随人废,但财政窘迫的核心问题依旧存在。

李煜即位后,继续恪守属国之礼(花钱买平安),每当朝廷出师克捷及喜庆事,必遣使犒师修贡;其大庆节,更以买宴为名,另奉珍玩为献;吉凶大礼,皆再修贡,反正是打仗送礼,婚丧嫁娶送礼,逢年过节生日也送礼,变着花样送。

史书记载,李煜即位之后的第二年,即建隆三年(962),一共纳贡三次,分别是三月、六月、十一月。单单是六月一次,就进献黄金两千两,白银一万两,锦缎缯帛一万匹。

除此以外,还有铜钱是进献的重要一项。

因为当时白银还没有进入流通领域,铜钱依然是主要流通的货币,无论是军饷,还是贸易,都是最好的硬通货。但从唐代中期开始,就开始面临巨大的钱荒,所以唐朝有"钱帛兼行"的货币政策,"一车炭,千余斤,宫使驱将惜不得。半匹红纱一丈绫,系向牛头充炭直",白居易《卖炭翁》中,宫中的中使就是拿绢帛抵充炭价。

一直到五代时期,(铜)钱荒始终困扰包括中原王朝在内的各国,尤其是因为南方商品经济的发达,中原王朝甚至多次下达专门的规定禁止贸易,以防铜钱流出。

南唐经济发达,且产铜地众多,因此南唐在臣服后周及赵宋后,还要承受巨大的进贡铜钱的压力。据陆游《南唐书》记载,仅开宝五年一次就贡钱三十万络,几乎占当年各国进贡钱数的一半。

赵匡胤即位后,禁止南唐使用"唐国通宝"。但随着大量的铜钱源源不断流入开封,南唐也真的没"钱"了。铜钱储备日趋枯竭,像一个人失血那样,身体变得越来越虚弱,几乎到了奄奄一息的地步。《资治通鉴》记载,因为每年都要进献大量的铜钱,南唐"岁时贡献,府藏空竭,钱益少"。李煜即位后,财政问题变得越来越棘手,解决的办法只有两个:加税,铸钱。

当初李昪在位的时候,碰到天气干旱,而且奇怪的是,江宁城外三十五里雨水都很充足,偏偏江宁周边始终滴雨未下。李昪纳闷的时候,伶人申渐高说,"雨怕要交税,所以不敢进京"。李昪听了之后哈哈大笑起来,于是下诏停止一切额外税。李昪的哈哈一笑,是因为他有实力。

李璟在位后期,淮南之战进入尾声,南唐军用开销增大,迫于内外形势,加在老百姓身上的赋税越来越沉重。民间讽刺道,就连鹅生双黄蛋,柳条结絮都要交税。

李煜如果继续加税,很大概率会激起民变,不是一个好主意。除了加税,李煜只能继续在钱上动脑筋。乾德二年(964),李煜在位第四年,经济越发窘迫,韩熙载此时已经担任户部侍郎,任铸钱使,继续主张铸造铁钱。宰相严续多次陈说铁钱不便使用,两人在朝堂之上激烈争辩。

用铁铸钱在历史上并不罕见,虽然会引起许多社会、经济问题,但因为成本低廉,又总是吸引历代统治者去不断尝试。最后李煜权衡利弊,还是拍板用铁铸钱,"每十钱以铁钱六,权铜钱四而行",每十钱以铁钱六杂铜钱四的比例使用。

但在实际流通中,由于老百姓偷偷私藏铜钱,因此市面上渐渐只剩下铁钱流通。为挽救铁钱的流通,李煜下诏令铁钱以十当一,与铜钱并行流通。

好比硬币总有正反面一样,铸铁钱有弊必然也有利,也缓解了南唐因为铜钱流失导致的困境。因为铸(铁)钱数量巨大,南唐政府能从中获得一笔庞大的铸币收入。史载,此后南唐官吏增加俸禄都是用铁钱支付,不仅如此,因为南唐商品经济的存在,北方商人在购买南唐商品时,必然要支付铜钱,于是很多铜钱又私下通过流通领域进入南唐,成为南唐悄悄积攒实力的重要手段。

此后直到南唐灭亡,经济上都没有再出大的问题。陆游在《南唐书》中记载,南唐灭亡的时候,诸郡所积铜钱六十七万缗之多。

国事艰难,三年丧满,李煜总算稳住了局势。想起逝去的父兄和远去的昔日欢娱,更加感到现实生活的无奈。春天的芬芳业已远去,秋天也黯淡了本色的清丽。

李煜只有在梦里,才能一遍遍地反复怀念往日江宁的热闹,《望江南·闲梦远》:

闲梦远,南国正芳春。船上管弦江面绿,满城飞絮滚轻尘。忙杀看花人!

又作:

闲梦远,南国正清秋。千里江山寒色远,芦花深处泊孤舟,笛在月明楼。

可以说,正是李煜即位之后对赵宋主打情感牌,主动表忠心,并把自己归属为赵宋阵营,才稳定了南唐国将不国、人心离散的局面,为淮南之战后急速下坠岌岌可危的国运按下了暂停键。从而为他整顿内政营造了良好的外部环境,此后,南唐虽然仅剩江南之地,但依旧在风雨飘摇中,又支撑了长达十五年之久。

李煜即位之前,谁能有如此想象力呢?

## 削平荆南湖南

赵匡胤也没闲着,从北宋建隆三年(962)九月开始,他正式开始执行"先南后北"战略,一方面在西、北边境,采取守势,防御辽、北汉;一方面,先后对荆南、湖南用兵,挥师南下,准备开始统一战争。

荆南、湖南地处长江中游要冲,南北相邻,又东临南唐,西接后蜀,南靠南汉。自古以来,湖北居长江上游,是立国东南的政权的屏障。尤其是南北分裂的时候,荆襄都是重兵守卫,这是因为长江出湖北之后,江面渐宽,无险可守,北方对东南用兵,顺水而下就可以形成强大军事压力。

对南唐而言,从军事上看,荆襄上游的意义与两淮不相上下。明朝末年顾炎武反复研究了吴(三国)、东晋、宋、齐、梁、陈、南唐、南宋八个政权的兴衰成败后,指出"厚荆襄"与"阻两淮"是东南立国之本。清人顾祖禹在《读史方舆纪要》中也指出,"有江汉而无淮泗,国必弱;有淮泗而无江汉之上游,国必危"。

五代十国期间,江汉一带有两个割据实体:荆南、马楚。南唐在实力最为强大的时候,只是控有鄂州及湖南全境(湖南前后只控制了一年)。柴荣南下征伐淮南的时候,鄂州由老将何敬洙镇守,始终未曾陷落,可惜却因为签署和议,被迫割让给后周。

荆南又叫南平,是十国中疆域最小,实力最弱,也最没有存在感的政权,为朱温养子高季兴所创立。到建隆三年(962)的时候,荆南已经先后传位五代,在位的南平王是高从诲的孙子高继冲。

虽然荆南一如既往地低调,按时恭谨进贡赵宋,但赵匡胤已经容不下它了,因为占领荆、湖,即可割裂江南诸国,为各个击破创造条件。

赵匡胤需要的只是一个借口。

南唐退出湖南后,参与起事的原楚国将领刘言、王逵、周行逢、何敬真投靠后周,都被封为节度使。这以后,湖南陷入混战。后周广顺三年(953),王逵袭破朗州,杀死刘言,并用计捕杀何敬真。随后,王逵被部下潘叔嗣斩杀。不久,潘又被周行逢诛杀。

显德三年(956)七月,后周册封周行逢为武平节度使,制置武安、静江等军事。至此,周行逢成为湖南地区事实上的统治者。

周行逢治理湖南期间,能改前人之弊,任用廉吏,留心民事,废除马楚时代的苛捐杂税,民众倒也安居乐业。

建隆三年(962)十月,武平节度使周行逢病死,他年仅十岁的儿子周保权继位。衡州刺史张文表乘机发动兵变,占领潭州(今湖南长沙),威逼朗州(今湖南常德),周保权无奈向宋求援。

正瞌睡时有人送枕头,赵匡胤决定以"假道灭虢"的方略,出师湖南、假道荆渚,以达一箭双雕的目的。建隆四年(963)正月,赵匡胤命山南东道节度使慕容延钊为湖南道行营前军都部署,枢密副使李处耘为都监,率大军南下,并且以帮助湖南讨伐叛逆张文表为借口,借道荆南。

二月,宋军抵达江陵,高继冲不做抵抗直接投降。当时,周保权已击败张文表,平息内乱。周保权知道宋军不怀好意,出兵阻宋军南下,结果不是对手,月底在岳阳一带被宋军击败,损失战船七百艘。宋军乘胜进军,三月占领朗州,周保权被俘。

不久以后,赵匡胤下诏将周保权、高继冲及其全族迁至开封。荆南、湖南,就此并入宋朝。

南唐、后蜀、南汉,赵匡胤的下个目标会是谁呢?

# 第八章　人生长恨水长东

## 《韩熙载夜宴图》

1945年底,抗战胜利不久,著名画家张大千北上,准备购买一座前清的旧王府用于定居。到北京后,张大千到琉璃厂古玩一条街闲逛,在玉池山房古玩铺,老板马霁川悄悄把他请到内室,随后小心翼翼取出一卷古画,张大千只看了一眼就无比激动。

这是南唐画家顾闳中的《韩熙载夜宴图》。

当老板告诉张大千价格后,他犹豫了,回答说,"容我回去考虑一下"。两天后,张大千带着原本用于购房的五百两黄金再次来到琉璃厂,购藏了这幅传奇名画。回家后,张大千一连几天闭门谢客潜心观赏此画,还专门刻制了一枚"南北东西常相随难分离"的印章,如同宝贝一样从不离身。

《韩熙载夜宴图》如今已经成为故宫博物院镇馆之宝,他的作者是以善画人物著称的南唐翰林画院待诏顾闳中,出题人却是南唐后主李煜。

据历史记载,当时画这幅画的,不仅有顾闳中,还有他的两位同僚:周文矩、顾大中。

朝代更替,江山兴亡,千载光阴流转而过,周文矩、顾大中的画作早在元代就已失传,当初的画中人物,也早已湮没在历史的风尘里。唯一不变的,只有皎皎明月,以及被定格在时空里,那一晚江宁城内韩熙载府上的弦歌盛宴。

李煜为何要让这么多人去专门画韩熙载夜宴的场景?

因为韩熙载身上有名士常有的毛病:放荡嬉戏,不拘名节。这一点,无论是马令所著《南唐书》,还是陆游所著《南唐书》中都有记载。随着年龄变老,韩熙载放浪不拘礼法的作风,越来越夸张。他家中蓄养的伎妾多达四十人,广招宾客,天天通宵达旦举办宴会,男女关系异常混乱,毫不检点,社会上对此议论纷纷,说他为老不尊,有辱斯文。

他本身不缺钱,但天天大宴宾客,光靠俸禄压根不够用,不得不经常提前透支,就上书诉苦称"家无盈日之厨,野乏百金之产"。李煜生性宽仁厚爱,凡事皆能容忍他,就从内库(自己的私房钱)中拨款救济他。

问题是韩熙载天天这样花天酒地,直接影响了本人的仕途。李煜多次有心要提拔他出任宰相一职,又因为实在看不下去他糜烂的私生活,每次都只能忍痛放弃。

李煜颇感惋惜,就派遣周文矩与顾闳中偷偷去韩宅参加夜宴,目识心记,回来后用绘画形式记录下韩熙载彻夜狂欢的生活场景,像一面镜子一样,希望以此规劝韩熙载自我警醒,振作起来为国分忧解难。

韩熙载看到画作之后的感受如何,我们不得而知,但显然效果不大。因为李煜很快就下诏把他贬官,打发到南都洪州(李煜一直没有废除洪州的都城地位)去。韩熙载一把年纪,自然不愿去湿热的洪州,于是把家中诸伎全部遣散,一面准备单车上路,一面上表乞哀,打苦情牌。李煜终究不是个狠心的人,于是收回诏令,将他留了下来。讽刺的是,没过多久,以前所逐诸伎又纷纷返回,韩熙载也重新回到了以往那种纵情声色的日子。

李煜听说之后,也忍俊不禁,"我算是知道你的真心了"。

不过在这以后,韩熙载还算勤奋,北宋开宝元年(968),他去世前两年,撰成《格言》五卷、《格言后述》三卷,进献给李煜,并上疏"论刑政之要,古今之势,灾异之变"。

李煜读后非常赏识,遂升任他为中书侍郎、充光政殿学士承旨,这也成为他一生所任的最高官职。

北宋开宝三年(970),韩熙载去世,享年六十八岁。因为身后太过贫困,家人连口棺材都已经买不起,最后还是李煜不忍心,出资给他置办棺材寿衣,特地要求给他的墓址要选在"山峰秀绝,灵仙胜境,或与古贤丘表相近,使为泉台雅游"的地方,以便于韩熙载九泉之下也能方便游玩。

最终韩熙载被赐葬于雨花台梅岗,附近就是东晋著名大臣谢安的坟墓。李煜甚至还追封其为左仆射、同平章事,赐谥"文靖",总算给了他一个宰相的名分,不过论起匡扶社稷之功,和他当年的理想,韩熙载相距谢安实在是太远了。

据说韩熙载死后,李煜叹息不已,"我终究得不到韩熙载做宰相啊"。

韩熙载历经李昪、李璟、李煜祖孙三朝,始终宦海沉浮,不得大用。这是因为他固然有才,但也有党争激烈,以及性格狂傲的毛病,所以屡次提拔,屡次被贬,直到遇到李煜这么一个赏识他才能,一心要提拔他的君王。

可惜韩熙载终究不能去掉放浪的作风,加以年岁衰老,最终成为李煜的一件憾事。

不过,《韩熙载夜宴图》却穿透千年,成为文化瑰宝,韩熙载作为南唐这么一个小国的臣僚,本来也没有值得大书特书的业绩,却因为这幅画而名垂千古,大概是李煜和他君臣二人都想不到的吧。

李煜为什么一直心心念念要用韩熙载呢?

## 求治心切

自古以来,新皇帝上任,自然会在朝中树立新气象,或是提拔一些自己的心腹,或是提拔与自己政见相同的官员。

李煜之前没有继承皇位的可能,即使从后周显德六年(959)九月居东宫,成为事实上的太子算起,到北宋建隆二年(961)六月李璟去世,也才两年不到。

李煜身边其实并没有多少人可以称得上心腹。他的东宫班底，基本上是李弘冀生前所提拔的，比如张洎，李煜也非常赏识他，后来成为"恩宠第一"的南唐大臣。

但皇帝是人不是神，既不可能全知全能，也不可能事必躬亲。对皇帝而言，最重要的就是团队，所以刘邦有张良、陈平、萧何等，刘备有诸葛亮，南唐开国皇帝李昇有宋齐丘为之出谋划策。即便是李璟用人屡被诟病，也有冯延巳在内的东宫班底。

李煜即位后，面临内忧外患的局面，几十年未有之大动荡，更需要有一帮能帮他匡扶社稷的贤臣能臣。问题是他的选择不多，李璟时代的老臣，很多人不是去世，就是被诛。

马令在《南唐书》中把李璟时代的大臣分为孙（孙晟）党和宋（宋齐丘）党。宋党一派，被称为"四凶"的冯延巳、冯延鲁、陈觉、魏岑，除了冯延鲁还活着以外，冯延巳于建隆元年（960）去世，陈觉、魏岑都被赐死。被贬杀的，还有李徵古。

当初和李昇有"布衣之交"的宋齐丘也被贬回九华山隐居，李璟下令锁上他家中的所有门窗，只在墙上挖洞给他提供饮食。宋齐丘哀叹道，"我当初献计把吴让皇帝（杨溥）家族幽禁在泰州，所以今天应该遭受这个报应"。随后，宋齐丘自缢而亡，李璟下令赐他谥号为"缪丑"。

至于孙党，有孙晟、常梦锡、萧俨、韩熙载、江文蔚、钟谟、李德明等人。其中，孙晟为柴荣所杀，常梦锡、江文蔚都因病去世，钟谟被贬杀，李德明被诛。

正因为手头可用的人才太少，尤其是能任命为宰相的人寥寥无几，李煜才反复纠结韩熙载不能为己所用。

除此之外，还有严续、汤悦、陈乔等人。这几个人，有一个共同点，都是历经李昇、李璟两朝为官的老臣。严续是严可求的儿子，严可求是徐温的重要谋臣，曾任宰相一职。当初徐知训被杀之后，他曾经多次劝说徐温以亲生儿子徐知询取代徐知诰（李昇），不过徐温始终认为徐知诰孝顺，不忍心这么做。

严可求足智多谋,且深得徐温信任,徐知诰斗不倒他,就转而拉拢。就像让儿子李璟娶钟泰章的女儿一样,他毫不犹豫地让自己的女儿嫁给严可求的儿子严续。因为是儿女亲家,徐温去世之后,严可求在徐知诰和徐知询的斗争中选择了中立,徐知诰也才顺利斗倒徐知询。

严续既是李璟的姐夫,又是李煜的姑父,有这么一层关系,李璟前往洪洲时,才把太子李煜交给他,让他主持枢密院。让李煜头疼的是,严续为人虽然很正直,对皇帝也很忠诚,但"寡学识,听用多非其人",文化水平不行,用的人也不行。

李煜更赏识汤悦。

汤悦本来叫殷崇义,出使北宋期间,为了避赵匡胤父亲赵弘殷以及宋太宗赵光义的名讳,被迫连姓带名都改了。汤悦文采飞扬,南唐的诏书、敕令及外交文书,大多出于其手。

就像李璟喜好文学,冯延巳、江文蔚、潘佑、徐铉等人都能得到高官一样,李煜喜欢汤悦也是同样的原因。

原本被李璟用来辅佐严续的汤悦,等到李煜即位以后,被任命为右仆射、枢密使(枢密院是南唐中枢决策机构)。

受到重用的,还有陈乔。陈乔当初就很受李昪器重,年纪轻轻就被任命为中书舍人。淮南战败后,李璟因为放弃帝号而感到屈辱,想把大权交给皇太弟李景遂。陈觉、李徵古等人趁机劝李璟放权,把国事交给宋齐丘。李璟于是打算传位,并以宋齐丘辅政。陈乔得知后极力阻止,并举杨吴的让皇帝杨溥为例,警告他到时候,"求为田舍翁,不可得矣"。

李璟这才惊醒过来,"没你提醒我的话,差点就落入贼人圈套了"。此后,陈觉、李徵古相继被贬杀,宋齐丘被认为是幕后主使,也被勒令回家幽禁。

事后,李璟拉着陈乔到宫内觐见皇后以及儿子们,指着陈乔说,"你们看清楚了,这是忠臣,以后国家有急难,你们母子可以信赖他,我也就能安心闭眼了"。

此外还有徐铉潘佑等人,这些人就算是李煜最初依赖的班底了。

年轻人即便资历浅,但如果真有才,李煜提拔起来也是毫不犹豫。

当初他还只是吴王,并非太子的时候,就开崇文馆招徕贤士。建隆二年(961),李煜登基没有多久,三十三岁的句容县尉张泌言辞恳切地给他上书陈述"治国十策":

> 一曰举简大以行君道,二曰略繁小以责臣职,三曰明赏罚以彰劝善惩恶,四曰慎名器以杜作威擅权,五曰询言行以择忠良,六曰均赋役以恤黎庶,七曰纳谏诤以容正直,八曰究毁誉以远谗佞,九曰节用以行克俭,十曰克己以固旧好。
>
> 亦在审先代之治乱,考前载之褒贬;纤芥之恶必去,毫厘之善必为。密取与之机,济宽猛之政。进经学之士,退掊克之吏。察迩言以广视听,好下问以开闭塞。斥无用之物,罢不急之务。此而不治,臣不信矣。

文字不长,去掉道德上的规劝,以及不好操作的方面,主要建议在于赏罚分明,减免赋税,提拔忠良,勤俭节约。

李煜读了以后,非常感动,不仅下诏提拔他为监察御史,而且当天就亲笔批示,写了这篇《答张泌谏书手批》:

> 古人读书,不止为词赋口舌也。委质事人,忠言无隐,斯可谓不辱士君子矣。况朕纂承之始,德政未敷,哀毁之中,智虑荒乱,深虞布政设教,有不足仰嗣先皇,下副民望。卿居下位,而首进谠谋,十事焕美,可举而行。朕必善初而思终,卿无今直而后佞,其中事件,亦有已于敕书处分者。

意思就是,古人读书,不仅仅是为了词妙诗美谈辞高雅。在侍奉君主时能够做到直言不隐,才称得上是有古代士大夫的作风。我刚刚即位没有多久,还没来得及推行德政。又正在为父亲服丧,因此在哀伤之中,思维经常混乱。

我时常担心处理政务实行教化,上不足以继承先帝,下不足以满足民望。你身居下位,却第一个递交了正直的言论,所说的十条建议也切实可行。我一定善始善终,断言敢行,你也不可以今天忠直而日后奸佞。

南唐在秦淮河畔设国子监,以官家子弟及庶民子弟中优秀的入学。有一天,都城烽火使韩德霸外出巡查,路过国子监门口,跟学生发生冲突,引发群体事件。最后,官司打到李煜那里,李煜二话不说,直接免去韩的职务。

当然,李煜也不是秦始皇、雍正那样的工作狂,尤其是像他这样一个爱好众多的人。李煜平时痴迷下棋,萧俨几次进宫奏事,发现他都在跟嬖幸(宠爱的姬妾或近臣)下棋。有一次,萧俨入宫求见,见李煜又在下棋,马上板起脸,二话没说,把棋局推倒在地。李煜气得冒火:"你这是要把自己当作魏征吗?"

萧俨板着脸回答道:"我虽然比不上魏征,但您也比不上唐太宗。"李煜被怼得无语,只好起身离开。

萧俨这样的知识分子,对道德有严格的标准,上至君王,下至同僚,全部不留情面。史书说他"秉身方直,弹奏不阿,百官贵戚,敛衽避之",所以这种人不会有什么朋友。之前有一次萧俨误判疑犯死刑,朝堂廷议时,很多人都认为萧俨理应被处死,还是时任宰相的冯延巳力排众议,才贬官南昌令,逃过一死。

晚唐五代伊始,上到王公贵族,下到贩夫走卒,都痴迷于围棋。李煜本人就是围棋高手,李璟的第九个儿子李从谦更是自幼就对围棋表现出浓厚兴趣,常常津津有味地看自己的哥哥李煜和侍臣下棋,还作了首《观棋》诗:

> 竹林二君子,尽日竟沉吟。
> 相对终无语,争先各有心。
> 恃强斯有失,守分固无侵。
> 若算机筹处,沧沧海未深。

下棋不是罪过,宋太宗赵光义也痴迷下棋,号称"棋品第一",李煜如果不是亡国之君,会下棋自然也是佳话。

既然江山丢了,下棋也就成为不理国政的反面事迹了。

历史只管结果,被记住和被赞扬的,永远只是赢的那个。就像学生勤奋苦读一样,如果最后成绩不佳,不管你之前有多努力,都不会被人所看见。

## 文艺青年做成了一件大事

从南唐保大十二年(954)周娥皇嫁入皇宫,到北宋乾德二年(964)去世,整整十年,是他俩生命中最快乐的时光。

徐志摩说:我将于茫茫人海中访我唯一灵魂之伴侣,得之,我幸;不得,我命。

对李煜而言,大周后就是他唯一之灵魂伴侣。

这是最无忧无虑的时光,人生有着无限的可能,如《玉楼春·晓妆初了明肌雪》,每一个字都透着富贵、奢华:

晚妆初了明肌雪,春殿嫔娥鱼贯列。笙箫吹断水云间,重按霓裳歌遍彻。

临春谁更飘香屑?醉拍阑干情味切。归时休放烛花红,待踏马蹄清夜月。

宫殿里春意盎然,一场盛大的歌舞即将上演,妆束华丽的嫔娥鱼贯而出,一个个肌肤如雪,光彩照人。演出开始后,笙箫之音响透天地,飘渺于水云之间,到处洋溢着曼妙的音乐和欢乐的气氛;乐手一遍遍弹着前朝的《霓裳羽衣曲》,宾主边饮酒,边和着节拍,边纵情在舞蹈中。

唐宋大曲都是以一定顺序连接若干小曲而成,当唱完一首大曲中的最后一曲后,也就迎来了宴会的终结。虽然已经很晚,但月色正明,还是不要点燃红烛,就让"我"踏着月光缓缓而归,尽情体验这生命中自由自在的快乐。

在北方,新建立王朝的柴荣,为达到统一天下的目的正意气轩昂,江南却是彻夜丝竹缭绕。李煜和周娥皇两个文艺青年结婚之后,还真做出来一件不起的大事,那就是依靠残谱,用琵琶复原了失传上百年的《霓裳羽衣曲》。

《霓裳羽衣曲》又名《霓裳羽衣舞》,是唐朝大曲中的法曲精品,唐歌舞的集大成之作。我们在敦煌壁画中可见唐代飞天最大的特点就是飘曳的衣裙,飞卷的舞带。所谓"霓裳",就是淘汰了羽人(仙人)身上的翅膀,而代之以飞扬的衣裙,又衍变为羽衣,就是"霓裳羽衣",穿在身上是可以凌空飞舞的。

传说这首舞曲,是唐玄宗遨游月宫的时候,看到数百名仙女,身着五彩霓裳,翩翩起舞。舞姿清丽奇绝,舞曲宛转动人,所谓"天阁沉沉夜未央,碧云仙曲舞霓裳。一声玉笛向空尽,月满骊山宫漏长"。唐玄宗默默记牢舞乐旋律,回到凡间后,即向宫廷教坊使口传,并让他们记录整理,让宫娥排练。

唐玄宗非常喜欢这支舞曲,亲自教梨园弟子三十人演奏,每次十人上场,借助声乐、舞蹈、服饰来描绘缥缈的仙境,表达求仙慕道的需求。《霓裳羽衣曲》从此名噪天下,成为礼赞开元盛世的法曲,其歌舞之美,赢得了整个大唐官方和民间的热爱,白居易曾在诗中写道,"千歌百舞不可数,就中最爱霓裳舞"。

自盛唐时流行于宫中,后来传出京师帝室,流布四方,地方节镇也可以排练演奏,一直到晚唐文宗、宣宗在位期间,仍然有演奏《霓裳羽衣曲》的记载。可惜历经唐末"乱离之后,绝不复传",到五代十国时期,这首"此曲只应天上有,人间能得几回闻"的大曲,已成绝响。

没想到李煜因为有搜求古今各类名家曲谱的爱好,居然意外得到了残谱,真是惊喜。李煜将残谱交给善弹琵琶的乐工曹生,让他补全,但是曹生只能做到"按谱粗得其声,而未尽善出",只能按照残谱大致摸索出它的音乐,但没有得到神韵。这种曲子自然演奏不下去,李煜无比苦恼,就将曲谱交给善音律,尤工琵琶的周后。两个人天天一起研究曲谱,周后凭借深厚的舞乐功底,按谱寻声,边弹边吟,终于变易讹谬,去繁定缺,

"新音清越可听",让开元天宝遗音再现人间。

复原《霓裳羽衣曲》既是文化史的盛事,更具有非凡的政治意涵。南唐一直以大唐王朝的嫡系自居,如今能让盛唐时代的法曲再次上演,恍如开元盛世重现,岂不正是王朝法统受到上天肯定最有力的证明吗?

自从复原《霓裳羽衣曲》之后,南唐宫廷更是朝歌暮弦,燕舞莺啼,李煜和周娥皇夜以继日地载歌载舞,两人之间的感情也在这种绚烂的情爱生活中,变得越发亲密。正如李煜在《浣溪沙》中所写:

> 红日已高三丈透,金炉次第添香兽。红锦地衣随步皱。
> 佳人舞点金钗溜,酒恶时拈花蕊嗅。别殿遥闻箫鼓奏。

宫廷中每日翩翩起舞,从华灯初上到夜半时分,甚至通宵达旦,直到日上三竿,还不想停歇。精致的香炉中点燃着名贵香料制作而成的兽形香料,大殿里以红锦铺地,绣罗护壁。美丽的宫娥们舞姿曼妙,翩若惊鸿却又矫若游龙,发髻松散,就连金钗滑落在地也不知晓。

这里提一句,周后还是南唐引领时装潮流的第一人。据说她曾改革服饰和发型,发明了"高髻纤裳及首翘鬓朵之妆,人皆效之",引得贵妇宫女竞相效仿。

唐代之前,女性的发型比较简单,一般都是平顶式,头发一层一层堆得如同帽子一般,难以展示女性的美貌。唐代女性的发髻形式多样,有云髻、丫髻、螺髻、双垂髻、乌蛮髻、三角髻、峨髻等近百种。周后兰心蕙质,在日常梳妆中,尝试把头发梳成高高的发髻,鬓发环翘,再插几朵珠花,颇有娉婷袅娜的姿态与高贵典雅的气质。周后的发型一出,惊艳众人,此后江南女子纷纷模仿她的发型。

词中宫女舞到高潮,佳人的金钗滑溜下来,可能是因为这个高髻发型的关系。

参加宴会的宾客觥筹交错,酒喝得太多,就拿起花蕊在鼻前轻嗅,以此醒酒。如果侧耳倾听,还能听到其他宫殿也传来了箫鼓之声。

周后多才多艺,除了《霓裳羽衣曲》外,还创作了乐曲《邀醉舞破调》

《恨来迟破调》。所谓"破",即"曲破",大曲的第三段称"破",单演唱此段称"曲破"。一般都是全曲最紧张、最精彩的高潮部分,特点是节奏紧凑且有歌有舞,如元稹的《琵琶歌》中写道,"月寒一声深殿磬,骤弹曲破音繁并"。白居易在《琵琶行》中写道,"银瓶乍破水浆迸,铁骑突出刀枪鸣"。

唐朝及五代期间的大曲歌词以五言、七言诗句入乐叠唱,因此"破"经常用来单独演奏。可惜的是,这些都没有流传下来,最终,只成了李煜的个人记忆。

周后兰心蕙质,还"采戏弈棋靡不妙绝"。采戏,就是掷骰赌采为戏;弈棋,就是围棋。

春日赏花,月下起舞,弹琴弈棋,品评诗画,生活如同花儿一般尽情绽放,令人陶醉,就像《子夜歌》云:

> 寻春须是先春早,看花莫待花枝老。缥色玉柔擎,醅浮盏面清。何妨频笑粲,禁苑春归晚。同醉与闲评,诗随羯鼓成。

相爱的人眼中,雪夜同样情趣无限。看着漫天飞舞的雪花,娥皇举起双手,对着亭中的李煜高喊:"何不在雪中起舞?"

李煜微笑地看着心爱的人儿,故意难为她:"你能现场谱一新声就行。"

年轻的娥皇好胜心起,微微一笑,命人取来笔墨,即唱即谱,"喉无滞音,笔无停思",不到片刻,果然新成一曲《邀醉舞破》,音声调合,韵致宛然。

李煜大为叹服,起身应拍起舞于梅间,转步旋翻,不问夜寒更深。

如胶似漆的生活,李煜甚至一天也舍不得跟周后分开,白天已是如此孤独,况且长夜漫漫,空床孤灯夜难度,怎一个思人之愁。帘外雨打芭蕉,忧伤弥漫,化作一首《长相思》:

> 云一緺,玉一梭,淡淡衫儿薄薄罗。轻颦双黛螺。

秋风多,雨相和,帘外芭蕉三两窠。夜长人奈何?

人生如果永远都是如此闲适与平静,那该有多好。可惜的是,痛苦如此持久,像蜗牛充满耐心地移动;快乐如此短暂,像兔子的尾巴掠过秋天的草原。

人们到头来,终将毁于他所热爱的东西。

## 周后香消玉殒

李煜和周后生有三个儿子,除了三子不可考外。长子李仲寓,字叔章,次子李仲宣,字瑞保,小李仲寓五岁,是李煜即位后所生。两个儿子都天资聪颖,尤其是李仲宣,极为聪慧,三岁的时候背诵《孝经》能一字不漏,能识音调,遇见大臣进退从容,举止有礼。周后特别钟爱这个儿子,把他视作掌上明珠,李煜也经常把他抱在膝上教他背诵诗文。

李仲宣四岁的时候,周后突然生了重病,只能把他托付别的嫔妃代为抚育。没想到有一天,李仲宣跑到宫中的佛堂,在佛像前玩耍的时候,一只大猫跳到悬挂在高处的琉璃灯上。琉璃灯挂得不稳,竟和猫一起坠地,巨大的响声惊吓到了李仲宣。被宫人发现的时候,他已经失魂落魄地昏倒在地,此后便一病不起,在十月初二这天便夭折了。

李仲宣的不幸夭折,对李煜来说是一个巨大的打击,更是一个巨大的考验——忍住悲伤的同时还要向周后隐瞒真相。

尤其是看到昔日光彩照人的爱妻,如今已经被病魔折腾得卧床不起时,他只能强颜欢笑,掩饰悲痛,默默啜泣。唯有一个人独处的时候,他才敢尽情宣泄悲伤的情绪,长歌当哭,化作文字:

永念难消释,孤怀痛自嗟。
雨深秋寂寞,愁引病增加。
咽绝风前思,昏朦眼上花。
空王应念我,穷子正迷家。

丧子之痛难以释怀，但是爱妻现在重病卧床，怎忍再让她承受打击，就让"我"一人承受这痛苦吧。深秋时节阴雨霏霏，分外冷清孤寂。这样愁苦的心情，怎能减轻"我"的病痛呢？伫立风中，更加哽咽悲哀，泪眼迷茫。佛说一切皆空，恳求我佛慈悲，请为"我"指引宁静的归处吧！

六天后，十月初八，是李仲宣入土的日子。想到从此天人永别，李煜无穷无尽的悲伤，只有化作看得见血泪的文字，他尽情诉说内心巨大的苦。目光穿透千年，仿佛依旧能看到李仲宣下葬时，李煜一个人泣不成声的模样。

### 悼仲宣铭

……呜呼！庭兰伊何，方春而零。掌珠伊何，在玩而倾。珠沈媚泽，兰陨芳馨。人犹沮恨，我若为情。萧萧极野，寂寂重扃。与子长诀，挥涕吞声。噫嘻哀哉！

呜呼！兰草再美丽又如何，春光正好的时候就凋零了；明珠再美丽又如何，还在把玩之际失去了光芒。心爱的珍珠失去了美丽的光泽，心爱的兰草没有了芳香，谁会不沮丧痛苦呢？"我"失去的是具有兰草、明珠双重属性的宝物，又当如何？冬日白杨萧萧的原野，冰冷空旷，门户重重的坟墓，最终让"我"与爱子永远别离，伤心过度，不禁泣不成声！哀哉！

李煜不顾礼制，追封李仲宣为岐王，谥号怀献。

可惜天下没有不透风的墙，尽管李煜一再让宫人隐瞒消息，聪慧的周后最终还是知道了李仲宣夭折的真相。早已衰弱不堪的她，承受不住如此巨大的精神打击，病情加速恶化，很快便油尽灯枯。李煜害怕周后也追随儿子而去，他实在承受不了再来一次同样的打击，于是更加悉心地照料爱妻，"药非亲尝不可，衣不解带累夕"，亲自端汤喂药、寸步不离地守在病床前。

可惜所有被珍惜的时光都会成为最后的时光，人活一世，终究无法

不辜负别人,也无法不被他人辜负。临终之前,周后强撑着起身,沐浴更衣,为自己最后一次靓妆,并给心爱的夫君留下遗言:

> 婢子多幸,托质君门,冒宠乘华,凡十载矣。女子之荣,莫过于此。所不足者,子殇身殁,无以报德。

我福泽殷厚,能够托身于君,盛宠十多载,一个女子的荣幸,莫过于此啊。可惜的是,我的儿子幼年夭折,我也要命赴黄泉,再没有什么可以报答您的恩德了。

十一月初二,距李仲宣去世整整一个月之际,二十九岁的周后,口含瑶玉,病逝于瑶光殿。

她和李煜二人共同厮守了十年,相濡以沫,琴瑟和谐,没料到在她人生最美好的年华,却中途抛撇,永远离开了深爱的夫君。"苍苍何辜,歼予伉俪",李煜还没有从丧子之痛中缓过来,又遭遇断弦之悲,真是撕心裂肺,唯有对天哀鸣。

周后临终前将元宗所赐烧槽琵琶和常臂玉环亲自留赠给后主,李煜睹物思人,格外伤心,书琵琶背曰:"侁自肩如削,难胜数缕绦。天香留凤尾,余暖在檀槽。"似乎琵琶上还留着妻子的余香和体温。

烧槽琵琶在宋宣和年间还被收在大内,宋徽宗极为爱惜,金兵攻入开封后就失去了踪迹。

居丧期间,李煜陷于对周后的哀悼和思念之中,久久不能自拔,见到张挂着帷帐的灵床上,周后所用的枕头、被子、衣裳、凤冠,一切宛如生时,情难自禁,在灵筵(供亡灵的几筵)所供奉的手巾上写道:

> 浮生共憔悴,壮岁失婵娟。
> 汗手遗香渍,痕眉染黛烟。

两人十年来共度如梦浮生,而在这壮年之际,却失去了始终相伴的爱妻,灵床上爱妻的汗巾上如今还残留着香脂,娥皇画秀眉印上的眉痕还染着青黛,手巾的主人却永远不可再见了。

中年丧子,无论对谁而言,都是人生中最难、最痛苦的事情。仅仅才过了一月,最心爱的妻子又撒手人寰,换作是谁,也承受不了如此巨大的打击。

天上乌飞兔走,人间古往今来,万般回首化尘埃,只有痴心不改。大周后是在北宋乾德二年(964)十一月去世的,仅仅过了两个月,出现在葬礼上的李煜就已经由一个"明俊蕴藉"的二十八岁青年,变成了一副销骨立、不扶杖就无法站立的形骸。

在葬礼上,哀伤且衰弱的李煜将玉环和金屑琵琶亲手放入周后的梓宫,又将两首哀悼娇妻的挽辞,焚化在周后的灵前。

珠碎眼前珍,花凋世外春。
未销心里恨,又失掌中身。
玉笥犹残药,香奁已染尘。
前哀将后感,无泪可沾巾。

艳质同芳树,浮危道略同。
正悲春落实,又苦雨伤丛。
秾丽今何在,飘零事已空。
沉沉无问处,千载谢东风。

李煜还亲自撰写了《昭惠周后诔》,并命令石工刻在周后懿陵的石碑上。这篇文章是李煜所有作品中最长的一篇,署名"鳏夫煜",文中连用十四次"呜呼哀哉",悲痛之情无以言表。

李煜是非常重感情的人,君主必须适度压抑感情才算合格,就这点而言,李煜作为一个君主,是失败的。周后去世的时候,李煜"悼痛伤悲,哽嚥(哽咽)几绝者数四,将赴井,救之获免",千百年来,因为爱人去世,而要追随殉情的人大概很多,但身为帝王的,大概只有李煜一人吧(从景阳井中爬出来的陈叔宝,被隋文帝杨坚评价为"全无心肝")。

富有艺术天赋的人,情感往往丰富且敏感,一点点小事、一些细微的地方,都能让他们产生强烈的情感。换言之,他们既能感受到更多的欢乐,也能感受到更多的痛苦。

李煜生来就是心思细腻,钟情之人,也因为这种性格,他后来遭受的磨难,对他这种心思敏感的人,尤为可悲。白日苦短,长夜漫漫,天上地下,竟然无处安放忧愁:

遥夜亭皋闲信步。乍过清明,早觉伤春暮。数点雨声风约住,朦胧淡月云来去。

桃李依依春暗度。谁在秋千,笑里低低语。一片芳心千万绪,人间没个安排处。

2011 年,在距离李昪、李璟父子陵墓不远处,又发现了一座陵墓,在陵墓中发现了一段小腿骨,经过测定是一个体质比较弱的成年女子,而且古墓中还发现了发簪,推测墓主可能是大周后。

在这座陵墓附近还有一个大土堆,大概是李煜留着自己百年之后所用。

生则同衾,死则同穴。可惜李煜因为国亡北上,最终安葬在遥远的洛阳邙山。

天上地下,永远失去了他心爱的大周后。

## 新年纳余庆,嘉节号长春

北宋乾德二年(964)年末,当李煜因为大周后的去世伤心到"形销骨立、扶杖方能站立"的时候,后蜀也已经时日无多。赵匡胤接连征服荆南与楚地后,谁也不知道他的下一个目标是谁,后蜀?南唐?

后蜀皇帝孟昶决心依靠山川地势抵抗宋军,同时派遣使节联络北汉,结果后蜀裨将赵彦韬早就有叛变之心,趁着路过开封的时候,偷偷把孟昶的信交给赵匡胤,并且上奏赵匡胤可以轻松攻取后蜀。

五代十国时期,蜀地先后出现过两个以"蜀"为号的国家,为了区别,分别叫"前蜀""后蜀"。

前蜀的创立者是王建,出身于世代卖饼的家庭。唐末大乱,王建从军。后来趁着蜀地军阀混战的时候,王建乘乱攻取了成都,被唐朝任命为西川节度使。此后,他又先后占领了东川、汉中以及秦、凤、阶、成等州,奠定了日后前蜀的疆域。

唐哀宗天祐三年(906)九月,王建不服后梁朱温称帝,也在成都称皇帝,国号蜀。这一年,他已经快六十岁了。王建当了十二年皇帝后去世,继位的儿子王衍才十九岁,完全不谙国事,整日游玩,把朝廷官职当作商品出售,国中乌烟瘴气,政局混乱。

杨吴顺义五年(925)九月,后唐庄宗李存勖以儿子魏王李继岌为伐蜀都统,郭崇韬为东北面行营都招讨制置使,率六万大军伐蜀。从出兵之日算起,到大军进入成都,前后只花了七十天。

杨吴顺义六年(926)三月,王衍及其宗族数千人,在被押往洛阳的路上,于长安郊外秦川驿被李存勖下令族灭。

后蜀的创立者是李存勖的妹夫孟知祥,后唐平蜀后,李存勖任命他为成都尹,剑南西川节度副大使。四月,中原发生突变,李存勖在洛阳被乱兵所杀,李继岌在渭南自杀。李存勖的养子李嗣源称帝,是为后唐明宗。

在这以后,孟知祥逐渐形成割据之势,前后花了十年时间东征西讨,疆域几乎和前蜀全盛时完全相同。

杨吴大和六年(934)正月,六十岁的蜀王孟知祥在成都称帝,建立蜀国,史上称为"后蜀"。孟知祥只当了半年不到的皇帝,六月即病逝,其子孟昶即位。

十五岁的孟昶登基后颇有作为,花了十三年的时间,先后清理了李仁罕、赵廷隐等六位顾命大臣,或杀或罢,"自是故将权臣殆尽,帝始亲政事于朝堂",最终大权独揽。

大概是蜀地太过养人,在这以后,孟昶一改前期的励精图治,逐渐沉湎于酒色。蜀地自古出美女,孟昶在后宫中,像公卿士大夫一样,把诸多佳丽分为十四品，昭仪、昭容、昭华、保芳、保香、保衣、安宸、安跸、安情，修容、修媛、修涓等。其中，他最为宠爱的便是费贵妃，因为赐号为"花蕊"，后人便称之为花蕊夫人。

  成都夏季炎热，孟昶为了避暑，命人在宫中摩诃池用水晶建造了一个宫殿。摩诃池是蜀王宫中的一个大水池，面积约五百亩，环池修筑宫殿、亭台楼阁，其范围广达十里。花蕊夫人在宫词中夸这里"长似江南好风景""水心楼殿盛蓬莱"，一到夏天，孟昶就带着花蕊夫人来到水晶宫，绡帐内铺上冰簟、青玉枕、叠上罗衾，宴饮终日，不知岁月。画楼烛影摇曳，天边明月当空。就在这里，孟昶曾经为花蕊夫人作了一首《玉楼春》：

  冰肌玉骨清无汗，水殿风来暗香满。
  帘开明月独窥人，倚枕钗横云鬓乱。
  起来琼户启无声，时见疏星渡河汉。
  屈指西风几时来，只恐流年暗中换。

  不过他不像李璟那样热衷对外用兵，此时的蜀地，历经孟知祥、孟昶父子二人，已经数十年不知兵戈，朝廷库藏充盈，酒楼宾客高朋满座，街巷丝竹管弦随处可闻，堪称是五代十国期间不可多得的乐土。

  因为花蕊夫人钟爱芙蓉，孟昶下令在成都城中遍植芙蓉，秋日盛开时，蔚若锦绣，这就是成都被称为"蓉城"的由来。

  可惜温柔乡总有被惊醒的时候，自古以来蜀地割据的政权往往不能持久。

  北宋乾德二年（964）十一月，赵匡胤下令忠武节度使王全斌率六万大军，兵分两路进攻后蜀，一路由刘光义统领沿着长江而上，一路由王全斌统领从北面取金牛道南下。王全斌大军抵达剑阁时，被这里"一夫当关万夫莫开"的险绝地势所阻。有熟悉当地情况的后蜀降卒知道一条可以绕过大山到剑门关后面的路线，宋军派出奇兵迂回至剑门之南，夹攻剑门关，因而破之。其后宋军势如破竹，仅仅六十六天，即得四十五州,一百九十八县。

北宋乾德三年(965)正月,两路宋军在成都城外会师。孟昶问计群臣如何应对,大家提议坚守。孟昶想了一会儿,叹息道:"吾父子温衣美食养士四十年,一旦临敌,不能为吾向东发一矢,虽欲坚壁,谁与吾守耶?"

后蜀皇帝孟昶出城投降,后蜀亡。

花蕊夫人作诗道:

君王城上树降旗,妾在深宫哪得知?
十四万人齐解甲,更无一个是男儿。

孟昶投降后,在从成都押送到北宋京师开封(今河南开封)的途中,成都有数万老百姓沿途哭送,甚至有数百人因为太过悲痛而哭到晕厥。孟昶本人也掩面痛哭,老百姓一直从成都送到犍为县,达数百公里,其场面十分感人。

宋朝统一全国后,为了证明削平南方诸国的战争,是有道伐无道的正义之战,在正统史书中往往把孟昶、李煜等人描绘成荒淫无能、沉迷女色、奢靡昏庸的亡国之君。

其实民心才是最好的证明。

五月,孟昶与后宫一起被押送至汴京,没过几天即去世(死因较为可疑)。

当初,李昊为前蜀皇帝王衍的翰林学士,王衍败亡时,李昊为他写降表,现在又为孟昶写降表,蜀人夜间在他门上写"世修降表李家",一时传为笑谈。

孟昶在位三十一年,在皇帝轮流做的五代,成为在位时间最久的君主。他留给后代最耳熟能详的,是所著的官箴。南唐升元五年(941),孟昶鉴于前朝国君王衍因吏治腐败而亡国的前车之鉴,撰写官箴,以圣旨的形式,颁于治下各州邑,戒令官员,以期让官员们"历历在目","则必能隐惕于其心"。全文共二十四句九十六字:

朕念赤子,旰食宵衣。托之令长,抚养安绥。政在三异,道在七丝。驱鸡为理,留犊为规。宽猛得所,风俗可移。无令侵削,毋使疮痍。下民易虐,上天难欺。赋舆是切,军国是资。朕之爵赏,固不逾时。尔俸尔禄,民膏民脂。为人父母,罔不仁慈。特为尔戒,体朕深思。

宋平蜀后,太宗赵光义将官箴缩为四句十六字,于太平兴国八年(983)颁示天下。至南宋绍兴二年(1132),宋高宗赵构又下诏颁于各府州县刻石立于大堂前。

此后历代流传至明清,成为君王提醒官员秉公办事的谆谆告诫。

关于孟昶,还有一个关于春联的故事。春联是中国文学和中国民俗相结合的产物。通常认为春联始于五代,据说最早的春联就是孟昶亲自所写。

《蜀梼杌》记载,蜀未归宋前一年岁除日,孟昶令学士辛寅逊题桃符版于寝门,以其词非工,自命笔云:新年纳余庆,嘉节号长春。

意思就是宋平蜀的前一年除夕,孟昶让学士辛寅逊在门上所挂的桃符上题字,写完之后孟昶不满意,于是自己亲笔写下两句:

新年纳余庆　　嘉节号长春

结果第二年,宋太祖赵匡胤派兵平后蜀,孟昶国亡身俘。赵匡胤委派参知政事吕余庆,前往成都主政。

另外,北宋建隆元年(960),宋太祖将每年的农历二月十六日,即他自己的生日定名为"长春节",即所谓"圣节"。孟昶降宋之时,正是宋太祖生日。

冥冥之中,是否真的有什么预兆呢。

# 第九章　流水落花春去也

## 如梦幻泡影

历史上,有什么样的句子,既惊艳了时光又温柔了岁月?

北宋太平兴国三年(978)七月,北宋开封,禁中一个小院,一个宫女偶然听到李煜去世的消息,顿时呆若木鸡,往事历历涌上心来,须臾间,已是满脸泪水。

百日后,大相国寺来了一个年轻女子。她要将自己珍藏的金字《心经》捐到寺院供奉,以为故人资冥福。她是当年南唐宫中的妃嫔,这本《心经》是李煜手抄并赠送给她。此后迭经国亡北上,她始终把它当作最珍贵的宝贝,细心呵护。

纵使远离故土,家国不存,唯有《心经》,成为她回忆过往美好岁月的纽带。这个乔姓宫人此后的命运不再为人所知,但一个女人,如同风雨中的浮萍,在国破家亡的时候又能做什么呢?

命好,被掳入宫中或是嫁个好人;命不好,漂泊江湖,零落成泥。生命中最幸福的回忆,也许就是当年李煜赠送她《心经》时的样子吧。

时光流转,一百多年后,北宋灭亡,来自江南的僧人又将这部《心经》带回故国。南宋时,王铚机缘巧合,看到了这部李煜当年亲手一笔一划抄写的《心经》,也看到了宫人当年写在经后的一段话:

> 故李氏国主宫人乔氏,伏遇国主百日,谨舍昔时赐妾所书《般若心经》一卷在相国寺西塔院。伏愿弥勒尊前,持一花而见佛……

王铚的评价只有八个字:字极整洁,词甚凄婉。

一生所求,不过温暖与良人,唯有缱绻深情溢于纸上。

一个时代有一个时代的风气,汉儒以研习儒家章句为乐,魏晋名士以谈玄为乐,到唐代,文人则以谈禅为乐。就佛教本身而言,六朝士大夫热心谈佛理,读经论,到唐代则转而习禅、居静。

时代背景使然,南唐李昇、李璟两代君主均崇佛。李昇得国之后,在金陵新建、扩建了不少佛寺,定期举行无遮大会(布施僧俗的大斋会)等。李璟因为文人兴趣使然,不仅礼佛,还经常去清凉道场听住持休复悟空禅师和法眼文益禅师说禅。清凉寺位于金陵城西的石头山,原本是徐温掌握吴国大权时所建,名兴教寺。李璟即位后,曾在此纳凉避暑,于是将其改为石头清凉大道场。禅宗南宗的五个支派之一,法眼宗的创始人文益法师长期居住在寺内,并被李璟封为大法眼禅师。

法眼宗强调"一切现成""万法皆空",清凉寺内有一位法灯泰钦禅师,平素性格豪放,不太拘守佛门戒规。寺内一般和尚都看不上他,只有主持法眼文益禅师对他颇器重。某日,法眼文益在讲经时询问寺内众和尚:"谁能够把系在老虎脖子上的金铃解下来?"大家再三思考,都回答不出来。这时,法灯泰钦刚巧走过,法眼文益又向他问了这个问题。法灯泰钦不假思索地答道:"只有那个把金铃系到老虎脖子上面去的人,才能够把金铃解下来。"

李煜自幼耳濡目染,加上"喜耽佛学,世味澹如",自然也对禅宗产生了浓厚的兴趣。他还是郑王时,就受法于法眼文益法师。李煜即位后,因为经常去清凉寺,专门在清凉山修建了一座避暑行宫,并手书德庆堂匾额,加上著名画家董羽画的龙及李霄远的草书,合称"三绝"。清凉寺,也成为南唐江宁首刹。

两百多年后的南宋时,陆游来金陵游历,曾来到清凉寺,亲眼见到中主李璟的《祭悟空禅师》碑文(休复悟空是法眼文益禅师前一任主持),

以及李煜用"撮襟体"书写的"德庆堂"堂榜石刻。

在李昇祖孙三代的影响下,南唐崇佛之风盛行于境内,不仅广建寺庙,奖励僧尼剃度,就连大臣多跟着素食。寺庙也一个个家大业大,如"金陵寺院,跨州隔县,地过豪右",城中数千僧众,均由国家"给廪米缯帛以供之"。马令在《南唐书》中提到,"南唐每建兰若,必均其土田,谓之常住产"。

南唐的灭亡当然并非因为"礼佛",但李煜作为亡国之君,却被结结实实贴上了"佞佛"的标签。按照中国传统史观,亡国之君在史书中通常一无是处。李煜的不少崇佛之举,也因此被记录并放大,以此证明他因为崇佛导致亡国。

比如《南唐书》记载他亲自为僧众削制"厕简","厕简"是古人上厕所时用来擦拭秽物的小竹片或小木片,类似于今天的厕纸。堂堂一国之君,竟然亲自替僧人们制作厕简,还要拿它贴着自己的脸试试触感,如果有刺还要重新打磨。

南唐国内有和尚和尼姑通奸偷情,被抓到后治罪,李煜却为他们求情,说这是七情六欲使然,如果把他们除籍,正合了他们的心意。他下令也不必用刑,只罚他们礼佛百次,佛法自然会感化他们。

好生戒杀,本来就是李煜的天性。李璟在位后期,社会矛盾激化,冤狱相应增多,李煜即位后,尽量要求减轻刑罚,"论决死刑,多从末减"。北宋开宝三年(969)冬,李煜去青龙山打猎,回来的时候路过大理寺,停下来休息。他闲着无事,就翻阅案卷,亲自审罪犯,下令死罪免死,重罪减轻,小罪释放。给事中萧俨和中书侍郎韩熙载得知后,上奏说"狱讼乃有司之事,囹圄之中非陛下车驾所至,请捐内帑钱三百万,充军资库用"。李煜感慨道,"能敢于直言,帮我纠正错误的,只有韩熙载这样的老臣了吧",随后真的自掏三百万腰包用作罚款。

这些事情可能仅仅就发生了一次,也可能有当时特殊的情境,或者被夸大,但凑在一起,就百口莫辩了。

其中最子虚乌有的,就是所谓的宋朝间谍"小长老"了。传说宋人利用李煜信佛,派僧侣做间谍,潜伏到南唐。其中最有名的便是号为

"小长老"的江正,说他开宝二年(969)南来,善于辩论博得李煜赏识。"小长老"从此趁机怂恿后主穷奢极欲,还在军事重地如牛首山和采石矶等地,建塔寺、造佛像,作为掩护,以待日后宋兵南下时,里应外合。

普罗大众喜欢阴谋论,自古皆然。从认知角度看,阴谋论总是倾向于将复杂事物进行简单化的解释,只要是事物超出了人们已有的认知范围,就可以一言以蔽之地归为"阴谋",用阴谋来解释一切认识不了或令人困惑的现象。

世界复杂多变,重大的社会现象与历史进程背后的原因通常是复杂的、多方面的。

比如南唐为什么灭亡?

国力的巨大差距使然。徐铉在为李煜写的墓志里,将之归因于天命。

对于老百姓而言,天命太过遥远,不如说和尚是北宋间谍更来得可信。

朝廷当中也有不少人反对礼佛,秉持儒家价值观的知识分子永远都不稀缺。如来自歙州的进士汪涣专门上书《谏事佛书》,云:"昔梁武事佛,刺血写佛书,舍身为佛奴,屈膝为僧礼,散发俾僧践。及其终也,饿死于台城。今陛下事佛,未见刺血、践发、舍身、屈膝,臣恐他日犹不得如梁武也。"

梁武帝是中国历史上的皇帝中最狂热的佛教信徒,他曾经锥刺自己,用流出的的血写经书。他还把自己施舍到寺庙中去做和尚,每次都是大臣们用巨款把他赎了回来,赎了回来他又去,又赎回,他一共去了四次。他跪在地上,给僧人行礼;把头发披散,让僧人践踏。可就是这么一个虔诚的佛教信徒,最后还是亡了国,而且是被围困在台城中,活活饿死。汪涣最后说:"梁武帝信佛,最后国破身亡,这事陛下您不是不知道,为何还要效仿呢?"

李煜看了汪涣的谏书后,默然无语,知道他是好心,但"终不能用其言"。

李煜为何会有这些礼佛之举呢?

这当然跟他的个人经历有关。金庸先生回忆自己得知长子往生的消息时,"悲痛不已,一时间无法接受事实,曾一度想跟随长子离去"。他说后来在接触佛教思想后,才渐渐地放下极端的想法,自己的内心也得到了解脱。

北宋乾德三年(965)九月,李煜次子仲宣去世一年以后,李煜的母亲,"圣尊后"钟氏去世。"是日金陵雨沙,后主毁瘠骨立,杖而后能起,哀动左右",李煜伤心地痛哭流涕,悲哀之情打动了所有人。

这次变故,让李煜的身心再次遭到巨大打击。佛家说四劫,即成、住、坏、空。即一个世界之成立、持续、破坏,可分为成、住、坏、空四时期,称为四劫。

从后周显德五年(958)开始,短短六年,经历山河破碎,父丧、母亡、妻卒、子殇,叔父、长兄也在此期间先后离世。

李煜的世界仿佛也经历了四劫,曾经生活的那个南唐已经破碎,曾经热闹喧哗的那个家庭也已崩塌,此前人生中无忧无虑的欢乐荡然无存。他在诗中写道:

> 心事数茎白发,生涯一片青山。
> 空林有雪相待,野路无人自还。

人一生费尽心思,起伏坎坷,如同这雪中的青山,最终不过是落得很多的白发而已。林中皑皑白雪,茫茫原野空无一人,只有寒气袭人,只好折返。

《金刚经》云:一切有为法。如梦幻泡影。如露亦如电。应作如是观。对于人生无常、诸法本空的佛理,李煜体验得尤为深刻。尤其是北宋乾德二年(964)后,无常之痛、空之深切尤为突出。

他为悼念次子仲宣写的《悼诗》说:"空王应念我,穷子正迷家。"哀昭惠周后的《挽辞》说:"秾丽今何在?飘零事已空。"

周后曾移植梅花于瑶光殿之西,又到一年初春,瑶光殿的梅花再次盛开,欣赏它的主人却没了。他睹物思人,哀叹人不如花,"谁料花前后,蛾眉却不全","清香更何用,犹发去年枝"。

花落还有再开时,人死永远不复生。

李煜是一个情感丰富的人,如果说此前的礼佛,对他而言更多的是一种兴趣的话,那么在连续经历多个至亲挚爱去世后,佛教对他而言,已经更多地是作为信仰,作为精神上的依托。李煜内心深处,大概也早就把自己当作在家修行的僧人。据说他退朝以后,经常"顶僧枷帽,服袈裟,课诵佛经"。因为经常拜跪,以至于手脚都长出了厚厚的肉茧。而这些行为,在别人眼中,就成为他所谓"佞佛"的证据。

宗教可以成为心灵的寄托,但不能填补心灵的空缺,李煜本质上是一个热爱生活的人,更是一个容易走心的人。他多情却不滥情,一生为情而苦,又一生为情而活。

也许是上天可怜他的不幸遭遇,在周后不幸离世后,又给他安排了一份新的情感。

## 骄纵的小周后

多少年以后,当南唐的痕迹在江宁已经所剩无几的时候,江宁的故老大概还能绘声绘色地向孙辈描绘大宋开宝元年(968),李煜婚典的盛况——这是南唐立国以后,第一次,也是最后一次,在位君主迎娶正妻的结婚大典。

那一天,金陵城内万人空巷,迎亲队伍浩浩荡荡,很多人被挤在后面看不到,就爬到屋顶墙头和树上,哪怕只要能看上一眼,将来也可以成为余生津津乐道的资本。

婚典的女主角是周后一母所生的妹妹。她比姐姐小十四岁,后来也被李煜立为国后,为了与她的姐姐加以区分,通常被叫作小周后。

李煜虽然是亡国之君,但从来没有人指责他荒淫好色。在男女关系上,他唯一被人诟病的,就是在周后病重期间,和小周后偷偷幽会。因为这种行为,很多人认为他和周后之间的爱情不再纯洁无瑕。

据说小周后绰约风姿,娇嗔可爱。姐姐病重期间,她经常来宫中探

望,李煜一见钟情,两人很快频频幽会,李煜还为此专门写了一首《菩萨蛮》:

> 花明月暗笼轻雾,今宵好向郎边去。刬袜步香阶,手提金缕鞋。画堂南畔见,一向偎人颤。奴为出来难,教君恣意怜。

当日,李煜与小周后偷偷约会,约在后园廊下,月华如水,露深雾重,小周后分花拂柳而来,钗散环退,一见情郎,投身入怀,软语娇声几不可闻。

文人的艺术创作永远充满了想象和夸张,李煜究竟什么时候跟小周后走到一起,是否有出轨的嫌疑,已经难以考证。

按照史书的记载,周后病重前后,李煜刚刚经历丧子之痛,又衣不解带日夜陪伴周后,周后死的时候,他一度想要跳井轻生。

要说这样的心理状态还能偷情,委实难以想象,大体上可以断定是后代文人穿凿附会的香艳情节。

事实上,看中小周后的是李煜的母亲圣尊后钟夫人。大周后病逝的时候,小周后还未成年,钟夫人非常怜爱她,就让小周后一直待在宫里面。

当然小周后能博得李煜的欢心,自有其优点,史书说她得宠超过昭惠后。她跟姐姐一样,容貌清丽,风情万种,"警敏有才思,神采端静"。

小周后的出现,也多少缓解了李煜因丧妻而来的悲痛,这段时间,他思如泉涌,文采飞扬,如《菩萨蛮》:

> 蓬莱院闭天台女,画堂昼寝人无语。抛枕翠云光,绣衣闻异香。潜来珠锁动,惊觉银屏梦。脸慢笑盈盈,相看无限情。

同样是描写幽欢,与《菩萨蛮·花明月暗笼轻雾》对比,一个是以女子为视角,写女子偷偷去见情郎紧张而又期待的心态;一个是以男子为视角,写男子去女子的居所偷会,小心翼翼却又着急相见,带着欣赏的眼光看女子的神态举动。

但是小周后也有着鲜明的缺点,她年少骄纵,专宠好妒,在文学与艺术上远远不及大周后带给李煜的愉悦,因此李煜的后期生活也越来越少见早期那种诗文唱和、乐舞相伴的惬意生活,而是转向细致与奢华。

宋人曾经在笔记中记载南唐后宫的奢华,说南唐灭亡后,有一个宫女被掳入某大将府中,到了晚上,大将府上点起油灯。宫女愁眉苦脸的把眼睛闭起来,说,"烟味太重"。大将一看,赶紧换上蜡烛,没想到宫女还是把眼睛闭起来,皱着眉头说,"烟味还是重"。大将感到奇怪,问宫女,"难道李煜宫中不用照明吗?"宫女摇摇头,说,"宫中本阁,每至夜,则悬大珠,光照一室,如日中"。

据说小周后喜好奢靡,李煜就用金玉宝石装饰她的房间。陆游《南唐书》记载,李煜还在群花间作亭,雕镂华丽,而极迫小,仅容二人,李煜常常与小周后酣饮其中。

最为后人所乐道的,是他与小周后的风花雪月。小周后没有大周后那样多才多艺,但她在追求生活品质方面的才华,却让李煜自愧不如。

当初大周后住的是瑶光殿,小周后年少进宫时住的地方叫蓬莱院,当皇后以后住的地方叫柔仪殿。殿里设玉太古、容华鼎,都是用金玉打制而成,璀璨夺目。不仅如此,每到春天,李煜还让宫中栋梁、窗壁、柱拱、阶砌,并作隔筒,密插杂花,号称"锦洞天"。

小周后喜爱熏香,不仅自己研制了焚香的器具,还用把子莲、三云凤、折腰狮子、玉太古、容华鼎等数十余种器具混合焚香。她每天垂帘焚香,宫殿云雾氤氲,她坐在其中,如同缥缈仙境中的仙女一样。

小周后还研究出一种神奇的"帐中香",用沉香加鹅梨汁蒸干,"沉香末一两,檀香末一钱,鹅梨十枚。以鹅梨刻去瓤核,如瓮子状,入香末,仍将梨顶签盖。蒸三溜,去梨皮,研和令匀,久窨可爇"。

这种方法是通过加热,使沉香精油挥发出来,并浸入梨肉中,再辅以其他香药研磨混合,经窨藏后,隔火熏。沁人心脾的沉香遇到热气,香气散发出来,可以帮助人益气安神;再用鹅梨蒸过,便多了一份沁人心脾的甜香。

李煜为与之比拼风雅,将建阳进贡的茶油花子制成花饼,或大或小,形状各别,令各宫嫔淡妆素服,缕金于面,用这花饼施于额上,名为"北苑妆"。"花子"指女子脸部的装饰品,以彩色光纸、绸罗、蝉翼、蜻蜓翅等为原料,染成金黄、霁红或翠绿等色,剪作花、鸟、鱼等形,贴于额头、酒靥、嘴角、鬓边等处。"茶油花子"以茶油为原料,取出呵气加热可贴于脸上,李煜之想法可谓别出心裁。

自从李煜发明了"北苑妆"之后,南唐宫中的妃嫔、宫人,纷纷去掉浓妆艳饰,鬓列金饰,额施花饼,衣袂飘飘,演奏《霓裳羽衣曲》的时候,更像月宫中的仙女了。

小周后酷爱绿色,几乎所有的衣裳都是青碧色衣裳,艳妆高髻,衣袂飘扬,清丽如出水芙蓉。妃嫔宫女见小周后身穿青碧之裳,飘飘然有出尘之气质,便争相效仿。但她们认为宫外作坊所染的绿色不纯正,都自己动手染绢。

有一次,某宫女把染好的丝绢拿出去晾晒,晚间却忘了收取。第二天一看,被夜晚的露水沾氲过的碧色分外鲜嫩。惊喜之下,赶紧告诉小周后,李煜和小周后看过之后,赞不绝口。

在这以后,南唐宫廷就以露染碧,李煜和小周后还为之起了一个好听的名字,叫"天水碧"。

李煜与小周后还潜心研究各种香茗,将茶乳做片,烹煮起来,清芬扑鼻。李煜又将外国所出产的芳香食品,一起汇集起来,或烹为肴馔,或制成饼饵,或煎作羹汤,多至九十二种,皆是芬芳袭人,入口清香。对于每种肴馔,李煜还亲自题名,刊入食谱,并命御厨将新制食品配齐全,备下盛筵,召宗室大臣入宫赴筵,名叫"内香筵"。

如果说小周后引领的是南唐女性时尚的话,那么李煜的品位则充分体现在他的文房用品上,在后代文人当中,最有名气的则非澄心堂莫属了。

澄心堂,典故出自《淮南子·泰族训》,"澄心清意以存之"。它位于南唐的北苑,李璟曾在苑内修建清辉殿,清辉殿旁还有清辉阁。李煜即位后,则在清辉殿后建澄心堂。

李煜在位期间,鉴于宋齐丘等人的坏榜样,为了抑制相权,把此处作为其藏书、会文士及撰述之所,凡军国机要,机密谋划大部分都在这里做出决定。以澄心堂所命名的"澄心堂纸"与龙尾砚、李廷珪墨、诸葛笔,在南唐时被誉为文房四宝中的上品,名满天下。

其中最有名的便是"澄心堂纸",唐朝以来,以蜀纸最好。李煜不惜重金选调国内高手,云集金陵,开设纸坊。经过几年的琢磨,纸的制作工艺日臻完善,"肤卵如膜,坚洁如玉,细薄光润,冠于一时",成了宣纸中的珍品,南唐的书画大家也多用澄心堂纸进行书画。

北宋名臣蔡襄在《文房四说》中说:"纸,澄心堂有存者,殊绝品也"。相传,北宋扬州太守刘敞,曾有幸在任上得到澄心堂纸百张,为了分享自己的狂喜,他立即将其中的十张赠予好友欧阳修。欧阳修收到此物后文如泉涌,当即写就《和刘原父澄心纸》一诗,在惊叹之余又不免感慨万千。

虽然澄心堂纸犹如名剑宝马,弥足珍贵,欧阳修犹豫许久还是差人将其中两张转赠给了故人梅尧臣。梅尧臣睹物思人,唏嘘不已,叹道"江南李氏有国日,百金不许市一枚。……当时国破何所有,帑藏空竭生莓苔……"

宋太祖开宝元年(968)十月,李煜为母亲圣尊后钟氏服丧三年期满。李煜正式迎娶小周后,其实小周后早已进宫,婚礼只是"成礼"而已。

南唐享国日浅,三世皆娶于藩邸。李煜决心要给小周后一个盛大的婚礼,因为此前南唐并没有在位君主迎娶正妻的经验。李煜特别任命太常博士陈致雍研究古今婚礼沿革,并草拟有关礼仪。他还命翰林学士徐铉、史馆撰修潘佑两人参与讨论议定。

结果陈致雍拿出方案后,潘佑和徐铉两人都是博览典籍,各自引经据典吵得不可开交,估计恨不得拿厚厚的典籍砸死对方。

比如关于是否奏乐,《礼记·郊牺牲》中说,"昏礼不用乐,幽阴之义也。乐,阳气也。昏礼不贺,人之序也"。因此徐铉认为不应该奏乐,但潘佑主张用音乐才显得热闹气派。

徐铉引经据典认为不应该击鼓撞钟,潘佑就引用《诗经》中的句子,高声朗诵"窈窕淑女,钟鼓乐之"。

两人在男女交拜之礼上也意见不一,徐铉搬出《魏书·礼志》翻开来,指着上面说,后初见君,先拜后起,帝后拜先起,主张行夫妇之礼。潘佑反驳说,交拜"纯系士庶之礼。王者岂可与庶人相提并论?"那是普通老百姓干的,王者怎么可能要互相跪拜呢?

两人谁也说服不了谁,吵到李煜那里,李煜也是一脸懵逼,"不是让你们研究的吗,这点小事还烦我?"李煜就让文安郡公徐游来拍板,徐游原名徐景游,杨吴权臣徐温之孙,徐知诲之子,算是李煜叔叔一辈的。当初徐知诲与李昪交好,助他扳倒兄长徐知询,为李昪掌握杨吴大权立下大功。徐知诲的子孙因此都被重用。

徐游怎么评定?

只有一个标准,潘佑与徐铉谁跟李煜关系更好。因为当时李煜正宠信潘佑,徐游二话不说,立即表示全部同意潘佑的意见。

李煜的婚礼因此采纳了潘佑的方案,也成为春秋战国以来第一次采用鼓乐的婚礼。

小周后又一次引领了时尚。婚礼前后,李煜大宴群臣,君臣之间诗词唱和,大部分都已经散佚,徐铉倒是有一首流存至今,《纳后夕侍宴》:

> 天上轩星正,云间湛露垂。礼容过渭水,宴喜胜瑶池。
> 彩雾笼花烛,升龙肃羽仪。君臣欢乐日,文物盛明时。
> 帘卷银河转,香凝玉漏迟。华封倾祝意,觞酒与声诗。
> 时平物茂岁功成,重翟排云到玉京。
> 四海未知春色至,今宵先入九重城。
> 银烛金炉禁漏移,月轮初照万年枝。
> 造舟已似文王事,卜世应同八百期。
> 汉主承乾帝道光,天家花烛宴昭阳。
> 六衣盛礼如金屋,彩笔分题似柏梁。

平心而论,婚礼的形式并无对错,典籍再怎么写,要靠具体的人去理解。问题在于,徐铉和潘佑的争执,背后是两人早就因为政见不合而产生的矛盾。因为这次争执,两人的裂痕进一步加深了。

## 潘佑之死

北宋乾德四年(966),赵匡胤终于艰难地平定了蜀地之乱。四川自古以来便是"天府之国",唐朝中期以后,蜀与江淮就是朝廷主要的两大财赋来源。当初赵匡胤决定先取四川,也是因为看中了蜀国三十多年来积累的财富。据说宋朝仅仅是搬运蜀国国库积累的重货布帛,水陆并进,还花了十余年才完成。

赵匡胤想不到的是,击败后蜀只用了六十六天,征服后蜀却花了两年多的时间,从而拖延了他统一全国的进程。入蜀的宋军军纪败坏,对当地人民极其残忍。《续资治通鉴长编》载,王仁赡等将领"日夜饮宴,不恤军务,纵部下掠子女,夺财货,蜀人苦之"。甚至出现了宋兵"割民妻乳而杀之"的恶劣事件,连赵匡胤得知后,都不禁哀叹:"妇人何罪,而残忍至此。"

暴行不断的宋军,最终激起了众怒,一场席卷蜀地的叛乱就这样暴发了。其中,尤以原后蜀文州刺史全师雄的声势最大,一度占领十七州之地,开封与成都音信不通一个多月。忠武军节度使王全斌担心城中蜀军降卒作乱,一次性屠杀后蜀降军两万七千人。

一直到北宋乾德四年(966),这场叛乱才最终被平定。

赵匡胤头疼四川,李煜的日子也不好过,赵宋就像一个永远也填不满的无底洞,南唐为了保平安,背的包袱越来越沉重。北宋乾德四年(966),南唐发生饥荒,赵匡胤下诏赐米十万斛。

鉴于灾祸不断,李煜也想励精图治,在北宋乾德五年(967),命两省侍郎、给事中、中书舍人、集贤勤政殿学士,每天晚上轮流在光政殿值班,李煜每天跟他们谈论国事到深夜。有天徐铉值夜班的时候,和李煜讨论国政,谈及用人的时候,李煜说,"多难当先才"。国家多难,有才的重用。

自即位以来,李煜一直在思考如何治理国家,周公孔子倡导的治国之道,是他内心向往的境地。李煜经常跟大臣说,"周孔之道,不可暂离,经国化民,发号施令,造次于是,始终不渝"。史书中说他,"天性喜学问,其论国事,每以富民为务"。

治国之道,富民为始。孔子仁政学说的重要内容之一就是"富而后教",意思就是人民衣食富足之后继之以教育。《管子》中说,"民富则易治也,民贫则难治也。……故治国常富,而乱国常贫。是以善为国者,必先富民,然后治之"。

这一点,李昪做得较好。

杨吴立国之初,既有人头税,又有土地税,都是直接交钱,老百姓辛苦种的粮食还要去换钱才能交给官府,丰年谷贱伤农,灾年颗粒无收,老百姓苦不堪言。

李昪掌握大权后,宋齐丘劝说道:"钱既不能在稻田里种出来,也不能在桑树上结出来,现在让老百姓拿钱交税,是舍本逐末。不如减免人头税,以后直接用谷米和丝帛交税,绸绢每一千钱可以抵扣三千钱的税。"有人反对这样的提议,认为会导致财政收入大幅下降。

宋齐丘反驳说:"哪有老百姓穷国家能富的?"李昪接受了宋的提议,几年之内果然效果明显,"江淮间旷土皆辟,桑柘遍野,国以富强"。

李煜不可能不知道祖父"富民"的做法,北宋建隆二年(961),他刚继位不久就废除了李璟时推广的屯田制。当初李璟的本意是通过兴复旷土荒田达到足食养兵的目的,范围也仅仅是在楚州一带,但没想到大规模推广屯田之后,反而导致奸人乘机强夺民田,"江淮骚然,仰天诉冤者,不可胜数"。

李煜下诏"罢诸路屯田使,委所属令佐与常赋俱征",将各郡屯田划归州县管辖,屯田所获租税的十分之一作为官员俸禄,称为"率分"。政策推行后,不仅增加了赋税,又因为跟官员收入挂钩,让百姓安心耕作,免受官吏的挠刻。

但是李煜也知道仅仅罢屯田并不能改善南唐经济,因为南唐积弱的关键——土地兼并严重。潘佑也上书说,富国的根本,在于注重农耕蚕桑,但他提出的措施很惊人,"请复井田之法,深抑兼并",即恢复上古传说中的井田制,国家强制平均地权,主张凡是购买贫困者田地的,要全部退回,同时"造民籍,复造牛籍,课民种桑",老百姓、牛全部上户口,并以按丁授田,依户征兵,寓兵于农。

李煜喜好周孔,但朝中大臣大多不以为意。李煜经常感叹:"周公、仲尼忽去人远,吾道芜骞,其谁与明?"周公、孔子已经没人喜欢了,谁能理解我的心思呢?

朝臣当中,潘佑是为数不多能理解并支持他的人。正因为此,当潘佑以恢复"井田制"为名开始改革的时候,李煜毫不犹豫地全盘批准潘佑的提议。潘佑推荐密友卫尉卿李平判司农寺(做掌管农业的官),李煜也是二话不说立即同意。李平年轻时当过道士,后来成为李守贞门客,和叛逃后周的朱元一起南下,平时喜欢神仙修养之事,有点神神叨叨的,经常说自己能跟神仙对话。

李平急于成功,不管基层实际情况,结果政策到下面完全走样,搞得老百姓鸡犬不宁,"州县胥吏因以为奸,百姓大扰,聚而为乱"。

一个以富民为目标的改革,反而激起民变,显然是没法推行下去。李煜意识到潘佑的方案确实有问题,只好罢免了李平,并全部停止各项改革措施。

改革失败后,潘佑不仅没有反思,反而觉得别人都是错的,又推荐李平当尚书令。结果导致朝中大臣纷纷反对,老账新账一起算,认为坏法殃民都是李平所导致的。

潘佑是幽州人,早年跟随父母从北方南下,他长相一般,而且不善与人交流,只要是他认为对的,那必然是对的;万一"不对"的话,那肯定是别人有错。他跟随李煜的时间很早,文章写得好,经常能针对时政提出建议,李煜也很器重他,往往不呼其名,直接称"潘卿"。

李平被罢免,严重刺激到了潘佑,他连续上书李煜,火气越来越大,言辞也越来越激烈,逐个抨击大臣将相,说"陛下既不能强,又不能弱,不如以兵十万助大朝收复河东,然后率领百官入朝,这也是保国之良策"。意思就是陛下你高不成低不就，干脆主动出兵帮助宋朝平定河东，再率百官入朝开封算了。

潘佑一连写了七封上疏后，干脆撂挑子，说"我不干了，让我回家务农"。李煜也很生气，"我还没说什么，你倒来劲了"，就罢免了他一切官职，让他专门修国史。

潘佑此后没机会上朝，也没法见到李煜，情绪更加激动，认为是反对变法的汤悦、张洎、徐铉等人从中作梗。北宋开宝六年(973)十月初二，他再次上疏说，"三军可以夺帅，匹夫不可以夺志。臣下日前相继上奏表章，说了几万言，该讲的话，该讲的道理都讲完了。忠正邪恶洞察分明，陛下极力庇佑奸臣，曲意宽容诌媚小人，导致国家气息奄奄，如同太阳接近黄昏。古代有夏桀、商纣、孙皓，国破家亡，罪孽都是自己所造作，尚且被后人千古耻笑。如今陛下您取法奸邪小人，败乱国家，如此看来，陛下您作为国君，比夏桀、商纣、孙皓差远了。臣下无法与奸臣相处，侍奉亡国之君。您干脆把我杀了，以谢天下"。

他把李煜比作历史上的亡国之君，又头脑发昏地说南唐"如日将暮"。

他逼着李煜在众多大臣和他之间选边站，要么支持他，杀了朝中大臣，要么支持众多大臣，杀了他。这也就是李煜脾气好，碰到一个暴躁的皇帝，直接把他满门抄斩都算轻的。此前早就跟他不和的大臣们，纷纷弹劾潘佑、李平放肆狂妄，又检举他们平时在一起就神神叨叨的。

潘佑、李平两人都好神仙之说，李平曾经告诉潘佑，说潘佑去世的父亲已经成仙，又说，他和李平也是天上的仙官，暂时在人间而已。

李煜也觉得潘佑不坏，肯定是被李平蛊惑导致的。他反复纠结了十多天后，终于决定下诏将李平、潘佑收监。逮捕的人还没到，潘佑已经得知风声，于是在家举刀自杀。潘佑死后，李平也在狱中被下令缢死。

潘佑去世一个多月后，李煜还是反复在琢磨这个事，感觉潘佑其实没有坏心，只不过言辞激烈而已，于是嗟悔不已，饭也吃不下去，下诏把流放到舒州的潘佑家属全部召回，并给予厚待。

潘佑的政敌徐铉，后来以降臣的身份，做了宋朝的散骑常侍，并奉宋太宗之命,编撰南唐史事《江南录》,在书中把潘佑贬得一文不值。

北宋时王安石的变法就深受潘佑改革的影响,所谓惺惺相惜,以至于他还专门写了一篇文章《读〈江南录〉》驳斥徐铉。王安石是抚州(今江西抚州)人,属于南唐统治区域。他的大意是:"我的不少伯父叔父都曾担任过南唐的官员,他们说到南朝的事情十分详细,我(从他们那儿)听到关于潘佑的死因应该是可信的。据说,潘佑和徐铉都以有文采学问被称道,十余年间在朝廷争夺名位。在南唐面临危机之时,潘佑直言相谏,徐铉却不上一句谏言。当潘佑被杀时,徐铉又不能极力劝谏,最终使自己的国君落了个杀忠臣的罪名,遭到灭国之祸,这都是徐铉的缘故啊。徐铉害怕这个过失被人知道,又为贤能比不上潘佑而羞耻,徐铉编撰史书的时候,为了掩饰自己,又故意隐瞒了潘佑的忠臣行为而以其他的罪名诬蔑他。从(对待)潘佑的事来看,其他被杀的人,也能够推知(其他原因)了。唉,如果真有这样的事的话,我认为徐铉不仅是大大的诬蔑了忠臣,他对我们大宋君主的欺骗不也是很严重吗?"

平心而论,潘佑的变法是为了解决自唐朝中叶以来的土地兼并问题,通过改变国家的经济基础,达到富国强兵的目的。

大量财富和资源集中与士大夫阶层引发的危机,成为中国古代封建王朝的顽疾。也是历朝历代的有识之士想方设法要予以解决的问题,潘佑不是第一个改革者,却是对后世有着重要影响的人物。

潘佑提出的改革方案虽然打着《周礼》的旗号,实际上是让朝廷的行政触角延伸到乡以下,通过行政手段的干预,来改变土地兼并的顽疾。然而这种策略与中国自古以来皇权不下乡的传统背离,也直接与士大夫阶层的根本利益相冲突,最终变法还是以失败而告终。

当然潘佑也有他的个人问题,凡是改革成功的人,往往要具备三个特征:第一,有魅力,具有号召力与领导能力;第二,情商高,性格不能"轴",善于应变,各方面人脉都好;第三,能抗压,不惧任何压力坚持到底。

显而易见,潘佑不具备这三个特点中的任何一个。

## 小伙伴越来越少了

赵匡胤在彻底平定蜀地之后,迫不及待地把目光转向了北方。他和柴荣都是有着长远战略眼光的政治家,相比于孱弱的南方诸国,北汉以及契丹,才是他的心腹大患——辽军一举灭亡后晋的教训太惨痛了。

北宋开宝元年(968)七月,北汉皇帝刘钧在内忧外患中去世,外甥刘继恩继位两个月不到,即被大将侯霸荣所杀。刘钧的另一个外甥刘继元继位。

得知北汉出现动荡后,赵匡胤决心把握机遇,派大军出征,宋军很快抵达太原城下。十一月中旬,赵匡胤致信刘继元,要求他们归降。

辽国很快派大军援救北汉,并征服晋州(今河北晋州)、绛州(今山西运城),成功迫使宋军撤退。北宋开宝二年(969)二月中旬,赵匡胤再次派大军进攻北汉,他本人也在三月七日前往太原前线。五天后,辽穆宗在打猎时遇刺身亡,年仅三十八岁。辽国对北汉的援助并没有因之有任何影响。

到五月份的时候,宋军在击败两支辽军主力后,将太原围得水泄不通。五月二十六日,赵匡胤决汾河大堤,引河水冲灌太原,但依旧无法攻克城池。由于久攻不下,宋军不仅损兵折将,疫病也在军中流行开来。

七月三日,当听说另一支辽军正向太原杀来时,赵匡胤选择了退兵。讽刺的是,宋军撤退之后,没过几天,太原城墙就因为被水泡了太久,坍塌了。

这也是赵匡胤最后一次征伐北汉。

回到开封之后的赵匡胤,一直在等下一个军事机会。刚刚吃过北汉苦头的他,暂时不想北伐。荆湖、后蜀灭亡后,南唐、吴越臣服,只有南汉皇帝刘鋹依旧抗拒赵宋,坚持自立为国。他断然拒绝了宋朝通过南唐转达的,要求南汉献上湖南旧地的提议,但也没有任何挑衅行为。

"有道伐无道",是周朝以来的惯用套路,赵匡胤打着拯救百姓的旗号,于北宋开宝三年(970)九月下令征伐南汉。

五代十国期间,南汉君主的确以昏庸无道著称。南汉是由唐清海军节度使刘隐所建立,传到刘鋹时,已经是第五任君主。刘鋹的父亲刘晟靠弑兄夺取皇位后,担心兄弟们以他做榜样,就把十五个弟弟全部屠戮殆尽。

刘鋹的荒唐更是空前绝后,关于治国,他有一个著名的太监理论。他认为群臣都不能有家室,有家室就意味着有牵挂,就不肯加班,还会贪污腐败往家里捞钱。总之,要照顾子孙,就不能尽忠皇帝。只有宦官太监们无牵无挂孑然一身,既可亲近又可信任。

按照这个理论,他不但让宦官把持朝政,还把要起用的朝臣阉割之后再重用,就连新科状元也不例外。于是南汉这么一个小国,不可思议地兴起了太监热,很多人争先恐后地想要入宫做太监,太监人数最多时,编制达到了两万余人。

据说刘鋹还发明了很多残暴的刑罚,有刀锯、烧煮、刀山、剑树等。此外还整天在后宫淫乱,赋税繁重。

一句话,坏事做绝,南汉的老百姓天天盼着宋军来解救他们。

进攻南汉的大军由潘美统率,十月,宋军接连攻克富州(今湖北来凤)、贺州(今广西贺州)。北宋开宝四年(971)二月末,宋军大军压境,刘鋹挑选了十几艘船,满载金银财宝及嫔妃,准备逃亡入海。

讽刺的是,第二天天还没亮,他最信任的宦官就偷偷把船开走了。

刘鋹走投无路,只好投降,南汉灭亡。

宋朝得到了六十个州、二百一十四县,以及十七万两千二百六十三户人口。

北宋消灭南汉政权后,局势日益明朗。宋朝不但将长江上游、中游和下游江北地区尽数收入囊中,还因为占据了珠江下游地区,让南唐政权丧失了长江天险,彻底陷入了北宋三面合围的态势。

北宋开宝四年(971)冬天,宋军在荆州开工建造战舰,南唐商人发现后,赶紧上奏李煜。李煜与群臣商议对策,有人提议派兵去焚烧施工中的战舰,因为不切实际没有被采纳。

国家前途惨淡,昏惨惨的前景顷刻将至。短短数年的时间,家人日益凋零,人生不相见,动如参与商,每一次离别,对李煜来说,都很不舍。

上一年秋天,当宋军向南进攻南汉的时候,李煜派弟弟李从镒出镇宣州。宣州(今安徽宣城),是南唐都城金陵的南方门户,东拒吴越,南进闽地,西望湖南。南唐建国以来,先后镇守者,不是勋旧老臣,就是王室亲属。

想到南方的烽火,临别之际,李煜依依不舍且不安,率领近臣到江边的绮霞阁赋诗送行,并赋诗一首《送邓王二十六弟从益(镒)牧宣城》:

且维轻舸更迟迟,别酒重倾惜解携。
浩浪侵愁光荡漾,乱山凝恨色高低。
君驰桧楫情何极,我凭阑干日向西。
咫尺烟江几多地,不须怀抱重凄凄。

李煜大概觉得赋诗还不足以尽君主之道和兄长之情,于是他又为弟弟写了一篇短文,即《送邓王二十六弟牧宣城序》:

秋山的翠,秋江澄空,扬帆迅征,不远千里,之子于迈,我劳如何?夫树德无穷,太上之宏规也;立言不朽,君子之常道也。今子藉父兄之资,享钟鼎之贵,吴姬赵璧,岂吉人之攸宝?翘子皆有之矣。哀泪甘言,实妇女之常调,又我所不取也。临歧赠别,其唯言乎,在原之心,于是而见。

噫,俗无犷顺,爱之则归怀;吏无贞污,化之可彼此。刑唯政本,不可以不穷不亲;政乃民中,不可以不清不正。执至公而御下,则憸佞自除;察薰莸之禀心,则妍媸何惑?武惟时习,知五材之难忘;学以润身,虽三余而忍舍。无酣觞而败度,无荒乐以荡神,此言勉从,庶几寡悔。苟行之而愿益,则有先王之明谟,具在于缃帙也。

呜呼,老兄盛年壮思,犹言不成文,况岁晚心衰,则词岂逌意?方今凉秋八月,鸣根长川,爱君此行,高兴可尽。况彼敬亭溪山,畅乎遐览,正此时也。

意思是,秋山青绿,秋江澄澈;扬帆疾行,不远千里;你将远行,我如何不伤心?培养德行以不朽,是至高无上的典范;著书立说以不朽,为君子的常道。现在你依靠父兄的荫庇,拥有钟鸣鼎食的富贵、吴姬赵璧的享乐,这难道不是一般有福之人所追求珍惜的吗?而你都已经有了啊。哀伤之泪、动听之言,这是女人的俗套,我所不取。临别相赠,恐怕只有话语了吧。手足之情,由此显现。

唉,百姓没有野蛮顺服之别,抚爱之则向往归附;官吏没有廉洁贪污之别,教化之则可以转变。刑法是为政之本,不可以不明察秋毫亲力亲为;行政乃治民之本,不可以不公正清廉。秉至公之心对待下属,则奸邪谄媚自然消除;明察善恶的禀心,又怎会被外表的美丑迷惑?武功要经常练习,"五材"方不会忘记;学习会使自身受益,"三余"的时间也不能浪费。不要纵酒而败坏法度,不要耽于享乐而动摇本性,这些话尽力做到,差不多就不会有后悔的事了。如果想进一步身体力行、得到益处,则书本之中,还有先王的明训。

唉,老兄盛年才思敏捷之时,尚不能出口成章;何况如今年岁大了心力衰竭,词又怎么能够达意?正值凉秋八月,击桨中流,慕君此行,兴尽可知。何况那敬亭山水,畅意纵览,正当其时啊。

李煜去世后,徐铉说他著有"文集三十卷,杂说百篇",能够体现李煜思想与见解的,正是这些文章。可惜朝代更替,其中绝大多数都已湮没不见,后人所能见到的,唯有三十多首词,李煜也就阴差阳错变成了一个词人,恐怕他自己地下有知也是哭笑不得。

在文章里,李煜特别提到要遵循"先王之明谟",所谓"先王"指的就是尧、舜、禹等先贤,以及周文王、周武王二王,遵循"先王之明谟",即为效法以上先王实行仁政。李煜又强调"立德、立功、立言"这三不朽的重要,最后谆谆告诫弟弟,要勤政爱民,要文武兼修,要认真学习。

这样的帝王形象,是不是和通常以为的吃喝玩乐、多愁善感的词人大相径庭呢?

# 第十章　几曾识干戈

## 最后的博弈

黄仁宇先生说,包括南唐在内的十国,是"五代中央政府鞭长莫及时,一般草莽英雄割地御土的产物",如今终于快到了曲终人散的时候。

南汉的灭亡,让赵匡胤的选择变得越来越少:征服北汉、收复燕云十六州。

或者继续南下,攻打南唐。

前两个选项都涉及辽朝,北宋建隆四年(963)和北宋开宝二年(969),赵匡胤先后两次进攻北汉,战争每次都持续大半年之久。宋军尽管在野战中能击败北汉和辽军,但受困于后勤、疾病乃至恶劣的天气,最终都功亏一篑。

在权衡和评估领土扩张的可能代价后,选择南唐作为目标显然更有吸引力——失去淮南的南唐,依旧是一个富庶的国家。

南汉灭亡的消息传来后,南唐国内人心汹汹,李煜更加感到不安。他一方面悄悄派人修固城守,以做用兵之备;一方面降低各种制度和礼仪的规格,以示恪守事大之心。

李煜只能选择继续放低姿态。

当初李璟臣服后周的时候,仅仅是去除帝号,但在国内依旧行天子礼仪。李煜即位时,曾被宋朝斥责僭越使用天子礼仪。因为按照惯例,新皇帝登基都要大赦天下。南唐朝廷也在皇宫门前竖起一根朱红色的七丈长杆,顶部立有一只黄金饰首的四尺木鸡,木鸡的口里衔有七尺的绛帛,上书大赦的诏令。最后,赵匡胤没有太过追究,也就不了了之。

每次宋朝使臣前来,李煜就脱掉象征帝王的黄袍,换上表示臣子身份的紫袍。还要事先拆除宫殿屋脊上的"鸱吻",等使臣走后再恢复原样。鸱吻是古代宫殿屋脊两端瓦制的兽形装饰物。古人以为海中蚩精能避水患,故多以蚩为饰。最初形似鸱尾,后来式样改变,如张口吞脊,故称为"鸱吻"。

为了让赵匡胤放心,李煜曾上表赵匡胤,请求停用诏书"不名之礼",就是直接称呼名字。但赵匡胤下诏书的时候,始终不称李煜的名字,而是以"江南国主"代称。所谓国主,既非皇帝,又非国王,国主,这是历史上一个空前绝后的暧昧称呼。

如今面对赵宋咄咄逼人的威胁,李煜决定再次大幅让步。他下诏自降规格,将下诏书改称"教"。

政府机构也全部更改,掌管中枢政务的"三省"改名。中书省改为左内史府,门下省为右内史府,尚书省为司会府。

此外,御史台改为司宪府,翰林院改为修文馆,枢密院改为光政院,大理寺改为详刑院,客省改为延宾院。

李煜登基的时候册封的宗王全部降格为国公,如韩王李从善改为南楚国公,邓王李从镒改为蒋国公,吉王李从谦改为鄂国公等。

李煜相信,只要有君臣名分,赵匡胤就不好意思动手。

数年前,赵匡胤命人在开封南薰门外造礼贤宅,《宋史》载"特命有司造大第于薰风门外,连亘数坊,栋宇宏丽,储峙什物无不悉具",不但规模与御赐后蜀皇帝孟昶的宅邸相同,还让人引惠民河水以为园林池台,务求景色能似江南。

建造宅邸以待国君归降,是赵匡胤的老套路了,当初伐蜀之前,他也曾让人在右掖门畔修筑孟昶府邸。

不过礼贤宅给谁,还不能确定,要看表现。

赵匡胤告诉吴越国钱俶的使臣,此宅"待李煜及汝主,先来朝者赐之"——同样的话,肯定也让人传给李煜。

李煜、钱俶,谁先来给谁。

北宋开宝四年(971),夏,南唐韩王李从善奉命出使宋朝,进贡珍宝、器用、金帛的数量比过去多了好几倍。赵匡胤特地让人带着李从善参观了礼贤宅,又在东近汴阳坊赐了一座规模略小的宅子给他。不久,赵匡胤便以封泰宁军节度使之名,堂而皇之地将李从善扣在了京城。

李从善被扣留后,妻子经常哭哭啼啼去找李煜,但是李煜又有什么办法——除了言辞谦卑地请求赵匡胤放还弟弟。李从善的妻子最终因为忧思过度去世,此生再无一见。时代的一粒尘埃,落在每个人头上都是一座山,平民如此,王室也如此。

一直到北宋开宝六年(973),赵匡胤都还没有精力去进攻南唐——虽然在他看来,南唐只是池中之物——在诉诸武力之前,他希望通过极限施压来迫使李煜不战而降。除此之外,还有一个很重要的原因,是几年来,他的国土也不太平。天灾频仍,暴雨导致黄河泛滥。四川、遥远的南汉,都需要管理,赵宋膨胀的速度太快,极度缺乏忠诚且干练的官员去管理新征服的领土。

虎视眈眈的辽国和麻烦制造者北汉,也是让他不敢放心南下征伐的原因。

继承人的确立也让他感到烦心,这一年,次子赵德昭已经二十二岁,但无论是资历还是人脉威信,都远远不如赵光义。五代经历五朝八姓五十六年,梁唐晋汉周五代的大多数皇帝,乃至赵匡胤本人,都是靠篡位登基,谁也不能预言宋朝会不会是第六个短命的朝代。

即便强行给赵德昭以太子名分,也起不了太多作用——从唐长庆四年(824)唐敬宗即位到赵匡胤即位之前,整整一百三十六年间,没有一个太子能成功即位。

北宋开宝六年(973)九月,赵匡胤册封皇弟、开封府尹赵光义为晋王——或许只是一个稳定朝局的手段而已,因为赵匡胤从来没有在任何公开场合宣布要传位给他——赵匡胤当然不会知道自己只剩下三年寿命。

赵匡胤此时还是自信满满,断定李煜不会撑太久。这一年四月,赵匡胤派翰林学士卢多逊出使金陵,为李煜祝寿,顺便试探江南虚实。返回的时候,卢多逊通知李煜说,"朝廷正在重新修订天下的地图,史馆唯独缺少江东(南唐)各州,希望带份地图回开封"。

卢多逊虽然只是一个使臣,但他代表的是赵匡胤的意志,李煜无法反对,只能让人誊录江东各州地图给他。因为这个功劳,卢多逊回去后被升职为中书舍人、参知政事(事实上的宰相)。

不久之后,赵匡胤又派梁迥出使南唐,再次要求李煜入朝开封。梁迥问,"今年冬天有祭天大典,皇上希望您也前来助祭"。

李煜是否入朝,已经成为南唐君臣不得不面对的问题,去还是不去,都很难做决定。

当李煜陷入激烈的思想斗争的时候,陈乔极力劝阻李煜放弃入朝的念头。陈乔说,"先帝把社稷交给您,您如果真的去了开封,肯定就回不来了,丢了江山社稷,死了也没有面目见先帝于地下"。

当梁迥辞行,再次提起入朝话题的时候,李煜"唯唯不答",意思就是不置可否。李煜后来在《乞缓师表》里明确说过他的底线:"倘令臣进退之迹,不至丑恶,宗社之失,不自臣身,是臣生死之愿毕矣,实存没之幸也。"

就是无论怎样贬损仪制,称臣纳贡都无所谓,但是自己的底线一定不能退让,这个底线就是:全宗祀,全自我。在史书中以文弱形象出现的李煜,向强大的赵宋展示了自己的倔强和骄傲。

赵匡胤的耐心即将耗尽,他对吴越国入贡的使者说,"你回国之后跟你们元帅(钱俶被封为天下兵马大元帅)说,好好训练军队,江南国主倔强,不肯听从诏命来开封入朝,我要派军队进攻他们,元帅要协助出兵,不要听人说什么'皮之不存,毛将安傅'的鬼话"。

不久,中书舍人李穆出使南唐,同样要求李煜冬十一月前往开封,所不同的是,这次带来了书面的诏书:朕以仲冬有事于圜丘,思与卿同阅牺牲。

你不是仗着君臣名分已定,我不会攻打南唐吗?

你再不来,就是抗旨不遵。

李煜再次以身体不好为由,婉拒了赵匡胤的诏书。李煜的体质本来就不好,在位时便常缠绵病榻,"夜鼎唯煎药,朝髭半染霜"。赵匡胤可能相信,也可能不相信,但他的决心不会再改。

北宋开宝七年(974),这一年江南的秋天来得特别早。李煜整日悲伤不已,担忧远在开封的李从善。自古以来,所有的雄主伟帝,都不是普通意义上的"善人""好人",因为不"狠"、不"坏",无法驾驭臣下,成就大业。李煜虽然身为一国之主,却有着帝王身上难得一见的品德:善良。《江南余载》记录过一个有趣的故事,南唐有一个叫赵绮的读书人,因为屡试不第,试图跑到开封。结果在江边被南唐守军捕获,并投入牢狱。赵绮在狱中给李煜上书,其中有一句写道,"初至江干,觉天网之难漏;及归棘寺,知狱吏之可尊"。李煜看了后,发现这个士子还挺有水平,也挺感慨——国家江河日下,居然没发现这个人才——在他的文章末尾写了一个批语:陵虽孤恩,汉亦负德。意思就是李陵投降虽然辜负了汉武帝的皇恩,但是汉朝也对不起李陵。李煜随即下令将其无罪释放,赵绮居然不负众望,第二年再参加考试,居然考中当科状元。

欧阳修在《新五代史》中称赞李煜"心性纯孝",李从善当年跟随李璟前往洪州,李璟死了以后,他一度觊觎皇位,曾想索要李璟的遗诏,只是遭到徐游的拒绝,才没有如愿。即便如此,李煜也恨不起来这个弟弟。亲情,在他心中永远都是摆在最重要的位置。

时近重阳,一些近臣联名上疏请求李煜辍朝一日,登高望远,饮酒赏菊。没想到,反而勾起了李煜对分别数年的弟弟的思念,回想起往日时光,对比眼下国事维艰,在挥之不去的愁闷中,他婉谢了臣下的请求,并挥笔写下千古名作《却登高文》:

玉罍澄醪,金盘绣糕,茱房气烈,菊芷香豪。左右进而言曰:"维芳时之令月,可藉野以登高,矧上林之伺幸,而秋光之待褒乎?……"

李煜更留下那首至今犹然传唱的《清平乐》：

别来春半，触目柔肠断。砌下落梅如雪乱，拂了一身还满。
雁来音信无凭，路遥归梦难成。离恨恰如春草，更行更远还生。

## 三路大军同时进攻

如果要找到南唐国运转折点的话，一定是丢失淮南那一年，因为淮南之地直接关系到南唐的生死存亡。历史上定都金陵的政权，都清楚地知道淮南的重要性，一旦丢失，就北方而言，江北港汊芦苇之处，处处可渡江南征，就南方而言，江面浩荡数千里，处处都要排兵防御。

北宋相继拿下荆南、湖南、四川、南汉以后，长江天险不复存在，加上东面虎视眈眈的吴越，南唐早就被赵匡胤所编织的大网结结实实束缚起来。

尽管外交上仍在反复扯皮，但双方都已经意识到最终的兵戎相见在所难免。南唐方面，为了应对即将到来的战争，执行的是"坚壁清野"的防御策略，即与北宋南下之师打一场消耗战、持久战，企图以疲惫战术拖垮宋军，等他"师老兵疲"后，自行撤退。

李煜一方面抽调精锐屯驻于长江中下游南岸的各军事要塞；一方面于湖口（今江西湖口）、江宁和润州（今江苏镇江）屯集重兵，牵制上游宋军南下的同时，防止吴越军队从东进攻。

开封方面，自北宋开宝五年冬至开宝七年春（972—974），赵匡胤先后任命薛居正、吕余庆出任剑南水陆转运使，川蜀水陆计度转运使，着手进行南唐之战的战略物资及后勤保障的准备。

北宋开宝七年（974）冬十月，当宋军已经在南伐的途中时，李煜仍在做最后的外交争取，希望继续用金钱换取赵匡胤的罢兵。李煜派弟弟蒋国公李从镒出使开封，进贡帛二十万匹，白金二十万斤。

李从善还在开封滞留未归，李煜又派李从镒北行。于李煜而言实在情非得已,当然这也是他最后一次的外交努力。李从镒出发不久,李煜又派潘慎修入贡买宴,东拼西凑,只拿得出帛万匹,钱五百万而已。

但一切为时已晚,经历一系列外交努力失败后,赵匡胤感到厌倦了,决定武力攻打南唐。在讨伐檄文中,赵匡胤洋洋洒洒把几年来的不爽一吐为快,称李煜一面称臣,一面偷偷修缮城墙、招募士卒,《全宋文》载"……修茸城池,选练军旅,教习战阵,抽点乡兵,为拒捍之计谋,作攻守之准备",又故作痛心疾首状,称"朝廷养寇垂二十年,心狠貌恭",如今迫不得已出兵云云。

十月,宋军正式南下进攻南唐。宋军共分三路,东路吴越王钱俶派军自杭州北上策应,西路王明为池、岳江路巡检,主要作用是牵制湖口的南唐军,保障主力东进。中路为攻打南唐的主力,由曹彬、潘美率水陆军十万自江陵(今属湖北)沿长江东进。

吴越国丞相沈虎子曾劝谏钱俶道:"江南是我国的屏障,怎么能自己毁掉,将来如何保存社稷?"但是钱俶决心已定,于是下令罢免沈虎子,并亲自带兵进攻南唐,用实际行动向赵匡胤证明自己的忠心耿耿。

赵匡胤即位之初,北宋有军队十二万。北宋太平兴国三年(978)前后,击败南唐以后,北宋大约有军队三十七万八千人,其中禁军马、步军人数合起来大约十九万三千人。鉴于后晋的前车之鉴,赵匡胤用于防范契丹、北汉的军队起码有一半以上,再加上驻扎在其他地区的军队不能调动,北宋基本上把能打的军队全部拉出来,用于进攻南唐。

军队的战斗力从来都是打出来的,北宋初期的军队连续征战四方,即便是二线部队,也可以做到"闻战而进,遇险不退"。此时的南唐,自柴荣用兵淮南后,又经是二十多年不闻兵戈,"老将已死,主兵者皆新进少年"。经历过淮南之战,勇猛善战,带兵有法,号称名将的洪州节度使林仁肇也已在战争爆发前一年就被李煜鸩酒毒杀。关于李煜为何要杀林仁肇,马令和陆游的说法不一致(前者说皇甫继勋、朱令赟等人举报他勾结赵宋想在江西自立为王,后者则说李煜中反间计)。

宋军进攻南汉期间,林仁肇曾向李煜献策先发制人,由他带兵偷袭淮南。他提议说:"若担心势不能敌,于国不利,可在我起兵之日,将我眷属拘捕下狱,然后再向宋廷上表,指控我窃兵叛乱。事成,国家或可收益;事败,我甘愿受杀身灭族之祸。"

但这样的建议真的可行吗?

南唐严重缺乏战马,在淮南平原作战,缺乏骑兵的南唐军队与北宋相比处于绝对劣势,除非是守城,这一点在周世宗柴荣征伐淮南的时候已经显露无疑。南唐唯有依靠水军沿江防守,或可自保图存。按照林仁肇的建议贸然进攻宋朝已经稳固统治十多年的淮南,与以卵击石无异。

李煜性格仁厚,在位十五年,诛杀的大臣寥寥无几。林仁肇带兵有方,也甚为陈乔所看重,为何被杀,史书中语焉不详且前后矛盾。所谓赵匡胤忌惮林仁肇威名,故意使用拙劣的反间计云云,几乎可以断定是文人臆想罢了。

相比于国力、军力的巨大差距,林仁肇能发挥的作用极其有限。尽管战争结果并无悬念,但赵匡胤最不想看到的就是辽军突然南下,让宋军陷于腹背受敌的境地。因此就具体军事行动而言,北宋执行的是某种斩首策略:中路军由江陵府顺江东下,随后由水师在采石江面搭建浮桥,接应步骑过江,最后与东路吴越军队会师于金陵城(南唐都城)下。

十月十八日,曹彬部沿江北岸东下,郝守濬率领舰船大摇大摆地顺江水跟进。南唐守军误以为是宋军例行巡江,没有加以阻截,于是曹彬率军顺利通过湖口。

二十五日,曹彬攻克峡口寨(今安徽贵池西)。闰十月初五,南唐池州(今安徽池州)守将戈彦弃城逃走,宋军轻取池州。闰十月十八日,曹彬又在铜陵击败南唐军队,获得战舰200余艘。当宋军沿江进攻至当涂时,早已吓破了胆的雄远军判官魏羽献城投降。

采石是长江下游的重要渡口,金陵城的西南门户,位于号称长江门户的当涂以北约二十余里,峭壁险要,江流急进。自古以来,长江下游有两处可横江而渡的要地。一是采石渡,一是瓜洲渡,南方往往在两地隔江相对的润州(今江苏镇江)和历阳(今安徽和县)设置重兵把守。

在唐及五代时期,采石的重要性高于润州,这是因为采石隔江与横江渡相对,其地突向江心,江面较窄,是古代长江易渡之处。而且采石以北,地势平坦,北方铁骑可以从中原直驱江边,润州以北,江湖密布,不方便骑兵大规模运动。

因此前人云:古来江南有事,从采石渡者十之九,从京口渡者十之一。

南唐边城则屯驻于牛渚山峰之上,与长江北岸的和州渡口相对。深知此地重要的南唐,在此部署了两万军队,由马步军副部署杨收、兵马都监孙震率领并据险而守。但长江北岸的和州早已处于宋军控制下,所以采石之险地,其实南唐和北宋共有,也就不能叫险了。

闰十月二十三日,曹彬大破采石的南唐守军,生擒杨收、孙震等将领,俘虏南唐士兵千余人,缴获战马三百余匹(全都是先前北宋赏给南唐的),控制了采石矶要隘。

北宋军队将事先组装好的浮桥移动到了采石水域,三日之后,渡江而用的船桥铺设完成,待命于江北地区的潘美所部数万步骑精锐由此顺利渡江。

长江江面波浪汹涌,自古以来没有架设浮桥之事,加上采石附近春夏之季,江水往往暴涨,"惊波一起三山动",被当地人称为"葬花水"。北宋之所以能想到在采石架设浮桥,是因为一个叫樊若水的人。樊若水原本是南唐池州人,多次考进士不中,决定投靠宋朝以图一官半职。樊若水知道宋朝攻灭南唐最大的问题就是如何渡江,于是他前往采石江边,以钓鱼为名前后勘察数月,获取了采石江面的详细水文地理资料。

北宋开宝三年(970),樊若水叛逃开封,向赵匡胤献上平南策——造浮梁以济师,并呈上他亲手绘制的《横江图说》。宋太祖当即采纳了樊若水的建议,不过朝中有人认为浮桥渡江的想法太过冒险,担心难以成功。赵匡胤既然能做开国之君,自然有异于常人的魄力。他力排众议,下令在荆湖地区建造大舰和黄黑龙战船数千艘,以备架设浮桥之用。船建造完成之后,又在水文地理接近采石的石牌口予以试验。宋军攻克采石后,将浮桥移置过来,仅仅三天便建成,尺寸果然分毫不差。

宋军在采石架设浮桥之时,镇海节度使郑彦华及副兵马使杜真,各自率领水兵、步军各万余人奔赴采石阻击。援军出发时,李煜曾亲自叮嘱两人要齐心协力,没想到郑、杜二将即将抵达时,发现采石已经失守,两人为是否继续前进发生矛盾。随后杜真率步军独自沿江岸前进,最后被曹彬击败。

采石之战是宋灭南唐战役中的一个关键转折点。虽然南唐君臣在一开始就知道采石的重要性,并且也派军驻守,但他们想不到的是,杨收、孙震率领的两万军队说败就败,以至于南唐连支援的机会都没有。

中国传统史观向来喜欢黑白分明的二分法,除了亡国之君必定坏事做绝以外,忠臣的作用总是容易被无限放大,就像所谓奸臣的作用也会被无限放大一样。其实在整体实力对比面前,无论是林仁肇还是樊若水,都改变不了这场战争本来的结局,只不过史家为了突出故事的精彩性——就跟好莱坞英雄主义大片一样——刻意营造一种忠臣被害,昏君误国的效果而已。

宋军从采石顺利渡江后,意味着南唐可以倚仗的地利优势已不复存在,同时宋军可以通过浮桥将粮草军械源源不断地送往前线。

从十一月开始,曹彬、潘美率领的宋军中路主力,接连攻占江宁西南的新林寨、白鹭洲、新林港等军事要点。

宋军渡江后,李煜终于决心与北宋公开决裂,下令废弃沿用多年的北宋"开宝"年号,所有公私文书全部改用干支纪年,当年改称"甲戌岁"。李煜下诏江宁全城戒严,并募军筹饷,囤积粮食,老百姓能主动献粮食和财物捐给国家的,都赐予官爵。

北宋开宝八年(975)正月初三,北宋军队攻取了江宁以南的溧水(今江苏南京溧水)。正月十七日,宋军已经进抵南唐都城外秦淮河畔,南唐集结水陆两军计十万余众,背靠江宁城严阵以待。潘美为不失战机,在渡河船只尚未备齐之时,命令步骑精锐渡水攻击,行营马军都指挥使李汉琼也亲自率领轻型战船,搭载易燃物,用火攻战术烧毁南唐军水师大寨。

同一时期,宋军在西路也发起进攻,先后击溃鄂州(今湖北武汉)、宣州(今安徽宣城)、袁州(今江西宜春)等地的南唐驻军。至五月,宋军占领袁州(今江西宜春)、白鹭洲(今江苏南京西南)、江阴(今属江苏)

等地。

早在宋军主力南下时,吴越军队就已经重重包围常州,并攻克常州外城。然而常州刺史禹万诚守城有方,吴越军队进攻半年依旧无法攻克。这年五月,将领金成礼劫持禹万诚,并率城投降。

常州以东境邻吴越国的苏州(吴县),以北接壤北宋的泰州(江苏泰州),一直是南唐东南之地的军事重镇。吴越军队攻克常州以后,江阴军,润州以东沿江营寨相继投降。赵匡胤大喜,奖赏卖力攻打南唐的钱俶为守太师、尚书令,增加食邑。

常州失陷后,李煜曾遣使前往吴越国,试图劝说吴越王钱俶不要参与进攻南唐。李煜在信中写道:"今日无我,明日岂有君!明天子一旦易地酬勋,王亦大梁一布衣耳。"唇亡齿寒的道理谁都懂,但钱俶此时已无退路可言,他派人把信转呈赵匡胤,以示自己"无私无畏"。

在这期间,尽管面临宋军进攻,南唐军队还是勇敢地与其野战,并涌现出不少誓死卫国的英雄。如统军使李雄率军前往江宁救急,出发前对儿子们说,"我必定要死于国难,你们不前赴后继为国捐躯,就是不忠不孝"。最终,李雄父子八人全部战死疆场,堪称满门忠烈。

尽管遭遇了不少阻力,宋军还是在正月下旬重重包围了南唐都城江宁。

南唐还能撑多久?

## 围城

"钟山龙盘,石城虎踞,此帝王之宅",当年诸葛亮出使孙吴,途经南京登临石头山,如此赞美南京地形。李昇营建金陵时,摆脱了六朝建康都城的旧框架。宋代《景定建康志》记载,金陵城"周长二十五里四十步,上阔二丈五尺,下阔三丈五尺,高二丈五尺。内卧羊马城,城阔丈一尺"。它的四周都是山峦,如城北的鸡笼山、城东的钟山、城南的雨花台以及城西的清凉山,后人形容为"四顾山峦,无不攒簇"。

南唐的宫城由杨吴时期金陵府衙改作而成,前后经历过五次大规模的修建,平面形状大致接近方形,南北略长,东西略短。宫城范围,东至今南京大中桥西侧,南至今中华门,西至今水西门、汉西门一线,北至今珠江路南侧、五台山麓。从虹桥往南至镇淮桥抵达南门,是宽阔的御街,两侧分布有各类官署,即所谓"诸司庶府,拱夹左右"。今天,名叫中华路的这条街道,依旧是南京城南的中轴线所在。

在宫城以东,东西向大街北侧,有东宫和统管六部的尚书省。东宫为太子或太弟所居之宫。东宫中还有崇文馆,李煜为太子时曾在东宫中开崇文馆以招贤士。

在宫城之西、东西向大街北侧有西苑等建筑。南唐重臣李建勋罢相后,李璟曾于西苑内别置厅院安置李建勋,苑内有天全阁等建筑。在宫城之北有北苑与之相邻,清辉殿、澄心堂皆在此处。李煜在位后期,澄心堂不仅是他藏书、会文士及撰述之所,军国机要密划也多在这里筹划。宋军兵临城下期间,澄心堂成为战时指挥部,分兵署旨皆出于此处,称之为"澄心堂承旨"。

宋人许多笔记中都说宋军南下以后,李煜始终躲在深宫之中,沉迷酒色,整日念佛,浑然不知宋军已经渡江。直到宋军兵临城下,李煜依旧醉生梦死,跟和尚道士躲在宫中诵佛经,讲周易,简直就是污蔑。李煜在位期间,科举考试从未中断。冬去春来,城外是虎视眈眈的宋军,城内的生活还得照常继续。这一年二月,南唐还按照惯例进行了科举考试,录取孙确等三十人进士及第。

国事之余,李煜最大的爱好,就是抄写佛经,既为稳定心绪也为南唐祈福。他用贝叶抄写《七佛戒经》等,并将贝叶重叠,用木板夹住,再用丝绳串之。时近暮春,困守孤城,登高倚阑,极目远眺,又想到危如累卵的南唐国运。李煜思绪万千,泣下沾襟,填词《阮郎归》曰:

> 东风吹水日衔山,春来长是闲。落花狼藉酒阑珊,笙歌醉梦间。
> 佩声悄,晚妆残。凭谁整翠鬟?留连光景惜朱颜,黄昏独倚阑。

从赵匡胤下令宋军于开宝七年(974)冬十月正式出兵南唐,直到开宝八年(975)冬十一月二十七日攻破江宁迫李煜投降,前后历时一年多,耗时之久,在北宋攻取其他割据势力中绝无仅有。

其中江宁被宋军重兵围困,在没有外援的情况下竟能坚守达十个月,其间更令赵匡胤萌生退意,清毕沅《续资治通鉴》载:"时金陵未拔,帝以南土卑湿,秋暑,军多疫,议令曹彬等退屯广陵,休士马为后图,多逊争不能得"。如果是仓促应战,以大宋兵力,何至于久攻不下?

今天所见的历史都是宋人所写,自然不会提及本朝兵败的事迹,但如果仔细看,还是能发现不少端倪,如《续资治通鉴》里,提及有南唐两次兵败白鹭洲、两次兵败池州以及两次兵败武昌的记载,尽管不曾明说是这些地方曾经易手,但重复占领的年月日却记述得清清楚楚。

尤其是白鹭洲,位于江宁城以西之江中,为北宋水师进攻江宁的必争之地。宋唐双方在包括白鹭洲在内的很多地方都打成了拉锯战,甚至一度被南唐军队夺回。曹彬统率优势大军围困金陵,从来不曾放弃过武力攻克的希望,"百道攻城,昼夜不休",南唐"诸将战没者,犹数十人",城防战事的惨烈可见一斑。唯一能让宋朝停止攻势的,就是南唐的投降,但那一刻,终究不会来到。

李煜"虽外示畏服,修藩臣之礼,而内实缮甲募兵,潜为备战",他从来不曾掉以轻心,且一直有所防范,并不是在打一场无准备的仗。

如果不是皇甫继勋心怀不轨消极怠战,寄以厚望的刘澄卖国求荣,历史没准会走向另外一个方向。

皇甫继勋是死于淮南战事的皇甫晖的儿子,因为父亲的战功,又是将门之后,被一路擢升,并拜大将军,委以守城之责。皇甫继勋年轻时官声不错,但随着官越当越大,家产也越来越丰厚之后,报国之心却越来越弱。宋军围城期间,他出工不出力,听到南唐军队打了败仗就暗自窃喜,谁要是主动请战,就令人杖责并下狱。最后就连李煜召见也托辞不来。李煜最后没办法,只能自己亲自上城墙慰劳军队。这年夏天,李煜终于忍无可忍,用计诱捕皇甫继勋,下令把他送到大理寺审理(即便如此都没直接杀皇甫继勋,可见杀林仁肇一事实在可疑)。没想到刚一出门,皇甫继勋就被愤怒的士兵冲上来,一人一刀活活割死。

九月，李煜倍加信任的侍卫都虞候刘澄以润州投降吴越军队。李煜还只是普通王子的时候，刘澄就贴身跟随，因此尤其受李煜信任。南唐的防守战略有一个重要的环节，就是坚守常州、润州，让吴越军队不能与宋军会师。当初淮南战事，是靠太子李弘冀守住了润州，如今宋军南伐，朝中一致公认需要有良将镇守润州。

李煜于是委派刘澄为润州节度留后，没想到刘澄也是个"投降派"。他内心早就做好了投降的准备，却故意装得慷慨激昂，赴任之前，就把家中的金银财宝全部装车，运往润州，说，"这些都是国家历年来的赏赐，如今国家有难，就该把它全部散了用于军饷"。

李煜听了很是高兴，结果刘澄到了润州，以江宁危急为名，设计将前来救援的昭武军留后，把南唐最后的勇将卢绛骗出去支援江宁。卢绛前脚刚走，刘澄后脚就胁迫将士开门投降。

当初淮南战事期间，朱元叛变导致南唐彻底溃败。李璟大怒，下诏将朱元的妻子儿女全部处斩。朱元的妻子是查文徽的女儿，查文徽怜惜女儿，上书哭求李璟宽宥其女。李璟批了他十个字：只斩朱元妻，不杀查家女。查文徽大哭而去，最终其女难逃一死。行刑之后，查文徽用珠笼覆盖遗体，当街恸哭，围观者皆泪下。如今刘澄叛国在先，李煜还是不忍心株连其家属，打算下诏赦免。光政使陈乔不顾李煜诏命，下令将刘澄妻子儿女全部于闹市斩首。刘澄的女儿已经婚配，但尚未出嫁，陈乔想活她一命，没想到她从容写下八个字予以拒绝：叛逆之余，义不求生。最终与其家人一并被处死。

九月初九，润州失守，吴越军队乘胜进抵江宁城外，与宋军合围江宁。此前，张洎曾建议向辽国求援，结果使者在半路被宋军截获。

眼看局势更加不可为，李煜下诏各地军队勤王，在忧愁苦闷中写下《谢新恩》，这大概是李煜亡国之前所写的最后一首词：

冉冉秋光留不住，满阶红叶暮。又是过重阳，台榭登临处，茱萸花坠。

紫菊气，飘庭户，晚烟笼细雨。雝雝新雁咽寒声，愁恨年年长相似。

宋军围城已经长达九个多月，城内完全断粮，又时值寒秋，大街小巷出现了大量的冻饿死者。一石米的价格涨到了百金都有价无市，药材、零食都拿来充饥。百姓吃草皮树根、飞鸟鱼虫、水中浮萍，眼看着就要吃人。一到天黑，几乎家家关门闭窗，晚间不敢点灯，更不敢出门一步。然而江宁士民享国恩数十年，终究"人无叛心"。

孤城围蹙，秋意深深，李煜继续派使臣赴开封叩阙，言辞恳切以期赵匡胤能存南唐血脉。他让以能言善辩著称的吏部尚书徐铉去哀求赵匡胤，贡银五万两，绢五万匹，想要劝说宋军退兵。

十月初一，徐铉觐见赵匡胤，言辞恳切地说："（李）煜事陛下，如子事父，未有过失，奈何见伐？"

赵匡胤回答道："尔谓父子为两家，可乎？"你见过父子分两家吃饭的吗？

徐铉无言以对。

徐铉回去没过多久，又被李煜派往开封，并呈上李煜手书的《乞缓师表》：

> 臣猥以幽孱，曲承临照，僻在幽远，忠义自持，唯将一心，上结明主，比蒙号召，自取愆尤。王师四临，无往不克。穷途道迫，天实为之。北望天门，心悬魏阙。嗟一城生聚，吾君赤子也；微臣薄躯，吾君外臣也。忍使一朝，便忘覆育，号咷郁咽，盍见舍乎？

> 臣性实愚昧，才无异禀，受皇朝奖与，首冠万方，奈何一日自踵蜀汉不臣之子，同群合类而为囚虏乎？贻责天下，取辱祖先，臣所以不忍也。岂独臣不忍为，亦圣君不忍令臣之为也。况乎名辱身毁，古之人所嫌畏者也。人所嫌畏，臣不敢嫌畏也。惟陛下宽之赦之。

> 臣又闻，鸟兽，微物也，依人而犹哀之，君臣，大义也，倾忠能无怜乎？倘令臣进退之迹，不至丑恶，宗社之失，不自臣身，是臣生死之愿毕矣，实存没之幸也。岂惟存没之幸也，实举国之受赐也。岂

惟举国之受赐也,实天下之鼓舞也。皇天后土,实鉴斯言。

很多人认为李煜在这篇文章表达的是摇尾乞怜,但实际上,李煜的态度依旧跟以往一致:让南唐保存宗社。因此尽管文字看上去谦卑,但隐藏在文字背后的依旧是李煜不屈不挠的态度:宁可战败,也不肯拱手将父辈的江山相送于人。

这一点,赵匡胤也明白。十一月初三,赵匡胤在便殿召见徐铉。徐铉试图解释李煜没有来开封入朝的原因:"李煜因病未任朝谒,非敢拒诏也,乞缓兵以全一邦之命。"

徐铉和赵匡胤反复辩论,试图说服他。但他忘了赵匡胤是个武人,说到最后,赵匡胤耐性耗尽,拔剑而起,怒将桌案斩去一角,厉声喝斥徐铉:

"不须多言!江南亦有何罪?但天下一家,卧榻之侧,岂容他人鼾睡!"

徐铉见此,吓得不敢说话,只能惶恐退下。

再恳切的言辞,再清明的道理,在严酷的现实面前终究无用。李煜多年来的委曲求全,不过就是为了在赵宋的身侧有一隅侧身之地,保住祖先留下的基业而已。赵匡胤无情的话语击碎了他一直以来的期待,原来南唐的存在就是错的。李煜当然不会天真到把希望全都寄托在赵匡胤退兵上,南唐虽然已经山穷水尽,但仍有最后的王牌。这就是神卫军都虞候朱令赟的水军主力,在徐铉出使开封之前,李煜即密诏朱令赟率湖口十万水军赴援江宁。

徐铉出行之前,李煜担心的不是江宁城还能撑几天,而是担心徐铉的生命安全:"一边和谈,一边调兵,赵匡胤会不会因此责备你?"

徐铉回答说:"臣此行未必有用,京城中盼望的,只有援军,怎么能让他不来?"

李煜又跟徐铉建议说:"要不然暂缓调兵,否则会害了你。"

徐铉慷慨地说:"要以祖宗社稷为重,不用考虑微臣的生死安危。"

然而朱令赟犹豫不决,唯恐王明军从背后切断粮道,迟迟不敢东进。

经李煜再三催促,朱令赟方于十月率军出湖口顺流东下,打算冲断采石浮桥截断宋军退路。此时长江已经进入枯水期,航道狭窄,大船不能并行;加上屯驻独树口(今安徽安庆附近)的王明军在江边竖立船桅形木桩,致使朱军以为有伏兵,不敢贸然轻进。

十月二十一日,寒风凛冽,朱令赟乘大舰行至皖口(今安徽安庆西南,皖水入江口),遭宋行营都指挥使刘遇部阻截。朱令赟水军舰船高大,且数量众多,"上设旗鼓,蔽江而下"。遭遇宋军后,朱令赟下令用火油攻击,宋军本已抵挡不住,没想到风势突然转变,火势反噬南唐战舰。南唐最后的水军就此覆没,朱令赟惶惑悲痛后,只得投火殉国。

自古北人骑马,南人乘船,水军一直是南唐抵抗北军的重要支柱。但在淮南之战中,南唐水军基本全军覆没,李煜早在即位之初,就下令偷偷训练水军——龙翔军,作为将来抗衡宋军的王牌。

如今因为风势而全军覆没,就跟采石年年涨水,偏偏宋军渡江的这年不涨一样,只能说是天意如此(所以徐铉把国亡归因于天命)。江宁至此内外援绝,陷入绝境。李煜也派包括儿子李仲寓在内的官员,断断续续与城外宋军主将曹彬进行了几次谈判,但对方的要求就是开城归降,李煜终究不能下决心。

他也一度有君王死社稷的冲动,宫城中净德院的尼姑,大部分都是南唐宫中的宫女出家,还有宗室公卿的女儿也都在此避难。李煜命人在宫中堆起柴垛,并跟她们凄然约定,城破之日,以宫中火光为号,同时赴火自焚。李煜还叮嘱宠爱的妃嫔保仪黄氏,让她"将南唐三代君王收集的钟(繇)王(羲之)字画古迹,及书籍等一并焚毁"。

可是小周后怎么办,李煜既舍不得拉她一起走入火中,又舍不得丢下她一人,自己选择离开——他总觉得对不起这个年轻的女孩——如果当初不嫁给自己,现在应该更加幸福吧?

人生在世,总要面临很多选择。人在成年以后最大的错觉,就是总以为自己有自由的意志,那些决定人生方向的选择,都是自己做的。李煜不知道的是,身为亡国之君,他的生死已经不是他个人所能随心所欲地去选择的了。

北宋末年,有人搜罗了数轴李煜的书法来开封献给蔡绦(奸相蔡京的儿子)。其中就有李煜在城破之际,仓促书写的祷文,云:愿退兵后,许造佛像、菩萨、斋僧,建殿宇等等。据看到的人评价道:字画潦草,然皆遒劲可爱。

还有一个书轴上,大约是李煜在围城之初所写的一首词,《临江仙》:

樱桃落尽春归去,蝶翻金粉双飞。子规啼月小楼西,画帘珠箔,惆怅卷金泥。

门巷寂寥人去后,望残烟草低迷。炉香闲袅凤凰儿,空持罗带,回首恨依依。

北宋开宝八年(975)十一月乙未日,冬至,古人冬至如过年,军中皆会饮。当天夜间,寒气逼人,城墙上巡逻的南唐士卒突然发现城下燃起熊熊大火,火光中,有无数人影正攀援而上,连忙大声呼喊,但一切为时已晚。宋军和吴越军已经同时发起猛攻。宋军在日间招募敢死勇士千人,以火攻江宁城墙,并约定宋军攻东门,吴越攻南门。早已筋疲力尽的守军无力抵抗,当天夜里,金陵外城被攻破,守将呙彦、马承信、马承俊等死战不退,力战殉国。

江宁被攻克之后,虽然大部分州县都按照李煜的命令归降,但仍有不少地方不肯归附宋军,坚持抵抗。江州(今江西九江)指挥使胡则杀死打算归降的刺史谢彦宾,组织军民协力据守,誓死不降。胡则早年曾经跟随刘仁赡坚守寿州,"尽得其方略",守城很有一套本事。宋将曹翰督军攻城,使尽办法也无法攻克。宋代沈括在《梦溪笔谈》中记载胡则坚守江州长达三年,最后也跟刘仁赡一样,患病不能起,城池才被宋军攻破。即便如此,江州军民在城破之后仍不放弃,宋军巷战良久,"翰军尤多死"。重病卧床的胡则被宋军捕获,曹翰下令处以木驴之刑,并凌迟处死。但奄奄一息的胡则经不起折腾,尚未受刑就已经去世。曹翰不解气,将其尸体腰斩,并惨无人道地下令屠城,"死者数万人,聚其尸投井坎,皆满溢,余悉投江流"。

南唐灭亡已十个月,节度使郭载兴仍在虔州募兵自行抗宋。吉州刺史申屠令坚、袁州刺史刘茂忠,约定誓死报国,不仅未向宋军投降,还整顿军马向宋占领区展开反攻。

如果李煜真的只是一个奢靡荒淫、大肆佞佛的君王,怎么可能会有那么多人为他誓死效忠呢?

# 第十一章　最是仓皇辞庙日

## 城破国亡

北宋开宝八年(975)十一月二十七日夜,是南唐在人世间的最后一夜。换算成公历,这一天是公元 975 年 12 月 31 日,李煜三十八岁的最后一天。

从北宋太平兴国元年(976)开始,李煜将告别十五年的帝王生涯,取而代之的将是一段艰难孤独、异常苦闷的人生,从此往后,他将与泪水作伴,还要逐步去适应自己的新身份:臣虏。既为人臣,也是囚虏。

新年的阳光尚未降临,当天夜里的江宁宛如人间地狱,宋军主帅潘美担心南唐在城内有伏兵,下令宋军入城后四处纵火。熟睡中的百姓被喊杀声惊醒,却发现已经身陷火海。不肯投降的南唐士兵依旧在坚持巷战,黑夜中的火光、刀光,格斗声、哭号声、呼救声和惨叫声汇成一片。城破之后的混乱,导致了信息的停滞,一切只能按照预定的计划进行。

净德院的宫人们,几天来早有预感,如今看到远处巨大的火焰和浓烟,众人皆明白大限已至。她们默念佛号,无论是留恋,还是决绝,最终都平静地走入了火海,"皆赴火死,无一人肯脱者"。

保仪黄氏在夜色中推开窗户,看到城中熊熊燃烧的火光,也取出早已准备好的火折,按照李煜之前的嘱咐,毫不犹豫地将堆积如山的字画卷轴,包括她自己,一并点燃。片刻之后,巨大的火焰腾空而起,李昪以来三代君王数十年的收藏,大批的钟王真迹(可能就有《兰亭序》真迹在内),还有其他名家书画就此化为袅袅青烟,灰飞烟灭。

当初李昪担任金陵节度使期间,重视招徕人才,尤其力图文治,大兴教化。他好读书,并擅长书法,在金陵创立"建业文房",首开藏书风气之先,当发现官学典籍残缺,就花重金收购民间遗藏。至于那些买不到的书,对有藏书之人,即使是贫寒人家,也好言好语借来,让书吏抄写下来,至于前来献书的,即使所献书籍平常,也是给予丰厚答谢。有个模仿王羲之笔迹的人,献了一副字给国家,李昪奖赏他十多万的钱。事情传开后,更多的人将家中的藏品贡献出来,"由是六经臻备,诸条史集,古书名画,辐凑绛帷",当时建业文房收藏的书籍达到一万三千多卷,还有许多法书及名画。此后李璟、李煜父子继续扩大收藏,到李煜亡国时,图书已达到十万卷,以至史家多以春秋"鲁之存周礼"来称誉南唐。这些图书,往往都有南唐皇室的收藏标记如"内殿图书""建业文房之宝""集贤殿御书印"等等。

李煜本身懂艺术,会鉴赏,在位长达十五年之久,所谓"才高识博,雅尚图书,蓄积既丰,尤精赏鉴",文藏精品"收藏之富,冠绝一时"。凡是经过他手的很多书画,都留有他精心设计的题识或花押,装裱十分考究,以致宋朝很多书画名家都跟风模仿。宋人邵博说,他曾经搜罗到南唐建业文房藏书《阁中集》,看到该书第九十一卷的《画目》中,记录有上品九十九种,中品三十三种,下品一百三十九种,其中贵重名画有《山行摘瓜图》《卢思道朔方行》《杨妃使雪衣女乱双陆图》等,而这些不过是冰山一角而已,可见当初收藏之浩瀚,以及心血与不易。

"文武之道,今夜尽矣",六朝时,南梁都城江陵被西魏兵攻克之际,梁元帝萧绎焚毁古今书、画十四万卷,点火之际,萧绎喃喃自语的,便是这句话。

当初李煜读史至此,曾感慨萧绎一人之私,造就了文化史上的巨大浩劫,并写诗《题金楼子后》:

牙签万轴裹红绡,王粲书同付火烧。

不于祖龙留面目,遗篇那得到今朝。

李煜极其珍惜自己搜罗来的文物典藏,即使国势极度窘迫的时候,也不曾拿它们当贡品。没想到江宁城破之际,当初爱逾性命的钟王墨帖,不可胜数的书画典籍,李璟、李煜本人的文稿、诗词等还是在无声的烈焰中焦卷,须臾间就彻底烟消云散。即便如此,侥幸未被焚毁的图书仍有六万余卷,曹彬平江南之后,将南唐珍宝用十四大船运走,其中就有图籍多种。

化为焦土的还有江宁名刹瓦官阁。瓦官阁位于江宁凤凰台上,始建于六朝,高达两百四十尺(约七十多米),面江瞰城,地势高旷。但凡江宁人都知道,瓦官阁曾经有三绝。第一绝,是一尊四尺二寸的玉佛,这是狮子国(斯里兰卡)国王派僧人历经十多年的长途跋涉,不远千里赠送给晋武帝的,礼物贵重,情意更重。第二绝,是著名画家戴逵设计铸造的丈六铜佛。第三绝,则是著名画家顾恺之的维摩图。每逢春秋佳日,这里成为香客游人的打卡景点,日日都是摩肩接踵,川流不息。

李白在南京的时候,最爱的便是流连城西南一带,从凤凰台到瓦官阁。春光明媚时,他"晨登瓦官阁,极眺金陵城",倚栏远眺,槛外是滔滔奔流的江水。绿柳笼晴,阵阵江风吹拂,送来阵阵凉爽快意。

五代时,康仁杰(又作庸仁杰)登临瓦官阁有诗云,"云散便凝千里望,日斜长占半城阴"。城头变幻大王旗的同时,瓦官阁的名字也随之变来变去,杨吴时改瓦官阁为吴兴寺。南唐升元元年(937),徐知诰(李昪)篡夺杨吴政权,即皇帝位,建立南唐,改年号升元。吴兴寺又随之改名叫升元阁。

高耸江畔的升元阁,从此成为南唐国都的象征。

江宁城破之际,城中士大夫及富商豪民,美女少妇纷纷躲进升元阁避难,多达上千人。宋军破城后,放了一把火,避难其中的士民妇孺哭声震天,最终全部死于非命。"灰飞障天烟焰炽,一火二月烂不收",火焰烧出了琉璃色的梵境,巍峨的升元阁就在这样的幻梦中,化作一地瓦砾。

一百多年后,南宋诗人刘过来到升元阁旧址的时候,当年"一风三日吹倒山,白浪高于瓦官阁"的二百四十尺高楼早已荡然,眼中所见,唯有啼鸦聒噪、喜鹊做窝、藤蔓老树相缠,"摩挲石柱藓痕斑,亡国如鸿去不还"。

升元阁见证了六朝的兴衰更替,却终究逃不过五代的兵火。朝代兴亡的悲情,再次成为江宁挥之不去的宿命。自隋开皇九年(589)韩擒虎攻入建康后,这座城市已经安然度过了将近四百年的和平岁月,李白、白居易、张祜、杜牧等许多诗人都曾来此怀古、游历。"但见衣冠成古丘,不见江河变陵谷",江宁,南唐的国都,如今再次因为兵灾陷入绝望,尸横遍地、满目疮痍。

困守宫城的李煜,望着远处被火光照亮的夜空,涕泪横流,数次想要自杀,却被近臣死命拦住。为了挽救一城生灵,李煜最终决定派使者联系宋军。清晨,曹彬带军一路穿过火海,来到南唐宫城。李煜打开宫门,手捧印信,与宰相汤悦等大臣一行,出宫城奉表投降。

曹彬斥责李煜:"为何负约?"意思就是,之前已经让长子李仲寓出城商谈投降事宜,并约定开门献城,为何不遵守约定。

李煜回答说:"人心不一。"

拒不投降的是陈乔,就是李璟将李煜托孤给他的人。城破之际,李煜草拟降书,让他和李仲寓出城与曹彬洽谈。陈乔拿到之后沉默不语,回到府中就把李煜的降书扔进水中。

李煜见陈乔回去半天也不起行,又派人上门催促,陈乔其实内心深处早就想劝李煜自杀殉国,但又不忍心直说。他又进宫,劝说李煜,"自古以来就没有不灭亡的国家,投降又有何用,还不是自取其辱,干脆让我到城下与敌军背城一战而死吧"。

李煜始终把陈乔当作父亲一样尊重,此时也忍不住哭了:"你跟我一起北上吧?"

陈乔摇头,面色决绝地回答说,"我主持国政多年,国家却沦入如今的境地,只有一死才能报答先帝的信任"。

疾风知劲草,板荡识诚臣。李煜满面泪水,看着陈乔决绝而去的背影,不由得又想起了父亲李璟让陈乔跟他见面时的场景,耳畔犹自回响着陈乔的话语,"我死以后,陛下你就把抗拒赵匡胤诏命的责任,全部都推到我身上,如此就可以保全你无恙了。"

陈乔辞别李煜后没有再回家,而是来到政事堂,召来两位亲信官吏,解下朝服上的金带交给他俩,说,"请妥善保管我的尸骨",随后自缢殉国。当初陈乔与张洎一起主张李煜不入朝赵宋,江宁围城期间,两人约定同时自杀殉国。然而张洎压根没有死的念头,城破之际,他私下把妻子儿女全部接到宫中,告诉李煜说,"我和陈乔同时掌管中枢,如今国家灭亡,理应殉国,但想到陛下还活着,等到了开封,需要有人替陛下辩白当初不肯入朝的原因,所以臣不能死"。

城破之际,死难的大臣还有大理评事廖澄,他从容更衣,服药自尽。勤政殿学士钟蒨身穿朝服,端坐家中,被宋军屠灭全族。诸多文武面临国破,视死如归,为南唐文武表率,也算是报答李煜十年养士之恩。对比后蜀灭亡时孟昶的哀叹:"吾父子以温衣美食养士四十年,一旦临敌,不能为吾东向放一箭,虽欲坚壁,谁与吾守者耶?"没有对比就没有伤害,李煜为君主的魅力高出孟昶乃至五代其他亡国之君不知多少。

当初李煜即位不久,中使赵希操从江宁到江西出差,途中在安徽当涂驿站住宿,半夜醒来,听到隔壁有人聊天。其中一人问:"你从金陵来的,可曾听说新即位的君主如何治国?"另一人答道:"君王秉持仁孝为治国之理。"最初问话的人听了之后,放心地说道:"这样就是贤明的君王了。"

李煜十五年的勤政爱民,尽管不能避免亡国的命运,但仍旧赢得了臣僚的忠诚。

城破次日,李煜与小周后、儿子李仲寓并南唐宗室到供奉有南唐历代祖先的太庙祭拜。李煜跪在地上,想到已成泡影的前尘往事,想到李璟临别时对自己的殷殷期待以及就要沦为狐鼠巢穴的太庙,忍不住热泪盈眶,低声吟出《破阵子》:

> 四十年来家国,三千里地山河。凤阁龙楼连霄汉,玉树琼枝作烟萝,几曾识干戈?

>一旦归为臣虏,沈腰潘鬓消磨。最是仓皇辞庙日,教坊犹奏别离歌,垂泪对宫娥。

自宫城归降到乘舟北上,曹彬只给李煜留了三天的准备时间。整整三百年后,南宋君臣走的也是同样路线,虎视眈眈的元军也只给了他们三天准备。十二月初一,铅云低沉,雪花飞舞,李煜一行在宋军的押送下登船离开金陵,前往他们乃至南唐绝大多数人几十年来从未涉足的中原。"年年柳色,秦淮河岸",李煜自从出生以后就没有离开过这座城市,但他的国家,已经无可挽回地走向崩塌。当春天再来时,台城的废墟上,将长满野草,澄心堂外,也将遍布荆棘。李煜心底知道,自己再也回不来了。

夕阳隐没到了长江对岸,暮色伴着黑烟,缓缓飘散在金陵上空。

船队出发之际,李煜等人神色凄楚,岸边的百姓痛哭流涕。船队愈行愈远,所有人都在回头遥望,露出悲戚的神色,直到城墙的雉堞越来越小,灰暗巨大的江宁城郭渐渐消失在茫茫暮色之中。

赵匡胤李煜两人,终于要见面了。

## 归为臣虏

十二月初三,李煜一行抵达润州,船停江畔。得知消息的士民百姓纷纷扶老携幼,赶到江边远远地焚香叩拜,哭送李煜北上。

几天后,船队抵达汴口(淮河与汴水的汇合之处)。过了这里,就再也看不到原来南唐的疆域了,李煜心中难过,看到岸上有普光寺,恳求押送他北上的宋朝翰林副使郭守文同意他登岸礼佛,得到同意后,李煜进入寺中虔诚地燃起数柱天香,口中赞念有词,为他自己,也为南唐百姓祈福。临走之际,他又布施了许多钱财和丝帛。

北宋太平兴国元年(976)正月初三,李煜一行到达开封。开封地处中原腹地,劣势是无山川之险,典型的四战之地;优势是北控燕赵,南通江淮,水陆都会,资用富饶。战国时魏国定都于此,鼎盛时,城东西长十里,人口三十万,是战国时期与秦都咸阳、楚都郢城、齐都临淄、赵都邯郸齐名的大都城。

唐末,开封是宣武军节度使治所。后梁朱温以之为建昌宫,并定都于此。五代时期,除了后唐的十三年以外,这里一直是中原政权的统治中心。后晋天福二年(937),后晋石敬瑭迁都开封,首都的地位不再变化,直到北宋灭亡以后,新兴的金人依旧定都于此。

从朱温建都于汴梁开始,历代统治者都对其悉心经营。五代后期,开封"华夷臻凑,水陆会通;时向隆平,日增繁盛",逐渐成为中原地区的大都市。"坊市之中,邸店有限;工商外至,亿兆无穷",因为人口增加带来的繁荣,使得原先的城池日益显得逼仄。南唐保大十三年(955),周世宗柴荣继位不久,因开封"屋宇交连,街衢狭隘",便"发畿内及滑郑之丁十余万,筑新罗城",从此奠定了北宋汴梁城的格局。据考古勘测,外城形似平行四边形,四周城墙总长近三万米,面积二十五平方公里,是旧城的四倍多。不仅如此,三重城垣均有护城河环绕,周边设有水、旱城门多座。全城有蔡河、汴河、金水河、五丈河等四大河流进入城中,形成水网交错的河流体系。

第二天,赵匡胤下诏举行献俘大典。半夜时分,李煜穿着白衣纱帽,并宗室子弟及降臣四十五人,被全副武装的宋军押解到宫城明德门外,膝行匍匐在地上待罪。正月的开封,霜气肃杀,寒意刺骨,李煜隐约能听到身后传来被拼命压抑住的呜咽声,大概是小周后吧。他的心此刻已冰冷如死灰,恨不当日死,留作今日羞,一步错,步步错,国家灭亡、社稷倾覆的悲哀和个人未知命运的忐忑,此刻都交织到了一起。

不知道过了多久,软绵绵的阳光终于照到明德门的城楼上,李煜的双腿早已麻木,之前礼佛跪拜的经历,总算起到了作用,否则早已支撑不住。李煜合上双眼,仿佛又听到远处清凉寺传来的钟声,那是李煜为爷爷李昪祈福所铸的大钟。

恍惚间,李煜被山呼海啸般的万岁声拉回现实。城楼上,旒冕衮服的赵匡胤已经驾到。四十年前,赵匡胤第一次来到开封,彼时他还是一个九岁的孩童。远在金陵的李煜,才刚出生,便已是帝王贵胄。

谁能想到,四十年后,这两人的人生轨迹竟会重合到一起。只不过,一个是高高端坐在上面,一个是诚惶诚恐跪在地上。

曲调高昂的鼓乐喧哗之后,广场鸦雀无声,李煜看着砖块上爬过的蚂蚁,内心再次神游万里。新年正是宫中最为热闹的时节,"晚妆初了明肌雪""缥色玉柔擎""佳人舞点金钗溜",嘴角不自觉地露出微笑。他此刻甚至有点羡慕早逝的周后,庆幸如同神仙一般的她,毕竟不用来此受辱。

城楼上是曹彬在说话,都说他能约束军纪,但得胜的宋军竟然残暴地把南唐的乐工全部屠杀,只不过因为他们被迫为胜利者演奏的时候,伤心地痛哭流涕而已,"霓裳羽衣曲就此再次失传了吧"。李煜脑海中又浮现出廖居素、徐锴的模样。他以前并不熟悉廖居素,即位之后,因为赏识他的刚直,又是经历三朝的老臣,才将他擢升为琼林光庆使、检校太保,兼管三司。听说廖居素自杀的消息后,李煜也是一脸愕然,他并不是不采纳他的建议,只是现实不允许,没想到这个性格倔强的老人居然自杀了。他死后,家人将他留下的遗书呈给李煜,上面写道,"吾之死,不忍见国破也"。

徐锴去世的时候,距离宋军破城一个多月。徐铉告诉李煜,他的弟弟死之前,竟然似有喜色,说,"终于不用成为俘虏了"。

只不过才过去几十天而已,李煜想来,仿佛都已成前世往事。他又听到抑扬顿挫的声音从城楼上传来:"臣等于十一月二十七日,齐驱战士,直取孤城。奸臣无漏于网中,李煜生擒于麾下。千里之氛霾顿息,万家之生聚寻安……"想到街巷随处可见的尸体,缕缕青烟腾起的升元阁,李煜不禁悲从中来,阖城老幼,因他一人,无端罹此滔天之灾,真是百死莫辞。

城楼上又安静下来,原来是翰林副使郭守文已经读完《升州行营擒李煜露布》。宋认为南唐是僭越国号,因此不承认江宁府的名号,继续使用唐朝时对南京的称呼:升州。

过了一会儿传来中使尖锐高亢的声音:圣天子下诏释放李煜等人,并分别赏赐各人冠带、用具、货币、马鞍和马络头等物。

李煜麻木地跟着众人一起去掉白衣纱帽,三呼万岁,叩首谢恩。这只是一场戏,只不过他要被迫陪赵匡胤演出而已。前一天晚上,郭守文告诉他,原本还有献俘礼,跟南汉皇帝刘鋹一样要肉袒。"幸好陛下圣恩浩荡,说你曾经尊奉我朝颁布的历法,与刘鋹逆命不臣不一样",郭守文说,"陛下下诏,献俘仪式就不搞了,只是下赦仪式而已"。

仪式结束后,李煜及小周后等人又被带回怀信驿贡奉院,这是南唐使臣来开封之后的驻地,早在淮南之战后,一直开设至今,没想到如今成为南唐亡国之君的安身之地。

四天后,太平兴国元年(976)正月初八,赵匡胤在皇宫中召见李煜及其宗族,并宣读诏令:

> 上天之德,本于好生;为君之心,贵乎含垢。自乱离之云瘼,致跨据之相承,谕文告而弗宾,申吊伐而斯在。庆兹混一,加以宠绥。
>
> 江南伪主李煜,承奕世之遗基,据偏方而窃号。惟乃先父,早荷朝恩,当尔袭位之初,未尝禀命。朕方示以宽大,每为含容。虽陈内附之言,罔效骏奔之礼,聚兵峻垒,包蓄日彰。朕欲全彼始终,去其疑间,虽颁召节,亦冀来朝,庶成玉帛之仪,岂愿干戈之役。寒然弗顾,潜蓄阴谋。劳锐旅以徂征,傅孤城而问罪。泪闻危迫,累示招携,何迷复之不悛,果覆亡之自撽。
>
> 昔者唐尧光宅,非无丹浦之师;夏禹泣辜,不赦防风之罪。稽诸古典,谅有明刑。朕以道在包荒,恩推恶杀。在昔骡车出蜀,青盖辞吴,彼皆闰位之降君,不预中朝之正朔,及颁爵命,方列公侯。尔实为外臣,庶我恩德,比禅与皓,又非其伦。特升拱极之班,赐以列侯之号,式优待遇,尽舍尤违。可光禄大夫、检校太傅、右千牛卫上将军,仍封违命侯。

诏令中说李煜自取其咎,自取灭亡,是他反复的性格所决定。又强调皇帝的宽容,今日特地升殿宣诏,赏赐列侯之号,以及优厚的待遇,尽舍之前的罪过。

宋朝官制是"其官人受授之别，则有官、有职、有差遣。官以寓禄秩、叙位著，职以待文学之选，而别为差遣以治内外之事"。"官"，是确定品位、俸禄的依据；"差遣"是出任的实际职务；"职"，即馆职，用以褒赏文臣儒士的荣誉学衔。

因此，李煜的官衔是"光禄大夫"，馆职是"检校太傅"。至于"右千牛卫上将军"，只是一个虚职。在赵匡胤看来，李煜此后的人生，虽然不能锦衣玉食，但起码能做到衣食无忧。

李煜的爵位是"违命侯"，当初刘禅被封为"安乐公"，孙皓被封为"归命侯"，陈叔宝被封为"长城县公"。这几个人都是所谓的亡国之君，毕竟得到了胜者的宽大。反而是赵匡胤没有忘记李煜的抗命，终于还是用"违命侯"这三个字狠狠地羞辱了他。

小周后被封为"郑国夫人"，其子李仲寓为神武右厢都指挥使、左千牛卫大将军。其他兄弟、侄儿，一并被赐予官职。

次日，赵匡胤又宣诏南唐降臣，授原南唐司空、知左右内史汤悦为太子少詹事，左内史侍郎徐铉为太子率更令，右内史舍人张洎为太子中允。

王朝永远都会更替，但只要是人才，任何一个明君都需要他们为己所用。李昪、赵匡胤都是那些能看到五代混乱背后本质的统治者，为了对付跋扈的武人，最好的办法就是推行"以文驭武"。所不同的是，赵匡胤采用"杯酒释兵权"，用金银、土地赎买，使武将自愿交出权力。李昪则是"息兵安民"，长期不发动战事，并且以文人取代武人担任地方长官。

北宋武力征服了南唐，从政治制度到文化却受南唐影响甚深。五代时期，人们没有"节操"这种诞生于宋朝的观念，所以五代著名的宰相冯道前后出仕包括辽在内的五个朝代，服务了八姓十一皇帝。南唐灭闽、灭楚之后，原本闽国、楚国的很多官员都转而效忠南唐，没有人指责他们是贰臣。江宁城破之际，钟蒨、廖澄那样选择殉国的，是真的被李煜的仁厚所感动，自愿与国家同生死的烈士。徐铉、张洎这样的文人，选择为新主子服务，未来在宋朝的政坛上，还有很长的政治生命。

真正无所事事的，只有李煜一个人。

有人问:"何谓孤寂?"

答曰:"清风、艳日,无笑意。"

再问:"夜里呢?"

答曰:"子夜时无言哽咽。"

法国缪塞曾说,"最美丽的诗歌是最绝望的诗歌,有些不朽的篇章是纯粹的眼泪"。陡然从一国之君归为臣虏,李煜无法接受心中的巨大落差。李煜经历了自身由繁华至极到悲惨至极的跌落,人生际遇的变化无常以及生命痛苦的本质都让他一个人体会到了。

汴梁常有梦,无非秦淮事。无论是群芳斗艳的春日,抑或皓月当空的秋夜,都无法让他排遣内心的哀痛。他于"此中日夕,只能以泪洗面",回想往日良辰美景,却只能在梦中再去忆念往日江南的热闹,重温当年的愉悦:

多少恨,昨夜梦魂中。还似旧时游上苑,车如流水马如龙。花月正春风。

多少泪,断脸复横颐。心事莫将和泪说,凤笙休向泪时吹。肠断更无疑。

李煜终于明白,未来再无欢乐可言,能够陪伴他的只有深深的绝望和无处话凄凉的岁月。

## 多情则辱

赵匡胤在授给李煜官职的同时,也给他安排了赐宅,不过不是当初建造的那所"制度略侔宫室"的礼贤宅。赵匡胤要留着赏赐给钱俶,毕竟吴越国在灭南唐的过程中出了大力。

李煜的宅邸,在内城梁门外。梁门,是唐朝时的名字,朱梁时期改为乾象门,赵匡胤即位后,又改为乾明门,不过老百姓还是习惯叫梁门。梁门外有柴荣敕建的道观——太清观,这里临山傍水,香火鼎盛。从太清观向北数里,就可看到一座占地颇大的宅院。

这里就是李煜在开封的住处,也是关押他的"囚笼"。陪伴他的只有几个随他北来的旧宫人,小周后,以及长子李仲寓等。梁门不近汴水,在热闹程度上比东水门差了许多。花苑中倒是挖了一方池塘,粗粗堆了几块石头于其中,池水甚浅。

李煜初到宅中,看了不禁哑然失笑。他又忍不住回想起永远回不去的南唐宫殿,那里建有小金山、摩诃池、瑶光殿、柔仪殿、红罗亭、饮香亭等。

李煜即位后,还在苑中凿池一顷。池中叠石,像三神山,号小蓬莱,又在宫城东北角上建高台,人称望月台。

可惜他的灵魂,都已经永远留在那个见证了他无数欢乐时光,如今大门紧闭的宫殿里。门庭冷落车马稀,闲日里枯坐院中,从荣华富贵到失去自由,命运就像是恶作剧一般,把他高高举起又重重抛下。李煜时不时地一阵恍惚,他仿佛总是能听到江水的哗哗声,又仿佛听到陈乔急匆匆的脚步声,或是大周后的琵琶声……江南旧人的熟悉的样貌,不经意间就一一浮现在面前,似乎不曾远去。

或许人都一样,永远摆脱不了这样的命运,那就是始终痴迷于在我们眼前渐渐远去的极乐过往。日子就这样一天一天过去,能够陪伴他的,只是小周后,可怜她离开南唐后,心中的失落远远超过李煜。李煜每天还得好言抚慰她,大部分的时间里,李煜和她唯有相对无言。年轻人毕竟喜爱热闹,小周后每次听到宫中召见,都是格外的欢喜。正因如此,李煜才强打起精神,一次又一次参加那些他本不愿去的宴会。

性格,很大程度上左右着命运。李煜如同灵魂被抽出一般,外表是个活人,实质上已经失去了所有的精气神。只是春花凋谢,朝是雨打,晚有风吹,花何以堪,人又何以堪,让他更加伤感:

林花谢了春红,太匆匆。无奈朝来寒雨晚来风。
胭脂泪,留人醉,几时重?自是人生长恨水长东。

无论是秋风萧瑟,月明星遥,还是点滴霖霪,雨打芭蕉,对李煜来说,只是又一个不眠的长夜而已:

  深院静,小庭空,断续寒砧断续风。无奈夜长人不寐,数声和月到帘栊。

夜阑更秉烛,相对如梦寐。小周后熟睡后,李煜就着月色,披衣漫步院内,仰望天空的皓月,应该和江宁的一样吧,离愁忍不住又涌上心来,可是又有谁人能够知晓,犹如这深夜哑哑啼叫的乌鸦:

  无言独上西楼,月如钩。寂寞梧桐深院锁清秋。剪不断,理还乱,是离愁。别是一般滋味在心头。

情深不寿,强极则辱。宋朝时的许载在《吴唐拾遗录》中,说李煜"雅好儒学",诗词书画无一不精,这样一个人站在你面前,你无论如何都不可能对他产生恶感。《十国春秋·南唐》里称李煜"为人仁惠,有慧性,雅善属文,工书画,知音律",是一位既天资聪颖,又忠恕仁慈的文人。赵匡胤尽管恶作剧般封他为"违命侯",但他似乎更愿将李煜看作是收集到的战利品而已,偶尔找到机会就调侃一下。

宋朝叶梦得在《石林燕语》中记录了一个小故事:有次赐宴,赵匡胤问李煜,听说你诗写得好,说一句你最喜欢的给我听听。李煜认真想了半天回答:

  揖让月在手,动摇风满怀。

赵匡胤不屑地说:"写诗的果然小气,满怀之风,能装多少呢?格局实在太小了,一点气势没有,难怪是亡国之君。"

过了几天,又赐宴召见李煜,赵匡胤远远地看到他,就说"好个翰林学士",在他眼中,李煜只是宴席间的坐客,阶下的一名翰林学士罢了。

同样是咏月,赵匡胤写道:"未离海底千山黑,才到天中万国明。"气势确实十足,但文学史上不会有赵匡胤的名字,成王败寇而已。李煜记得自己是宴席主角时,无论什么句子,都有很多人抢着"点赞"。他终于明白,很多时候,面对大环境,人的生命就是狂风中的树叶,根本无法自己做主。

万古到头归一死,醉乡葬地有高原。没有赐宴的日子,他一人独处时,只能终日以泪洗面,唯有醉酒才能暂时让他忘记眼前的痛苦。赵匡胤担心李煜的身体,曾劝他少饮酒,甚至颁布了禁酒令:"江南李主……务长夜之饮,内日给酒三石,艺祖(赵匡胤)敕不与酒。"原来内廷按照惯例每日赐酒,但李煜整日整夜酗酒,内廷报到赵匡胤那里。后者看不下去,担心他把身体喝垮,一度下令不再赐酒。最后还是李煜上奏,略带负气地说自己除了饮酒外再无其他消遣了:"不然,何计使之度日?"

赵匡胤才"遂复给之"。

只有饮酒才能让他解脱,拼命地折磨自己,只有醉乡能让他昏沉沉睡去,否则如何打发这枯燥的时光呢?可惜终有酒醒时分,枯坐床上,伤心枕上三更雨,心情又倍加愁苦:

> 昨夜风兼雨,帘帏飒飒秋声。烛残漏断频依枕,起坐不能平。
> 世事漫随流水,算来梦里浮生。醉乡路稳宜频到,此外不堪行。

朝代兴衰,人世无常。唐朝以来,江宁就不缺怀古伤今的文人,但无论是"天地有反覆,宫城尽倾倒。六帝余古丘,樵苏泣遗老"还是"英雄一去豪华尽,惟有青山似洛中",真正把个人命运与家国命运深深联系到一起的,只有李煜。入宋以后,李煜渐渐不作诗了,以文误国的帽子一旦扣在头上,只能乖乖地戴着。他知道,即便诗写得再好,也不过是自讨无趣而已,"好一个翰林学士耳"。他把一腔的情绪全部倾注到词作中来,梦里梦外失落的极度痛苦,心灵的巨大落差,不是常人可以体会得到。正因为他品尝过极度的欢乐,也体验了极度的悲哀,才能在词中表现出人生的极乐和极悲,创造出独特的情感世界。正如他自己也不记得

梦见多少次的江宁,《浪淘沙令》:

  帘外雨潺潺,春意阑珊。罗衾不耐五更寒。梦里不知身是客,一晌贪欢。

  独自莫凭栏,无限江山,别时容易见时难。流水落花春去也,天上人间。

  北宋太平兴国元年(976)十月十九日夜,开封下起了大雪。这是李煜入宋后的第一个冬天,清晨醒来,李煜发现梁门大街格外安静。前几天,宫中内侍王继恩一直在梁门外的建隆观设醮降神,今天忽然没来,不知道是不是因为大雪的缘故。

  隔了两天,李煜和开封所有人一起知道了原因:四十九岁的赵匡胤驾崩了。

  新皇帝是赵匡胤的弟弟赵光义。他即位后,照例大赦天下,李煜被去掉"违命侯"的屈辱称号,改封为陇西郡公。

  唐高祖李渊自称先祖是南北朝时期,西凉建立者李暠。李暠为陇西狄道(今甘肃临洮)人,汉代名将李广之后,世代为陇西大族。李昪建立南唐时,号称乃李唐嫡系,为此赵光义改封其为陇西郡公,以示新皇恩宠。

  李煜照例又是上表谢恩。此前他虽然被任命官职,但除了应召赴宴以外,形同被软禁。各种需求都要得到朝廷批准,就连多用一个人的自由都是奢望,更不要说与南唐旧臣的交往。江南旧人中,唯一被特准来侍奉的是光禄寺丞徐元楀。徐元楀是徐游之子,也算是李煜的平辈。但他"笺表素不谙习",因此在文书上帮不上忙。李煜担心辞令不趁触怒官家,只能事必躬亲,自拟自书。他听说刘鋹有一个广南旧人洪侃帮忙处理文书,又请求赵匡胤将旧臣潘慎修派给他掌记室,没想到文书上去竟是石沉大海。

  如今新皇即位,李煜又想试探一下,于是上了一封《不敢再乞潘慎修掌记室手表》:

> 昨因先皇临御,问臣颇有旧人相伴否,臣即乞徐元楀。元楀方在幼年,于笺表素不谙习,后来因出外,问得刘铣曾乞得广南旧人洪侃。今来已蒙遣到徐元楀,其潘慎修更不敢陈乞。所有表章,臣且勉励躬亲。臣亡国残骸,死亡无日,岂敢别生侥觊,干挠天聪?只虑章奏之闲,有失恭慎,伏望睿慈,察臣素心。

赵光义看过之后,居然颇为满意,"李煜终于摆正自己的臣虏身份了",于是特别恩准潘慎修以太子右赞善大夫的头衔,专门帮助李煜处理笔札事宜。

李煜原本以为新皇帝因为喜爱读书,可能会更加宽容,没想到还是太过天真。新年过后,北宋太平兴国二年(977)二月十六日,赵光义带着群臣来到新落成的崇文院,聊了半天后,想起书籍的原来主人,便派人将刘铣、李煜召来同观。赵光义爱读书,崇文院是赵光义即位之后命人新建的皇家书院。院中东廊昭文书,南廊集贤书,西廊有经史子集四库,为史馆书,合计藏书正副本八万余卷。其中六万卷是南唐旧藏,为宋太子洗马吕龟祥从金陵搜罗而来,其印刷、编校及装订水准之高,为当时之冠。

宋朝重文轻武,赵光义坐下后,南唐昔日的旧臣徐铉、汤悦等文官都可以赐座环侧,反倒是被封为武职的李煜,只能远远站着。

李煜在下固然尴尬,徐铉、汤悦等人在上,也是神色不对。

赵光义也注意到昔日君臣的神态,不在乎地笑了起来。他手指李煜,嘲笑地跟周围群臣说道:"不能修霸业,但嘲风咏月,今日宜矣。"

过了一会儿,赵光义又笑问李煜:"听说爱卿在江南也好读书,此中简策多卿旧物,近犹读书否?"虽然是讽刺,李煜也不敢说话,只好连连顿首。

这日傍晚,赵光义在崇文院设宴,宴请赵廷美、赵德昭,及宰相薛居正等人。李煜坐在末席,本来已经习惯,但思及前尘往事,还是讪讪无言,唯有大醉而归。

## 此恨绵绵无绝期

北宋太平兴国三年(978)开春以来,李煜的身体一日差似一日。赵光义召集他参加各种宴请,都是因为身体虚弱而告病缺席。他的体质本来就弱,在国期间,"夜鼎唯煎药,朝髭半染霜",汤药不离左右,自嘲"衰颜一病难牵复,晓殿君临颇自羞",到了开封之后又变成不合时宜的人。哀莫大于心死的他,即使缠绵病榻,依旧整日杯不离手,再好的身体也吃不住这样折腾,何况根骨本弱。

秋风乍起,病中的李煜,到了晚间,只见天清月白,想起昔日宫中的瑶光殿,那里曾经住着他最爱的娥皇,如今一切繁华旧事,都已成镜花水月,更加感时伤怀:

往事只堪哀,对景难排。秋风庭院藓侵阶。一桁珠帘闲不卷,终日谁来。

金锁已沉埋,壮气蒿莱。晚凉天静月华开。想得玉楼瑶殿影,空照秦淮。

诗词是某个人在唯一时空的唯一心理的对应,李煜在失去青春、爱情、国家、自由乃至自我之后,终于脱离了悲欢离合,荣辱兴衰。

他最终因为他的词,实现了"不朽"。

病重期间,赵光义命医官到赐第为他诊疗,大概他自己的心态较为灰心,陪同的中使还再三温言劝慰。

不久便是七夕,李煜的生日。秦王赵廷美受赵光义所托,到赐第为李煜祝寿,并赐酒。

当天夜里,李煜去世。

李煜怎么死的,流传最广的说法是被赵光义下毒,即用所谓的牵机药所杀。据说死状极其悲惨,全身痉挛,头足相就,经过多时的痛苦挣扎后,才气绝身亡。

通常来说,一个人会死,只有两个原因。第一,是没有了价值。第二,是死了之后,有更大的价值。只要还有价值,就不会死。

亡国之君,本来就是刀俎上的鱼肉。不仅没有价值,还极易遭受猜忌。五代十国前后长达七十年,从朱温毒杀唐朝最后一个皇帝李柷开始,死于非命的亡国之君比比皆是。杨吴皇族被圈禁在泰州数十年,最后依旧逃不过阖族被屠的命运。

南汉君主刘鋹,到了开封之后,就把自己打扮成一个小丑。他曾用珠子将马鞍结成戏龙的形状,献给赵匡胤。赵匡胤感叹说:"刘鋹如果能将这项技艺用在治国上,怎么会灭亡!"北宋太平兴国四年(979),赵光义将要讨伐北汉刘继元,在长春殿宴请潘美等将领,也召集刘鋹、前吴越王钱俶、前清源节度使陈洪进等人参加,刘鋹在席上拍马屁说:"朝廷威名远播,僭号窃位的君主,今日都在座,不久平定太原,刘继元又将到达,臣率先来朝,希望可以手持仪仗,成为投降君王的老大。"

即便如此,刘鋹也只比李煜多活了两年而已,死的时候才三十八岁。

反倒是李煜这种外表柔弱,骨子里却透着一股倔强的人,始终保持自尊。翻遍所有宋人笔记,除了记载赵匡胤兄弟俩取笑他的故事,以及编造赵光义临幸小周后的段子以外,从未见到任何李煜刻意讨好的事迹。

这样的人,必然是不讨喜的。

让一个气量小的人,一定要拥有大气度,实在是一件强人所难的事,譬如赵光义。

即便如吴越钱俶,几代国君都臣服中朝,宋平南唐的时候,吴越还充当了盟军,赵匡胤公开表示是不伐之国,赵光义登基之后,还是于太平兴国三年(978)将其灭国。

赵匡胤是他的亲哥哥,跟他一起喝酒,死得不明不白;赵德昭是赵匡胤的长子,被他逼死;赵廷美是他的亲弟弟,被他陷害,贬斥而死。

徐铉入宋后被封为左散骑常侍,有天赵光义问他:"最近可曾拜见李煜?"

徐铉诚惶诚恐,赶紧回答:"臣哪里敢私下见他?"赵光义说:"你去看他没关系，就说是我让你去的。"

退朝之后，徐铉没有回家，直接去了李煜那里，门庭冷落，只有一个老兵看门。老兵不让他进门，徐铉直到说奉旨前来才行。等了半天，李煜穿着纱帽道服出来。昔日君臣，如今同僚相见，李煜忍不住哭了，徐铉也跟着哭。

两人坐下后，又是长久的沉默。

李煜忽然长吁短叹道："当时悔杀了潘佑、李平。"

徐铉走了以后，赵光义召见他，问他那天谈了些什么。徐铉不敢隐瞒，只能如实道出。

据说就是因为李煜所谓后悔杀了潘佑、李平之言，触发了赵光义的杀心。

也有人说是因为《虞美人》这首词：

春花秋月何时了，往事知多少。小楼昨夜又东风，故国不堪回首月明中。

雕栏玉砌应犹在，只是朱颜改。问君能有几多愁？恰似一江春水向东流。

人间实苦，多情则辱。其实李煜已经自我折磨到如此境地，有没有那一杯毒酒本也无所谓。

临终之际，李煜唯一愧对的人，就是小周后。她貌美而有才调，两人同样有过极欢乐的时光。可惜她受封以来，南唐国势日下，城破、请降、辞庙、谢罪，小小年纪就跟着受辱。

李煜终于发现，什么都做不了，保护不了身边人，连自己都保护不住，做人原来如此痛苦。

听闻李煜去世，江南父老皆悲痛。死后的李煜，又被赵光义消费了一把："废朝三日，赠太师，追封吴王。"同时让徐铉为李煜作祭文。徐铉提笔前，对赵光义说道，"请官家容得臣下心存故主恩义，不然，臣下不敢奉诏"。

文章写出来之后,赵光义当众赞赏,称徐铉乃忠义之臣。当时,徐铉与汤悦同时撰写《江南录》,写到南唐亡国之际,只是归以"天意""气数"。这种论点,陆游也是支持的,"虽仁爱足以感其遗民,而卒不能保社稷"。在陆游的心里,李煜至少是个仁君,但却不是一个能在乱世中站稳脚跟的霸主。

徐铉还写了首悼念李煜的诗,其中后半段情真意切:

道德遗文在,兴衰自古同。
受恩无补报,反袂泣途穷。

李煜死后没有多久,小周后也在极度悲伤中死去,大约和李煜一起埋葬在北邙山(南唐二陵附近发现疑似大周后陵墓)。只是夫妻、姐妹就此天各一方,或许他们在黄泉能再重逢,也未可知。

旧臣僚中,也不乏忠臣,张佖每年元宵、清明、中秋、盂兰盆节,都要携带子女至李煜墓前祭拜,哭之甚哀,这些都是真情流露。刘吉则于每月的朔、望率子孙祭拜李煜真容画像,并且时常周济李煜后人。

李煜生于七月,死于七月,登基做国主也是七月。人生在他身上,变得如此戏剧性,一切仿佛早已在冥冥中注定。

李煜工书画,精音律,生活精致,又能作一手好诗词。他去世一百多年以后,北宋灭亡,人们突然发现亡国之君赵佶居然和南唐李煜惊人的相似。

他们都是温文尔雅的词人,赵佶是开创瘦金体的书法大家,是妙笔生花的丹青圣手,是脚法精湛的蹴鞠明星,是混迹勾栏的风流浪子。他们一生沉醉于造化精气的陶冶,在"瑞脑消金兽"的书斋里寻觅着情态意趣,一生追梦于美的创造,可谓艺术天才中的天才。

赵佶和李煜一样,是亡国之君,又具有极高的艺术天赋——倘若去掉他们身上的帝王标签,艺术成就足以让他们成为中国历史上最杰出的艺术家之一。北宋以后很多人会情不自禁地把李煜和后来的宋徽宗相比,甚至说宋徽宗是李煜转世投胎。

如宋人笔记《养疴漫笔》中说:"神宗幸秘书省,阅李后主像,见其人物俨雅,再三叹讶,而徽宗生。生时梦李主来谒。所以文彩风流,过李主百倍。"

久而久之,就把宋徽宗犯下的错误全扣到了李煜的头上——醉心享乐导致亡国——很多笔记野史也对此津津乐道。

按照欧阳修的史学观,南唐因为未能成为一个强盛统一的王朝,被认为没有得到天命,在新旧《五代史》中,被列入僭越、世家之类,以彰显"攘窃"之罪。

李煜身为亡国之君,自然也逃不过历代亡国之君的若干标签:荒淫、失德、昏庸。

李煜已经死了,还是带着失败者的身份死的,自然百口莫辩。于是千百年来,只要提到李煜,都只能感慨:词作得好,可惜不是当帝王的料子。

真相确实如此吗?

其实只要简单对比一下两人的经历,就会发现失之毫厘,谬以千里。李煜二十四岁继位时,面临的是这样的局面:

丧师失地,财政破产,人心离散,强敌在侧,简而言之,南唐的国运已经到了生死存亡的边缘。

就这样一个烂摊子,李煜硬生生又撑了十五年之久。如果这样的本事叫作没有能力当帝王,那么什么才叫有能力?

反观宋徽宗,他十八岁继位的时候,前面几任皇帝励精图治,给他留下了一个综合实力强大的国家。虽然也有外敌,但北方的辽国和宋朝已经维持和平将近百年,仅仅有西夏仍然和宋处于战争状态,而从体量上比,小小的西夏无论如何也不会威胁大宋的生存。

但宋徽宗本质上"轻佻浪荡",他放纵党争(李煜用澄心堂弱化相权)、任用奸臣(童贯、蔡京)、纵情享乐("花石纲"激起声势浩大的方腊起义)、毫无战略眼光(联金灭辽),仅仅用了十七年的时间,就因一己之过带崩了百年大宋。

所以,同样为君十几年,抓一手烂牌的李煜是硬撑,抓一手好牌的宋徽宗是往死里折腾。

即便是论个人意志,两人也是天壤之别。面对北宋大军,李煜在外援断绝的情况下,坚守江宁长达一年多,赵匡胤一度失去信心打算退兵。宋徽宗在勤王大军源源不断的情况下,把皇位传给儿子,自己落荒而逃跑到镇江。

宋代开始,因果报应的思想更加深入民间,老百姓出于朴素的同情心理,把宋徽宗说成是李煜转世,想要以此为南唐的灭亡鸣不平,没想到反倒让李煜躺枪,千百年来,被迫与宋徽宗相提并论,实在是冤枉至极。

正如徐铉在给李煜的墓志中写道,南唐的灭亡是"盖运历之所推,亦古今之一贯"。因此李煜一生从荣华富贵、锦衣玉食到成为亡国之君,困顿负厄的悲惨遭遇,并不是他个人所谓的"失德""无道"所导致,南唐亡于北宋只是一幕早就写好的剧本,只不过他被迫成为那个演到最后的主角而已。